U0648201

本书为国家社科基金 2021 年度教育学一般课题"张謇教育早期现代化的空间治理样本及其当代价值研究"结项成果。

国家社科基金丛书
GUOJIA SHEKE JIJIN CONGSHU

张謇与南通教育早期现代化

——基于空间治理视角

Zhang Jian and the Early Modernization of Education in Nantong
A Perspective of Spatial Governance

陈炜 著

人民出版社

序

近年来,张謇研究方兴未艾。学界对张謇研究的热情,是当代人对这位百年前的中国早期现代化开路先锋的深情礼赞。

张謇是清末的状元。他高中状元之际,恰逢甲午,列强入侵,山河破碎,国是日非。此时他已年逾不惑。这位中国传统教育培育的精英,虽科举之途坎坷,但人生经历丰富。张謇21岁便开始了长达10年的幕游生涯,在清末著名儒将庆军首领吴长庆幕下达8年之久。他曾随吴长庆率兵赴朝鲜,参与平定了日朝冲突的"壬午兵变",并在离朝之际拟就令中朝两方称道的《朝鲜善后六策》。张謇在吴长庆帐下作为主要幕僚,练就了处理军政事务的才干。离开庆军到殿试高中,这10年张謇主要是在家乡度过的。他一边攻读著述,一边开始"经营乡里"。他在通海地区发起请求花布减税活动,倡导改良发展蚕桑事业,参与筹办地方武装民团。还受河南省巡抚之邀,协助黄河治水救灾,代河南地方政府拟订治河方案。张謇考中状元之前丰富的人生经历,让他具备了超越常人的见识,练就了卓越的办事能力,积聚了军政学各界的人脉资源,更坚定了他植根于儒家思想"为生民立命,为天下开太平"的志向。他对清政府的无能和封建帝制的腐败有着痛切的认识,对救国图强之道有着深刻的思考。所以,他殿试夺魁之后,没有跻身庙堂,而是辞官回乡,状元下海。张謇这惊世骇俗的抉择,并非为了避世归隐、采菊东篱,而是要在自己的家乡推行"地方自治",干一番宏大的事业。他要"对于世界先进各国,或师其意,或撷其所长,量力所能,审时所当",发展"实业、教育、水利、交通、慈善、公益"等诸项事业。"不自小而馁,不自大而夸,……自强求'自治'","建设一新新世界雏形之志,以雪中国地方不能自治之耻"。张謇憧憬的"新新世界",正是一百多年前中国社会精英们理想中的现代化社会;他奋力建设"新新世界雏形"的实践,生动展示了一个世纪前先驱者对早期现代化的不懈追寻和艰苦探索。在当时处于风雨飘摇状态的中国,在偏于江东一隅的一个生产力水平低下、贫穷落后的县域南通,要建设"新新世界",人们很难不认为是一个乌托邦式的幻想。但张謇却抱无比坚定的信念,以超群的智慧、长期历练的卓越办事才干和百折不挠的毅力,终使创造一个"新新世界雏形"的梦想成为现实。

张謇在南通首创了民营股份制企业——通州大生纱厂以及与之配套的各类产业,在南通及周边地区建成了民营经济的"产业链",构造了民营经济的"产业树"。他用兴办实业积聚的资金发展教育和各项社会事业。张謇先后在南通地区创办小学300余所、中学和各类专门学校几十所、高等学校3所。在社会教育方面,张謇创办了全国第一个博物馆、第一个气象台,以及图书馆、剧场、体育场、公园等一批文化设施,使南通地区形成了层次和门类齐全的完整的大教育体系。张謇十分重视慈善事业,先后创办了聋哑学校、育婴堂、养老院、残废院、贫民工场等一系列慈善机构。正如胡适所说,张謇"独立开创了无数新路,做了30年的开路先锋,养活了几百万人,造福一方,而影响及于全国"。他进行早期现代化试验的南通,成了享誉全国的"模范城市",在海外也产生了不凡的影响。当年,美国著名教育家杜威曾应邀访问南通,惊叹张謇取得的成就,称赞"南通者,教育之源泉,吾尤望其成为世界教育之中心地也"。张謇呕心沥血、奋力拼搏30年在南通建设了这样一个"新新世界雏形",南通成为20世纪初中国早期现代化的典型。

张謇建构的"新新世界"中,有两个核心的部分,一个是实业,另一个是教育。张謇借鉴欧美和日本推进现代化之经验,审视中国国情,深刻认识到,兴办实业、发展教育是救国图强之根本,是实行地方自治、推进现代化的基本路径。"中国恐须死后复活,未必能死中求活。求活之法,唯有实业、教育。"而实业与教育这两者之中,教育更是根本。"人皆知外洋各国之强由于兵,而不知外强之强由于学。"他指出,"环球大通,皆以经营国民生计为强国之根本。要其根本之根本在教育"。他多次申明自己兴办实业是为发展教育提供资金保障:"图存救亡,舍教育无由,而非广兴实业,何所取资以为挹注?"张謇将自己救国图强、追寻和推进现代化的主张精辟地概括为"父教育,母实业"。父者,纲也。兴办实业、发展教育都是国计民生之根本,求治图强之根本,然而教育更是根本之根本。因此,张謇在南通探索推进早期现代化最主要的着力点是发展教育,他创造的早期现代化业绩中最辉煌的是他兴教办学的成就。

今天我们认识和研究张謇这位近代的著名教育家,应该将他视为一位中国早期现代化的杰出先行者,突出关注他关于教育早期现代化的主张和实践,关注他在南通创造的早期现代化的实绩和经验。这样,既让我们更清晰地认识到张謇曾经站立的历史高度,也使我们更亲切地感受到张謇的教育思想和他创造的经验的时代意义。

南通大学陈炜教授的新作《张謇与南通教育早期现代化——基于空间治理视角》正是一部全面阐述展示张謇关于教育现代化主张及创造的实绩的专著。该书运用空间社会学理论,展开空间视野,描绘了张謇在南通推进教育早期现代化的历史空间和地理空间,即张謇所处的时代背景与当时南通的地理社会环境;展示了南通教育早期现代化的物理空间,即张謇以南通为轴心兴办的学校及社会机构;剖析了南通教育早期现代化空间治理的机理和模式;阐释了张謇兴办教育事业的现代性、系统性、开放的境界和坚守的中国立场。陈炜教授在这部专著中提供了研究张謇兴教办学成就的新视角,有助于人们加深对张謇创办的教育事业的了解,深化对张謇教育思想的认识。

我读《张謇与南通教育早期现代化——基于空间治理视角》,感到非常亲切。南通是我的家乡,我从小在南通生活、求学,后来又在南通工作近二十年,而且一直从事教育工作。陈炜教授书中展示的南通的许多教育空间,我很熟悉。张謇兴教办学的精神和业绩，一直在南通广为传颂，也始终激励着南通广大的教育工作者。我从教已逾 60 年。今天，作为推进中国教育现代化宏壮队伍中的一员，重温一个世纪前张謇关于教育现代化的主张，回望他推进教育现代化的辉煌业绩，不仅更增钦佩之情，同时深受启迪。张謇和他同时代的一批先驱者不懈追寻探索教育现代化，不仅创造了兴教办学的不凡成就，而且为后人留下了宝贵的经验和丰厚的教育思想文化遗产。先贤们有关教育现代化的思想主张和他们探索推进教育现代化积累的经验，对我们今天全面推进教育现代化具有重要的借鉴意义。

学习借鉴教育早期现代化的经验，我们要弘扬教育为强国之根本的思想，进一步确立教育现代化在民族复兴大业中的基础性、先导性战略地位。要弘扬发展教育必须作系统谋划、整体性布局的思想，把构建高质量教育体系、完善自主培养体系作为推进教育高质量发展的主要任务。要弘扬"学必期于用，用必适于地"的思想，不断增强教育服务地方经济社会发展、服务国家现代化建设的能力。要弘扬办学育人须"祈通中西"的思想，既要对外国先进经验师其意、撷其长、择善而从，在更高层次上扩大对外开放；又须从本国国情出发，传承光大中华优秀传统文化，坚守中国立场，走中国特色的教育现代化之路。要弘扬广泛募集资源、整合多方力量兴教办学的优良传统，强化发展教育是全社会共同责任的意识，学校、家庭、社会紧密合作，同向发力，建立强有力的社会支持体系，协同发展，融合发展，推进教育治理体系现代化。要弘扬不尚空言、埋头苦干、拼命硬干、力求精进的传统，发扬奋斗精神，坚持实干兴邦，奋力创造新时代中国教育现代化的新辉煌！

王 湛

2024 年 6 月 1 日

（王湛，国家教育咨询委员会委员，教育部原副部长，江苏省原副省长）

目　　录

绪　　论

张謇(1853—1926),清末状元,中国近代著名民族实业家、教育家。百年前,在中国传统封建社会受西方文明冲击、社会思潮多元化的社会转型时期,张謇怀"实业救国、教育救国"的宏愿,在滨长江、临黄海的家乡南通办实业、兴教育,历经艰辛,苦心经营,将南通这个原本封建落后的江北小城,建设成为近代中国的"模范城市",惠泽时人与后代,被誉为中国早期现代化的先驱。

图 0-1　张謇

资料来源:张绪武主编:《张謇》,中华工商联合出版社 2004 年版,第 4 页。

2019 年 2 月,中共中央、国务院印发的《中国教育现代化 2035》,将推进教育治理体系和治理能力现代化作为我国教育发展的十大战略任务之一。研究中国的教育现代化,必须研究中国人追求教育现代化的历史,而张謇是其中绕不开的先驱者。张謇在南通及周边地区的教育早期现代化探索,在教育内部发展的系统性、全面性、均衡性上,在教育外部与其他社会领域关系的统筹上,成效卓著,具有明显的空间治理特征。这对当前教育发展格局优化、城乡教育优质均衡发展、"善治"等多重议题,具有重要的借鉴价值和启迪意义。

从 20 世纪末起,我国的教育理论工作者围绕教育现代化问题进行了许多研究与探索,主要集中在以下几个方面:一是关于传统文化和教育现代化的关系研究;二是关于现代教育研究;三是关于教育现代化的历史研究。其中与本书最为相关的是教育现代化的历史研究,主要从教育史的角度探讨我国的教育早期现代化(通常也称教育近代化)的发生、发展问题,涉及教育理论、学制、教科书、留学生、地方教育等诸多方面,取得了"中国教育近代化研究丛书"等重要学术成果,但缺乏像张謇这样推动中国教育早期现代化的人物研究视角。

在中国教育早期现代化的历程中,张謇是先驱者,其教育思想与实践十分丰富。张謇以"地方自治"为统摄,先后在南通及周边地区创办各级各类学校300 余所和众多社会教育机构,使近代南通地区形成了层次和类型齐全的现代教育体系,以教育和实业推动区域均衡发展,具有区域发展的空间治理特征。美国著名教育家杜威曾应邀访问南通,惊叹张謇取得的成就,称:"南通者,教育之源泉,吾尤望其成为世界教育之中心地也。"

关于张謇教育思想与实践研究,主要分为 3 种类型:一是对张謇本人的述作进行汇编整理类的研究。出版了包括《张季子九录》《张謇日记》《张謇诗集》以及近年出版的《张謇全集》八卷本等文献,这些文献集中呈现了张謇本人的思想,为研究张謇教育早期现代化提供了清晰、直观的一手资料。二是比较全面系统的张謇教育相关史料的挖掘和脉络梳理。展示了张謇的教育思想与实践的系统性、全面性,如《张謇所创企事业概览》[①]《张謇与近代新式教育》[②]

---

① 南通市档案馆、张謇研究中心编写:《张謇所创企事业概览》,内部资料 2000 年版。
② 王敦琴:《张謇与近代新式教育》,人民出版社 2015 年版。

《张謇教育思想研究》①等。三是对张謇创办的教育专门领域开展的研究。这些文献从某种特定的角度,如师范教育、实业教育、职业教育、特殊教育、社会教育等,给予归纳、描述、评价。这些文献很多都提及特定教育领域张謇在中国教育早期现代化中的开创性贡献。

目前的张謇教育思想与实践研究,涉及面宽但专精不够。比如缺乏"教育现代化"特定视角的专题研究,即将教育现代化问题研究与张謇研究相结合的研究成果;缺乏对于张謇教育思想的深入理论分析,亟待通过转向"问题史研究",更深入地探寻张謇教育实践的发展理路,揭示其当代价值。

进入新时代,探索教育治理体系和治理能力现代化成为教育现代化研究的新热点。学者们认为,教育治理现代化的实质是治理教育现代化,治理的对象是中国教育,其目的是厘清中国教育的内在理路,并导向"现代化"的合理方向。而在其中,区域教育治理被日益重视,是因为它可以更精准地解决实际问题,在支撑国家重大决策、提升区域教育整体质量、均衡分配区域教育资源、满足区域人民多元化教育需求等方面具有自身独特的价值。

空间治理是一个新的综合性概念。20世纪中叶,"空间"被纳入社会理论的研究议题之中,融合了地理学、西方马克思主义和现象学等视角,形成了"空间转向"的研究趋势。作为空间研究的开创性学者,列斐伏尔认为空间是社会的产物,物质空间变化表象的背后是一系列社会发展过程及其中的社会力、社会关系及日常生活的变迁。空间既是一个物理概念,如场所、地域,是群体活动的实践载体,同时也是一个抽象的社会概念,是人类社会生产生活的关系综合体,涵盖了生产生活方式、阶层结构、社会制度及生产实践等社会内容。因而,空间具有物理与社会二重性的结构特点。党的十八届五中全会提出"空间治理"概念。梳理相关研究,学者们认为空间治理是以空间发展为目的,以优质均衡为准则,以主体功能为依据,以承载能力为底线,以空间规划为

---

① 张兰馨:《张謇教育思想研究》,辽宁教育出版社1995年版。

引领,以优化空间结构为手段,以社会各方为治理主体的一种治理方式。没有空间,也就没有治理,社会治理实质是围绕空间的范畴及其内部性质展开的实践;空间治理涉及空间发展、空间均衡、空间结构等概念;空间正义是空间治理的价值导向。张謇与南通教育现代化的空间治理样本研究,是一个独具理论与实践价值的问题域,可以为我国教育现代化的历史研究探索一个新的视角。

一、教育空间治理与教育现代化理论探索

我们研究张謇教育早期现代化的空间治理样本,以"空间"取向研究教育治理与教育现代化的历史,首先需要进行理论探索。社会科学概念、原理、学说和体系不像自然科学那样具有唯一性、确定性和同质性,相反,往往因为其时间和空间的不同,而具有多样性。不同学派对同一问题的观点往往是不一致的,甚至是对立的。我们需要对相关研究做梳理,明确概念体系,奠定理论依据,建立分析框架。

(一)"空间"与"教育空间"

20世纪70年代以来,列斐伏尔(H.Lefebvre)、福柯(M.Foucault)、布迪厄(P.Bourdieu)等社会学家认识到空间对于研究社会问题的重要性,开始以一系列空间概念和理论来探索日益复杂和分化的社会世界,促使社会理论研究出现一个新的发展方向——空间转向,即将空间概念带入社会理论,以空间思维重新审视社会。作为重要社会活动的教育,无论是宏观的教育体系研究,还是具体的教育问题、教育现象研究,总体上还缺乏空间的视野。

传统的历史决定论形成的学科范式,已不足以阐释当今纷繁复杂的社会问题,导致社会理论的空间转向。相应地,以时间维度构建的教育理论,同样难以对现代性引发的教育实践中的空间性问题作出合理的解释,需要将空间概念带入教育理论的架构之中,以空间思维审视教育,即教育研究的空间转

向。据此,需要基于社会理论空间转向的视角,辨析教育被时间性长期遮蔽的空间性存在,探讨教育空间的内涵、表征,展望教育空间研究,为教育研究的空间转向提供理论依据。

1. 空间的特性及教育空间的凸显

传统上,空间一直是被视为容器、场所和载体的地理学概念。时代变革导致社会理论的空间转向,教育研究同样需要关注空间。教育是一项特殊的社会活动,教育空间因其教育性而具有独特性。

(1)社会发展与空间维度的凸显

过去,空间作为人们相对不变的活动领域,虽然不可或缺,但并不引人注目。相对于时间的生命力、丰富性、辩证性,空间则是死寂的、同质的、静止的、绝对的。① 相应地,哲学和社会科学领域的时间思维消解了空间的作用,导致历史决定论一直占据主导地位。随着工业化开启的现代化进程、交通条件的改善以及信息技术的发展,迁徙与交流的阻碍被清除,加之社会生产方式、积累模式对空间的运用以及全球化发展,空间距离无论在事实上还是在人们的感知上,均大幅度缩小,空间变动带来的体验越来越强烈,空间的重要性在时间的架构中开始凸显。②

时空体验转型与空间的缺席或重申具有强相关性,正如福柯所说:"我们身处同时性时代,这个世界将被更多地证明为不是一个历经时间而发展的伟大生命或是经验,而是一个把点连接起来、把线交织起来的混乱网络。在时间过程中,通过一生形成的对世界的认识,远少于我们通过联系着不同点、相互交叉的、混乱的网络所形成的对世界的认识,20 世纪是空间的时代和空间的纪元。"③在苏贾(E.W.Soja)看来,空间对时间的超越,可谓"后历史决定论",

---

① M. Foucault & C. Gordon, *Power/Knowledge: Selected Interviews and other Writings, 1972 - 1977*, New York: Pantheon, 1980, p.70.

② 王海荣:《空间理论视阈下当代中国城市治理研究》,博士学位论文,吉林大学 2019 年。

③ Foucault, *Dits et Ecrits II(1976-1988)*, Paris: Garlimard, 2001, p.1571.

空间对生产方式的改变,可谓"后福特主义",空间对个人体验的叙述,可谓"后现代主义"。正是这些超越与转变导致了社会理论的空间转向。①

审视教育领域,同样可见空间性问题的存在。一是教育在城乡、城市内部以及不同区域之间的物质空间差异;二是教育在不同社会阶层、群体之间的关系空间差异;三是基于上述差异形成的教育在不同社会阶层、群体之间的文化空间差异。教育的空间问题体现为教育与经济、政治、社会、文化、生态各个层面上的一种叠加式的空间结构问题,其实质是教育的空间权益在不同区域、不同群体间尚未得到公正配置所引发的社会结构性问题。这些空间性的教育问题在整体上形成了教育治理难题,需要结合空间理论深入探讨教育的空间形态及其正义性。

(2)空间的物质性、精神性和社会性

空间概念的内涵是不断丰富的,从其发展历史来看,经历了从物质空间、精神空间到社会空间的转变。

在古汉语文献中,空间更多表达为被万物实体占据余下的虚空,即万物之间的间隙。西方文献中的"空间"一词最初强调的也是物与物的间隙,后引申为万物存在与运动的场所。柏拉图(Plato)从本体论意义上定义空间,认为空间是一切生成物运动变化的处所,永恒而不朽。② 即空间是万物存在的一种本来状态,万物必然以空间的形式而存在,空间与其容纳的万物(质料)相互重合甚至等同。物理学和数学意义上的空间概念是从经验世界的空间出发,抽象出描述、表达空间的点、线、面、多维度空间(流形)等空间形式,侧重于对空间形式与结构的描述与分析。相对于客观唯物主义基于"所见"认识、定义物质空间,主观唯心主义则在"所思"中认知空间,认为空间是存在于观念、精神和心灵之中的,"空间是一种纯粹观念性的,是一种抽象的可能关系的集合体"③。

---

① 何雪松:《社会理论的空间转向》,《社会》2006年第2期。
② [古希腊]柏拉图:《蒂迈欧篇》,谢文郁译,上海人民出版社2005年版,第35页。
③ [英]乔治·贝克莱:《人类知识原理》,关文运译,商务印书馆1973年版,第21页。

这两种关于空间的思考,构成两种对空间的认识:一种是物质空间,空间是具体物质形式的表现;另一种是精神空间,它是主观精神的反映。哲学传统中,两种空间以先验与经验、绝对与相对、客观与主观相分立。无论哪一种对空间的认识,空间都是没有实在意义的被动空间。

20世纪,一些社会学家开始重新审视空间,齐美尔(G.Simmel)认为,在社会交往过程中空间从空洞变得有意义,这种意义体现为排他性、分割性、变动性、互动的空间局部化和邻近五种基本属性。① 涂尔干(E.Durkheim)指出,"空间的表现是感官经验材料最初达成的协调。要想在空间上安排各种事物,就需要尽可能地把它们有所区别地安置下来,比如说左或右、上或下、南或北、东或西等,就像在时间上安排各种意识状态一样,必须尽可能地把它们定位于某一个确定的日期"②。显然,人的空间思维使感官经验材料达成协调,空间与时间同样是社会的构造物,空间划分具有社会差异性,体现特定的情感价值,不同社会组织就是对不同空间的投射和反映。由此,空间开始进入社会理论领域并被重新定义。

列斐伏尔是较早系统阐述空间概念的社会学家,他明确指出,空间并非仅仅是社会关系演变的容器,而是社会关系的产物。"空间到处弥漫着社会关系,它不仅被社会关系支持,也生产社会关系和被社会关系所生产。"③正因为空间能够反映和生产社会关系,所以空间不再是静止的、空洞的、抽象的,而具有了建构性的力量和能力。哈维(D.Harvey)指出:"每个社会形构都建构客观的空间与时间概念,以符合物质与社会再生产的需求和目的。并且根据这些概念来组织物质实践。"④空间有赖于社会的共同建构与实践。布迪厄强

① 何雪松:《社会理论的空间转向》,《社会》2006年第2期。
② [法]爱弥尔·涂尔干:《宗教生活的基本形式》,渠东、汲喆译,上海人民出版社1999年版,第12页。
③ H. Lefebvre, *The Production of Space*, Oxford:Blackwell,1991,p.26.
④ 文军、黄锐:《"空间"的思想谱系与理想图景:一种开放性实践空间的建构》,《社会学研究》2012年第2期。

调,社会空间主要是通过个体和群体在社会空间中所占据的关系性位置呈现的,是某一时期每一个个体各自主观的个人性空间的集合,而个人历程的社会空间则源于个体的态度、精神、性情的具体化以及他人的"区隔"。所以,社会空间首先是来源于个体(或群体)立场性的空间,是由个体(或群体)对于其社会位置的认识与界定积淀而成的。①

(3)作为复杂概念的教育空间

基于对上述空间理论与思想的探究,空间可以理解为以自然地理及人造环境(即物质性空间)为基本要素及中介物,并由人的活动(及其文化意义)与物质基础的相互结合运作的结果。空间既是客观的,也是主观的,物质性空间与人的活动及其意义共同构成空间的本体论基础。人的各种社会活动构成不同的特定空间,诸如政治空间、经济空间、文化空间等。特定空间的建构由特定的人的社会活动与物质性空间基础相互结合运作产生。强调人的活动及其意义与物质性空间基础的相互结合运作,可以避免空间研究脱离具体的自然地理及人造环境(物质性空间)而落入社会文化"化约论"的陷阱,更可以考察两者相互结合运作的过程。②

相应地,教育空间是指物质空间(自然地理和人造环境)和人的教育活动共同构成的特定空间,是人的教育活动与物质基础相互结合运作的结果。任何教育活动,无论是宏观的、中观的还是微观的,都具有空间特征,因为它都是在一个空间里发生的。教育空间内含地理、社会、文化等基本形态,它既包含作为互动场景的物质区域,也是教育活动与物质区域相互结合运作的结果。借鉴布迪厄的空间观,教育空间除公共性空间外还可以看作个体性空间的叠加,以受教育者为中心,形成家庭教育空间、学校教育空间和社会教育空间。教育在空间中进行,是空间的产物,教育也在生产着空间。教育空间具有建构生成性,教育活动及其意义与物质性空间共同构成教育空间的本体论基础。

---

① 鲁西奇:《空间的历史和历史的空间》,《澳门理工学报》2021年第1期。
② 黄应贵:《空间、力与社会》,《广西民族学院学报(哲学社会科学版)》2002年第3期。

研究教育空间时,会涉及其他不同性质的空间。社会有不同的结构和过程,构成各种特定的空间。空间是相互交织的,没有纯而又纯的政治空间、经济空间、文化空间,也没有纯而又纯的教育空间。我们讨论教育空间时,采用的是一种排除法,把政治空间、文化(狭义的文化)空间、经济空间等暂且排除在外,而在综合分析时,又会将各种空间纳入。以空间研究教育,主要研究空间的教育表征、教育表征的空间以及教育空间中的实践。但实际上,人是一个整体,教育是整体,社会也是整体,不可能清晰、绝对地切割各种特定的空间,空间是互嵌的、互动的,特定空间的改变必然带来空间的整体改变。

2.教育研究的空间转向

教育研究的空间转向,不仅增加了教育空间这一研究对象,更重要的是正视了传统教育研究中被时间性掩盖的空间性问题,以空间这个新的维度研究教育,回应现代性所引发的教育实践中的诸多空间挑战。

教育空间是负载各种社会要素"再空间化"而形成的,任何与教育相关的空间要素均会在空间展开,形成教育空间。教育空间内含地理、社会、文化等基本形态。教育研究领域,可以以学科来划分,如教育原理、课程教学论、教育管理、教育史等;可以以教育问题划分,如教育均衡、公平、正义等;也可以以教育活动的范围划分,如宏观的社会区域教育(公共性空间)和以受教育者为中心的家庭教育、学校教育、社会教育(个体性空间)等,这也是我国教育社会学以领域为基干的常用分类方法。教育活动的范围更具有空间意味,以教育活动的范围作为领域开展研究时,可以综合各学科或问题进行讨论。

宏观社会区域教育研究面临的问题,反映在空间上,体现为现代空间生产带来的教育资源要素在不同地理空间范围内的结构比例与总量;教育者和受教育者在不同地理空间上的身份和关系;教育作为特殊文化现象在不同地理空间的文化传递、文化升华的理念、方法、手段及其结果。地域空间上的教育空间分异是我国区域教育分化的普遍现实,既是客观存在的地理事象,更是影响区域教育协调发展的核心内容。这涉及教育均衡、教育公平、教育政策等问题,需要借鉴社会空间理论,寻找教育空间分异的原因,探索破解教育空间分异的方法。

学校教育是在学校中实施的教育,有固定的场所、专门的教师和一定数量的学生。① 由学生在学校里学习各种间接知识,这是必要的。"一旦社会在相当程度上,有赖于它本土以外和不属于这一代人的东西,就不得不依靠固定的学校机关,保证适当地传递社会的一切文化遗产。"②同时,来自田园、来自作坊的直接知识的学习同样重要。怎样"把代表生活的另一些东西——严格要求个人负责和培养儿童同外界现实生活有关的各种'作业'引进到学校"③,从而丰富学校教育空间的内涵,关系到学校物质(地理)空间的设计。作为现代化过程中的特定场所,社会空间各要素投射到学校,从环境设计到场所表征,从物质环境的社会内涵到互动的社会关系,学校教育空间既包括物质性要素的构建,同时包含学校个体与群体对空间的认知、感受和意向,学校教育空间的社会形态、文化形态同样对教育产生深刻影响。如何依托物质(地理)环境开展教育活动,建构优质教育空间,关系到一系列教育问题域的研究。

社会教育作为与学校教育、家庭教育并行的影响个人身心发展的社会教育活动,④其深刻性、丰富性、独立性非学校教育可比,无意识的生活活动、现实的生活环境和自然环境要比有意识、有计划、有组织的学校教育,对人有着更广泛的影响。现代化发展深刻地改变着社会环境,日本教育社会学家大桥薰在分析现代教育病理时提出要充分重视"社会场所中的教育",强调无意识教育的重要性。⑤ "社会场所中的教育"使空间形象跃然纸上,引导我们将目

① 顾明远主编:《教育大辞典》,上海教育出版社 1998 年版,第 551 页。
② [美]约翰·杜威:《民主主义与教育》,载张人杰主编:《国外教育社会学基本文选》,华东师范大学出版社 2008 年版,第 32 页。
③ [美]约翰·杜威:《学校与社会》,载张人杰主编:《国外教育社会学基本文选》,华东师范大学出版社 2008 年版,第 23 页。
④ 顾明远主编:《教育大辞典》,上海教育出版社 1998 年版,第 392 页。
⑤ [日]大桥薰、山村健编:《现代教育的诊断》,载张人杰主编:《国外教育社会学基本文选》,华东师范大学出版社 2008 年版,第 408 页。

光投向社会教育空间这个研究领域。

教育研究空间转向，将开启教育研究方法和路径历史性与空间性相统一的新范式。在多元化方法与差异性方法之间寻求协同，在批判性路径与发展性路径之间寻找平衡。我们需要研究在不同的历史背景与理论传统下，社会空间理论如何与中国本土实际相结合，空间理论进入中国本土后怎样才能保持其生命力，在教育空间研究中发挥现实作用，从而创造一种新型的教育空间发展模式与文明样态，使之内含于教育空间理论本土化的研究之中。

本书基于空间治理视角研究张謇与南通教育早期现代化，将主要从宏观社会区域教育、学校教育和社会教育展开。宏观社会区域教育方面：从核心区域——南通"一城三镇"到空间完形——南通及周边区域，探讨张謇现代空间生产带来的教育资源要素在不同地理空间范围内的空间规划、布局及最后形成的结构、比例与总量；区域教育空间与政治空间、经济空间、文化空间的耦合与互动。学校教育方面：探讨现代性与学校教育空间的生产；探讨张謇如何从制度、内容、方法、师资到学校物质空间的环境设计及场所表征，实现学校教育空间的现代转型，使学校空间与更大的社会空间连接起来，推进区域社会空间的现代化。社会教育方面：探讨张謇如何通过在南通地区创办博物苑、图书馆、剧场、公园、气象台、体育场、报社、养老院、育婴堂等一批文化和公益事业，塑造社会教育空间的现代文化形态，教育影响民众。

（二）"治理"与"教育空间治理"

关于"治理"。在传统意义上，"治理"原本等同于"统治"和"管理"，意味着权力的行使是垄断的、单一的、控制的。"治理"一直被视为政府统治或管理的活动过程，政府作为绝对主体力量，是直接的行政者、生产者和分配者，政府之外都属于治理的对象。在20世纪后期开始的政府管理变革当中，治理被赋予新的内涵。20世纪90年代初，再谈及"治理"则意味着权力的行使是多元的、分散的、互动的。"治理"是指多元主体相互合作共同解决公共问题和实现公共利益最大化的过程与机制。根据联合国全球治理委员会的定义，"治理是各种公共的或私人的个人和机构管理其共同事务的诸多方式总和，是使相互冲突的或不同的利益得以调和并且采取联合行动的持续的过程。它既包括有权迫使人们服从的正式制度和规则，也包括各种人们同意或以为符合其利益的非正式的制度安排"①。

关于"空间治理"。治理理论一般都以某一区域为研究对象，探讨"是谁参与决策""是为了什么参与决策""是如何进行决策的"等一系列问题。空间治理的概念包含两条线索：一是从治理的角度看空间，将各种空间视为治理的对象；二是从空间的角度看治理，将社会空间理论融入治理中，治理的切入视角转向空间。"空间之于治理，既是一种治理依据，也是一种治理对象，还是一种治理策略，更是一种治理理念，两者之间呈现一种'空间塑造治理、治理重构空间'的多维度结合与多层次互构的关系"②。

从空间结构的维度来看，空间治理理论的发展可以划分为三个阶段，历经三次范式转换，即传统区域主义、公共选择理论学派和新区域主义。"空间结构"维度呈现出传统区域主义、公共选择理论学派和新区域主义的演进路线。空间治理理论是对空间权力结构的分析，它们都展现了权力结构中政府、市场和社会三者关系的博弈。在政府、市场和社会三种力量之间，如果是政府力量占据主导地位，即是传统区域主义意义上的强政府；如果是市场起决定性作用，则是公共选择理论学派意义上的经济人假设；如果社会力量能够对决策施加影响，则是趋于多元主体的治理结构，这也就是后来的新区域主义。它们都是围绕政府、市场、社会三者作用于空间，以或多或少、或合作或分离的标准来建构理论的，这也是对空间背后权力结构的揭示。从这个意义上说，它们构成了研究空间视域下治理问题的重要理论资源。

---

① 俞可平主编：《国家治理评估——中国与世界》，中央编译出版社 2009 年版，第 56 页。

② 颜昌武、杨怡宁：《什么是空间治理》，《广西师范大学学报（哲学社会科学版）》2023 年第 1 期。

关于"教育空间治理"。嵌入社会的教育制度对人的行为产生约束作用，某个具体社会中教育的制度和安排是什么？对人的要求是什么？各社会群体如何追求自己的教育利益？空间如何塑造教育治理，治理又是如何重构教育空间的？各种教育主体的权力关系在特定空间展开，介入空间生产并赋予空间特定的意义，即教育空间治理。传统区域主义、公共选择理论学派和新区域主义治理理论也可为教育的空间治理研究提供理论支撑。

教育空间治理研究很大程度上属于区域教育研究，区域教育研究的逻辑起点是"聚集在特定空间的教育活动"[①]。这里涉及三个关键词。

一是"教育活动"。区域教育研究是教育学的分支，其逻辑起点与教育学的逻辑起点同源。教育学的逻辑起点，规定了区域教育逻辑起点的基本范围。相对来说，教育学逻辑起点的抽象程度更高，而区域教育研究的逻辑起点则更为具体。瞿葆奎等人指出，"教育本身是一种社会活动，是一种以活动形态表现出来的社会现象，作为教育学的逻辑起点，在历史的开端也是逻辑的开端这一点上，或者它本身应能推导出教育学所有范畴的根据和基础这一点上，也应该是一种活动……以活动为起点的这种认识在一定程度上是合理的，是沿正确的方向前进的"，因此，以"教育活动"作为教育学逻辑起点更为恰当。[②] 区域教育研究的逻辑起点属于"教育活动"这一范畴，但更为具体和具有个性特征。

二是"特定空间"。区域教育研究作为教育学的分支领域，其逻辑起点具有不同的个性特征。区域教育研究与教育学和教育学的其他分支领域的研究的一个重要区别在于前者有"区域"一词作为限定，"区域"构成了其特征。区域是地球表面的空间单位，它是人们在地理差异的基础上，按一定的指标和方

[①] 杨清：《区域教育研究的逻辑起点：聚集在特定空间的教育活动》，《教育理论与实践》2012年第25期。

[②] 瞿葆奎、郑金洲：《教育学逻辑起点：昨天的观点与今天的认识》，《上海教育科研》1998年第3期。

法划分出来的。这种划分不仅反映了地球表面的自然地理特征,还体现了人类活动和社会经济发展的差异。区域主要是指一定界限范围内的空间,是通过选择某个或某几个特定指标,在地球表面划分出具有一定范围边界、不可分离的连续的空间单位。因此,区域教育与"空间"密切相关。这个特定空间所具有的整体性、聚合性、开放性等特征都将直接影响空间内的教育活动,"特定空间"成为区域教育研究的一个基本出发点,区域教育是教育活动与特定空间的结合。从"特定空间"的角度去研究教育问题和教育现象,是区域教育研究的一个显著特征。

三是"聚集"。"聚集"是把"教育活动"和"特定空间"联系起来的一个动态过程。区域教育并非教育活动与特定空间的简单叠加,如果发生在特定空间内的各种教育活动互不关联,在特定空间范围内随意开展,那么这只能被视为教育的一种原生的、自然的分布,而不是真正的区域教育。只有把存在种种内在联系的教育活动,按照一定规模、一定机理和方式集合布局在特定的空间,才构成真正的区域教育。杂乱无章的集中并不能产生有效的"聚集",只有满足了一定的条件,才可能称之为"聚集"。首先,聚集发生在特定的空间,有限的空间使聚集成为可能,若没有空间范围的限制,便失去了探讨的界限;其次,聚集需要内聚力的推动,内聚力可能是特定空间内社会政治、经济、文化等方面的作用,也可能是教育活动本身的需要,这种内聚力推动了教育活动集中于特定空间;最后,协调机制是聚集的充分条件,协调机制使得集中在特定空间的教育活动产生有序的内在联系。区域作为一个特定空间,是教育活动聚集过程和聚集结果的载体,教育活动是聚集的对象,特定空间的各种教育活动正是在有序的聚集过程中,形成内在的结构关联,构成真正的教育。聚集的过程是区域教育不断发展的过程,聚集使得特定空间内的教育活动形成了一定的规模和联系。"教育活动"与"特定空间"的相加还不足以构成区域教育研究的逻辑起点,"'教育活动'是区域教育研究与教育学逻辑起点的共源存在;'特定空间'是区域教育研究区别于教育学其他分支领域的一个显著特

征;'聚集'能更好地说明区域教育研究对象的状态及发展过程。因此,区域
教育研究的逻辑起点可定为'聚集在特定空间的教育活动'"①。"'聚集在特
定空间的教育活动'作为区域教育研究的逻辑起点是符合科学思维要求的,
它是区域教育研究中最简单、最基本的现象,与区域教育历史的起点有着内在
的一致性,能全面揭示贯穿区域教育始终的矛盾及其运行规律。"②

　　张謇怀着"实业救国、教育救国"的宏愿,几以一人之力在滨长江、临黄海
的家乡南通办实业、兴教育,历经艰辛,苦心经营,将南通这个原本封建落后的
江北小城,建设成为近代中国的"模范城市"。如果取传统意义上的"治理"之
意,似乎只需从空间生产的维度,对张謇创建的南通及周边地区教育系统的社
会过程和社会模式进行研究分析,从中探析其当代价值即可。经过反复研判,
我们认为也可在一定程度上取现代意义上的"治理"之意,从权力结构的维度,
探讨政治空间对教育空间的作用。张謇还是一位政治家,他实行地方自治,协
调士绅与社会利益,其在法治上的贡献也值得关注。同时,我们需要梳理、研究
张謇办教育的现代意义上的"空间治理"样本史实。本书在探讨教育空间治理
时,传统的和现代的"治理"之义兼而用之。

　　现代化是走向现代的过程,现代的概念不同于当代,它不是一个时间概
念,从某种意义上说,现代即现代性,而现代性是已经现代化的性质与特征。
需要指出的是,现代性并不总是好的,在发展现代性的同时,也要警惕现代性
的危机。传统有两义,一是与现代相对应,传统即传统性,其内涵与现代性相
对应,主要反映前工业社会的特征;二是"传统就是一群人在经历历史事件后
所形成的一种文化的共性或共识"③。它是流传至今的,是现在的一部分。与

　　①　杨清:《区域教育研究的逻辑起点:聚集在特定空间的教育活动》,《教育理论与实践》
2012 年第 25 期。
　　②　杨清:《区域教育研究的逻辑起点:聚集在特定空间的教育活动》,《教育理论与实践》
2012 年第 25 期。
　　③　汪丁丁:《关于中国传统与现代化问题的对话——成中英教授访谈录》,《中国文化》
2001 年第 17 期。

此相应,教育传统一义是传统性在教育上的反映,二义是指国家在文明进化过程中形成的教育源流,教育传统不仅属于过去,而且属于现在。

传统教育与教育传统的含义不同,传统教育是与传统社会的政治、经济、文化相适应的教育。与此相对应,所谓的现代教育,是指与现代社会的政治、经济、文化相适应的教育。教育现代化是指对传统教育瓦解、扬弃,使传统教育向现代教育创造性转化的过程。

研究张謇与南通教育早期现代化即是分析这一过程。中国在鸦片战争后开启了教育从传统向现代的转型。在教育现代化研究的话语体系中,本书使用更为准确和常用的"教育早期现代化"指称这一历史过程,这一表述强调教育领域在现代化进程中的早期阶段,即教育从传统向现代转型的初期过程。

二、研究设计

(一)研究对象

本书以张謇在推进南通教育早期现代化进程中的空间治理思想与实践为研究对象。具体包括:一、通过对地方志、校志、演讲录、书信集、回忆录、民国初期南通地方媒体《通海新报》等相关文献的梳理,搜集张謇与教育空间治理有关的谋划新校、筹集经费、协调士绅与社会利益等问题的新资料;二、以查阅整理档案、口述史和实地勘察等方式对教育空间治理的典型案例进行综合研究;三、联系当时的经济社会发展情况,对档案资料中南通教育与地方产业、经济、人口、环境资源等的关系进行分析。

本书研究的主要时间范围是 1895 年至 1926 年。1895 年是南通大生纱厂开始筹建的时间,这是南通在空间上引发现代转型的肇始,1926 年张謇逝世。

空间范围可分为两个层面:

第一层是核心区域,包括南通的"一城三镇":通州城、唐闸镇、天生港镇和狼山镇。也就是如今的南通市主城区。

第二层是本书所指的南通及周边地区,是张謇地方自治思想与实践的空间完形,包括历史上所称的"通海地区"(大致为如今南通主城区和通州、海门、启东)以及如皋和如东两地。

（二）研究框架

以真实发生的历史事实为依据,用"空间治理"的视域,详细解读和分析张謇教育早期现代化背后的关键变量,以史为鉴,探析当今区域教育现代化策略和路径,研究框架为:

1. 理论研究:通过对"空间""教育空间""空间治理""教育现代化"的理论梳理,厘清空间治理与教育现代化的概念体系,确立理论依据,建立研究框架。对应的章节为:绪论。

2. 样本史实研究:以空间重构、空间布局、空间正义为线索,研究张謇的教育早期现代化空间治理样本史实。其中分为两个部分:

第一部分是探寻张謇办教育的理想、构想与结果,对应的章节为:

第一章　张謇推进南通教育早期现代化的背景;

第二章　张謇兴办教育的理想、构想与实绩。

第二部分是揭示张謇从理想、构想到实绩的实践过程,即教育空间的治理。总结归纳其做法、模式、经验、效果、局限,分析其内在理路和影响因素。对应的章节为:

第三章　张謇教育空间治理的思想基础;

第四章　张謇在南通的教育空间布局;

第五章　南通学校空间的现代转型。

3. 样本特征研究:通过分析南通教育早期现代化空间治理样本史实,揭示其空间治理样本特征。对应的章节为:

第六章　南通教育早期现代化空间治理样本的特征。

4.当代价值研究:对张謇教育早期现代化空间治理的样本经验与样本模式进行深入反思,揭示其对当代的多元启发价值,为当代区域教育空间治理提供参考。对应的章节为:

第七章 南通教育早期现代化空间治理样本的当代价值。

(三)研究方法

1.思辨研究法

通过研究空间治理和教育现代化的认识论基础,厘清"教育空间治理""教育现代化"的概念体系,揭示教育空间治理的哲学基础、文化基础和理论逻辑,建立研究假设与框架。

2.文献研究法

通过收集和鉴别关于张謇的文献史料,在丰富而具体的文献资料基础上,研究张謇南通教育早期现代化空间治理的历史形式、丰富内容及相关因素,把握最能说明问题的史料,从中探寻张謇南通教育早期现代化空间治理的基本特征。

3.历史研究法

教育现代化是一个历史变化过程,它的出现和存在是一种社会历史现象,必须从历史的角度对之予以纵向把握。本书将从张謇在南通开启现代化进程出发,分析南通教育早期现代化的历史轨迹,探讨其背景、特征和影响因素。

第一章　张謇推进南通教育早期
现代化的背景

　　研究张謇,特别是张謇在推进南通教育早期现代化进程中空间治理的思想与实践,就必须首先探索张謇在南通地区推进教育早期现代化的背景,了解张謇启动教育现代化进程前的中国及南通地区传统教育状况,南通地区地理、政治、经济空间形态,张謇兴办教育的动因以及张謇在地方治理中的特殊地位。

　　在研究视角上,本书将着眼于历史叙述与研究的"空间取向"。鲁西奇指出:"空间是历史叙述与历史学研究的核心要素之一。不仅历史人物、事件与过程均生活、发生在特定的空间里,并在特定空间中具有意义或发生影响,历史叙述者与研究者也均立足于特定的空间去感知、认识并叙述、探究其所见、所知与所想世界的过去、现在和未来。历史叙述者与研究者站在特定的立场上,自觉或不自觉地选取并界定其叙述、研究的历史过程所发生的空间范畴,描绘其所选定的空间的地理面貌、结构与特征,叙述生活于其间的各种人与人群、发生于其间的事件与生活,分析在其间形成的诸种经济形态、政治结构、社会组织与文化表现,进而探究其特征、动因与'规律'或'必然性',思考其所选定的空间与'外空间'(未被选取的其他空间)之间的关系。"①本书将选择南通这

---

① 　鲁西奇:《中国历史学的空间取向》,《社会科学战线》2021 年第 8 期。

个特定的空间范畴,以空间治理的视角,探讨张謇如何推进教育早期现代化。

第一节　前现代化时期中国及南通地区的教育

张謇受惠于中国传统教育,中国的传统教育根植于自身的文化传统。中国是历史悠久的文明古国,中华文明数千年绵延不断,延续至今。历史上多次发生过少数民族入主中原的局面,然而这些民族最终都不同程度地融入中原文化,中华文明在不断发展的同时,体现了它的高度稳定性,这和中国古代高度稳定的社会经济和政治形态是分不开的。

中国相对封闭的地理环境及适宜农业的气候条件,形成了中国人独特的生产生活方式,进而决定了中国独特的社会存在。悠久的历史文明和稳定的社会形态,是形成特色鲜明、内涵丰富的中国传统教育的基础。

春秋战国时期,百家争鸣,思想空前活跃,学术高度繁荣。秦始皇统一中国后,以法令统一思想,采取焚书禁学的暴力措施,结果证明是行不通的。西汉初期,崇尚黄老之学,实行"与民休息,无为而治"的政策,而后,汉武帝为巩固统治,谋求思想的大一统,采纳董仲舒独尊儒术的文教政策,将儒家思想定为唯一的官方学术思想,官学以儒家经学为主要教学内容,选拔人才以儒家伦理道德和经学造诣为标准,从而使儒家思想具备了最大的权威性和吸引力,形成了"罢黜百家,独尊儒术"的局面。汉代以后的儒学已经不是孔子的原始儒学,是经过改造的适应朝廷统治需要的官方儒学,它以"三纲五常"为核心,强化君父意识。"独尊儒术"的文教政策后来为历代统治者所尊奉,对中国教育产生了巨大影响。从此,儒家经典成为我国封建时代学校教育的主体内容。《诗》《书》《礼》《易》《春秋》在战国时便是儒家传授的经典,儒经后来有所增加,《礼》有《仪礼》《周礼》《礼记》,《春秋》有《公羊》《穀梁》《左传》,宋代以后又有《论语》《孟子》《大学》《中庸》加入,《孝经》《尔雅》也被列入经书。西汉以后两千年来,中国传统教育虽然也随着朝代的更迭有所变化,但直到清朝后期,中国教育的根基没有本质的改变。

张謇从小接受的教育,便是读上述儒家经典。秦始皇废除分封制,改立郡县制,这是中国历史上的一个重大变革。在中央集权的封建专制制度下,官员都由朝廷任命,主要从广大士人中选拔。选士制度实现了教育和选拔人才的紧密结合,它经历了汉代的察举制、魏晋南北朝的九品中正制和隋唐以后的科举制,而尤以科举制对教育的影响最为深远。中国文化传入西方时,对欧洲的启蒙运动产生过重要影响,中国的传统教育制度和官吏选拔制度尤其受启蒙思想家的赞赏,这种可以从下层选拔官吏的制度和欧洲当时官位世袭、贵族拥有极大的权力形成鲜明对比。确实,如果不是这样的制度,像张謇这样出身于底层的人,要想取得后来的成就,那是难以想象的。

科举制度将教育纳入考试制度中,使广大庶人子弟有机会通过考试步入仕途,进入社会上层,从而极大地调动了普通百姓读书的积极性,形成了中国人重视教育的传统,应该说,它对中国文化和教育的繁荣是有贡献的。科举考试以儒家经典为主要内容,系统地将士大夫转换为儒吏,所以两千年来中国有"儒者之国"之说。然而,正如金耀基在《从传统到现代》一书中所指出的:"由于考试以经典为本,整个官僚治体乃不自觉地对经典描写之远古产生景慕,并变为传统性的、保守性的、礼仪性的及文学性的,其结果则不自觉地对庶民之事与日常问题产生不屑之态度。"①

清代是中国最后一个封建王朝,封建的政治、经济、文化比之前代都有进一步的发展。鸦片战争前的两百年,清代教育有过辉煌的历史。据田正平在《中国教育史研究》一书的统计,至 1825 年,全国有各类官学 1788 所,书院更是远超前朝,有 2000 多所。乾隆年间,具有进入官学所需文化程度的人占总人口的 9%左右,总人口的识字率达到了 13%,对于一个幅员辽阔、经济文化发展极不平衡的封建帝国而言,这是一个相当高的比例。② 但由于吏治败坏、

---

① 金耀基:《从传统到现代》,中国人民大学出版社 1999 年版,第 34 页。
② 田正平等:《中国教育史研究·近代分卷》,华东师范大学出版社 2001 年版,第 5 页。

贪污盛行,激化了社会矛盾,白莲教、天地会、边疆少数民族的抗清运动风起云涌,清王朝在盛世以后,无可奈何地步入"日之将至,悲风骤至"的颓境。与之相应,传统封建教育也由繁盛走向衰落。

鸦片战争爆发后,西方列强凭借坚船利炮闯入中国,中国已危如累卵,李鸿章对 1860 年(庚申)以后的国内形势作过如下描述:"各国条约已定,断难更改。江海各口,门户洞开。""东南海疆万余里,各国通商传教,来往自如,麇集京师及各省腹地,阳托和好之名,阴怀吞噬之计,一国生事,诸国构煽,实为数千年来未有之变局。轮船电报之速,瞬息千里;军器机事之精,工力百倍;炮弹所到,无坚不摧,水陆关隘,不足限制,又为数千年来未有之强敌。"①而此时,大多士子仍蝇营狗苟,在科场上偷生。严复抨击当时教育时指出:"士之当穷居,则忍饥寒,事占毕。父兄之期之者,曰:得科第而已;妻子之望之者,曰:得科第而已;即己之寤寐之所志者,亦不过曰:得科第而已。应试之具之外,一物不知,无论事物之赜,古今之通,天下所厚望于儒生者,彼不能举其万一。"②

在封建社会,每当王朝末造,士风日下的记载史不绝书,对科举制度的批评指责,自宋明以来从未间断。然而,不同的是,此时教育的兴衰已不可能通过朝代的更迭来调整,同以农业文明为主要特征的传统社会相适应的传统教育,已不能适应社会工业化的需要,西方列强的军事入侵以及随之而来的文化入侵,不由分说地打断了传统教育的自然行程。

鸦片战争使素以泱泱大国自喜的中国受到沉重打击,中国传统教育迎来了前所未有的严峻挑战,被迫走上现代化之路。19 世纪 60 年代起,洋务派为应对西方列强的威胁,开始兴办西学,创办了外国语学校、技术学校、军事学校等一些新型学校,并派人到西方留学,中国传统的封建教育制度开始有了缺口,教育逐渐有了些现代性因素。

---

① 中国史学会主编:《洋务运动》一,上海人民出版社 1961 年版,第 41—42 页。
② 胡伟希选注:《论世变之亟——严复集》,辽宁人民出版社 1994 年版,第 109—110 页。

前现代化时期,南通是一个自给自足的自然经济占绝对优势的农业社会。和其他地区相比,南通因其地理环境显得更为封闭落后,南通的教育也是如此。在张謇开启现代化进程之前,南通地区教育体制完全是以旧式科举为中心的传统教育。当时,南通儒学学官沿用明制,设正八品学正一人,从八品训导一人。教育的目的是"纳民于规"、网罗人才,培养清官忠臣。教育内容为儒家经典和宋儒学说,还有《历代名臣奏议》《资治通鉴》《文章正宗》及八股文写作等。南通设有州学(附设于位于南通城区北部的文庙内,形成"左庙右学"格局)、试院(比邻州衙),还有书院5所、学社7所和义院、私塾若干,分布在城区和各城镇、乡村。私塾是南通城乡教育的主要载体,多依托宗族祠堂、乡绅宅院或寺庙开办,规模小且分散,通常由一名塾师教授邻近村落子弟。相较于苏州、扬州等文化名城,南通教育机构规模较小且创新滞后。南通仅有紫琅、崇川等少数书院,而苏州清代有书院逾30所,在1902年张謇在南通开始兴办新式教育前,南通也未像上海、无锡等地出现新式学堂,教育空间仍封闭于传统范式。

第二节　前现代化时期南通的地理、政治与经济空间形态

南通地区的现代化进程是在19世纪90年代中后期,张謇弃官从商开办大生纱厂开始的。前现代化时期的南通,南有天堑长江,阻断了与素有"鱼米之乡"之称的殷富江南的经济联系;东临黄海,由于泥沙淤积,海船无法靠近;北接苏北平原,是江苏较为贫穷落后的地区,因此形成了南通偏僻封闭的社会空间形态。

一、南通的地理空间形态

南通位于北纬31°41′06″至32°42′44″,东经120°11′47″至121°54′33″。地

处中国东部,长江入海口与东部沿海岸线"丁"字形交叉点北侧,地域轮廓大致为东西向延展,南北向较窄,东与北临黄海、南濒长江,呈半岛形状,陆域面积约 8001 平方公里。南与上海、苏州隔江相望,西与泰州、扬州毗连,北接盐城。全域江、海、河贯通,属于中纬度地带,亚热带温室季风区,气候温和,四季分明。①

南通的土地由江海冲积而形成,地势低平,是一个由于泥沙的沉积和潮汐的推动而由西北向东南逐步形成的冲积平原,大部属长江中下游平原,部分属江淮平原和东部滨海平原。除了平原上的几个孤丘(南通市区南部有 5 座小山——狼山、军山、剑山、黄泥山、马鞍山,也统称狼山),全境地表起伏小,高程普遍在 2—6.5 米,俗称江海平原。平原辽阔、水网密布是其显著特征。

南通成陆早在五六千年前,最早成陆的西北部,即现今的海安、如皋一带,已经有了人类的活动。此后的两千多年间,冰川运动导致海平面上升,这片土地又被大水淹没。② 从两千多年前开始,本地区又逐渐成陆,并在近海密布了大大小小的沙洲,较大的沙洲有扶海洲、胡逗洲、南布洲、东布洲,这些沙洲又逐步和陆地并接。其中,境内最晚成陆的启东历史仅 300 多年。随着沙洲与陆地的并接,南通的区域格局最终初步形成。长江携带泥沙的沉积,使疆土变化成为南通的地域特征,而且从总体上向东向南,朝着黄海不断延伸扩大。③

南通近海沙洲土壤盐渍化严重,催生盐业生产(如吕四盐场);内陆经垦殖后转为棉田,形成"滨盐内棉"的农业分区。地势低平且临江靠海,潮灾、洪涝频仍,迫使聚落向地势略高的古沙洲核心(如通州城)集中,并修建海塘(范公堤)防洪。

前现代化时期的南通地理空间,是自然力与人力长期博弈的产物:江海塑造了沙洲水网的基本骨架,农耕文明与盐棉经济定义了功能分区,而封闭州城

---

① 黄正平主编:《江海文明之光——南通历史文化概述》,四川人民出版社 2016 年版,第 1 页。
② 徐四海编注:《江苏文化通论》,东南大学出版社 2016 年版,第 162 页。
③ 朱骥德、顾斌主编:《南通地理》,南京大学出版社 1990 年版,第 33 页。

与散居村落则映射出传统社会的治理逻辑。这一空间形态虽具有内生稳定性，但河网分割导致的交通阻隔、城墙束缚下的城市扩张瓶颈、散居村落对规模经济的抵制，均成为张謇推进现代化时亟待突破的物理障碍。其后续的"一城三镇"规划（城居文化、唐闸工业、天生港港口、狼山风景区）、沿江沿海垦牧公司的创办、遍及整个区域的水陆交通和水利建设，正是对传统地理空间的一次系统性重构。

二、前现代化时期南通的政治空间形态

南通境内成陆最早的西北部，5000 多年前就有人类生息繁衍，今发现有青墩遗址（青墩文化）等古文化遗迹，至张謇逝世，历史沿革见表 1-1。

表 1-1　南通历史沿革表

年代	行政建制
5000 多年前	人类氏族部落
春秋战国（前 770—前 221）	历属吴、越、楚，属九江郡，隶扬州
秦（前 221—前 206）	为海陵县，属临淮郡，隶徐州
汉（前 206—220）	历属魏、吴
三国（220—280）	为海阳县，属广陵郡，隶徐州
西晋（265—317）	为蒲涛县，属海陵郡，隶南兖州
东晋（317—420）	为海陵县，属江都郡，隶扬州
南北朝（420—589）	为海安县，属新平郡，隶南兖州
隋（581—618）	为盐亭场，属扬州海陵县，隶淮南道
唐（618—907）	立静海都镇，置如皋县，属泰州
后唐（923—936）	开静海军，寻改通州，领静海、海门两县
后周（951—960）	改崇州，寻复为通州，隶淮南东路，领静海、海门两县
宋（960—1279）	升通州路，复为州，属扬州路，领静海、海门两县
元（1271—1368）	为通州，属扬州府，隶南直隶
明（1368—1644）	为直隶州，隶江苏布政使司，改隶江宁布政使司，设海门直隶厅
清（1644—1911）	隶江苏布政使司，改隶江宁布政使司，领县二，曰泰兴、如皋
民国（1911—1926）	改称南通县、海门县，设知事公署

南通的政治空间形态受到地理环境和社会结构的深刻影响。1895 年南通开启现代化进程时,为通州直隶州,行政等级介于府与县之间,直接受辖于江宁布政使司(后为江苏省)。州衙(位于今南通市崇川区)作为政治权力核心,承担赋税征收、司法裁决、户籍管理等职能,其建筑群(如州署、监狱、粮仓)构成城市政治中枢。州下设县(如如皋、海门等),县以下依托"乡—都—图—里"体系进行管理。乡村社会依赖里甲制与保甲制,以宗族、乡绅为实际治理主体,形成"皇权不下县"的间接控制模式。

南通旧城(今濠河环绕区域)以城墙为界,兼具防御与权力象征功能。城墙内集中官署、文庙、书院(儒学教育中心)、城隍庙(神权与世俗权力的结合),体现"礼制空间"的规划逻辑。书院多毗邻文庙(如紫琅书院与通州文庙仅一街之隔),形成"庙学一体"空间格局。文庙祭祀孔子,州学教授儒学,书院则强化科举实践,三者共同构成"儒学教化—科举晋升—官僚输送"的闭合链条,彰显"学而优则仕"的政治逻辑。地方士绅通过科举入仕、土地占有和文化权威,主导乡村事务。其宅邸、族田、义庄散布于城乡,形成非正式权力节点。张謇家族即是一例,他在现代化前夕已积累地方声望,为后期主导南通转型埋下伏笔。

南通位于长江入海口北岸,东临黄海,地处长江三角洲北翼。这一地理位置使其成为连接长江流域与沿海地区的重要节点,但也因其相对偏远的位置,在省级政治格局中处于边缘地位。在前现代化时期,南通主要依赖水路交通,陆路交通不便。这种交通条件限制了南通与外界的政治、经济联系,使其政治空间相对封闭。地理边缘性削弱了中央集权的直接干预,这为地方政治提供了特殊弹性。这种地理与政治的深度耦合形成的政治空间形态,为张謇在南通率先开启地方现代化提供了历史地理基础。

三、前现代化时期南通的经济空间形态

南通属长江冲积平原,土质疏松,加上亚热带温湿的气候,农业以棉花

（高沙土地区）和水稻（沿江低地）种植为主,形成"夏稻冬棉"的轮作模式。清代因长江泥沙淤积,沿海沙洲（如启东、海门一带）大规模开发为"荡田",种植棉花与杂粮,成为农业经济扩展的新空间。土地多集中于士绅、盐商家族。地租以实物为主（"分租制"）,部分沙田采用"押租制"（佃农预付押金换耕作权）,土地兼并加剧了农村经济的依附性。

南通是历史上淮南盐场所在地,盐是近代以前南通最有名的物产。南通东部滨海地区吕四、余东等盐场,盐产量占全国十分之一。官府设盐课司（驻通州城）统管盐税征收,盐户被编入"灶籍",产盐由官商特许的"纲商"垄断运销,经濠河、运盐河转运至扬州十二圩,再沿长江分销数省。盐场周边农民"半农半灶",农闲时参与煮盐、晒盐,盐商则通过购置土地（如范公堤内农田）形成"盐—地—权"三位一体的财富网络,强化士绅阶层对地方经济的控制。

南通农村家庭普遍从事手工纺织,以"通州大布"（土布）闻名。农户自种棉花、自纺自织,通过水运将土布销往东北（营口）、华北（山东）及江南（上海等地）,形成"农户—布庄—客商"的产销链。州城周边唐闸、平潮等市镇成为土布集散地。

通州城（今崇川区）为区域经济核心,南大街、十字街商铺林立,设有粮行、布庄、钱庄、当铺。濠河沿岸的盐仓、漕粮码头（如段家坝）兼具仓储与交易功能,官府通过牙行（中介机构）管控大宗商品流通。乡村经济以"一里三市"为典型格局:中心市镇如平潮、石港、白蒲等地,依托水运节点,每月定期举办"大集"（如石港"米市"）。村市有小规模"露水集""庙会集",以物易物为主,满足日常交换需求。

南通地区的现代化进程始于1895年张謇弃官从商开办大生纱厂。在这之前,由于江海阻断了与外界的经济联系,南通可谓穷乡僻壤。土地占有的不合理,导致南通地区大部分农民没有土地或仅有少量土地,生活极为贫困。1847年,一个在通海地区传教的神父曾经描述:"当你跨进这种赤贫的收容所式的屋子里面,你看不见有桌子、凳子,也没有任何家具和装饰,只有几只煮饭的陶罐,继而是一只大木柜,柜里藏着全部家产,差不多这就是他们的一切财产,他们的饮食、衣着。总之,在一切的必需品上都反映出他们这种极贫穷的生活。"①

两次鸦片战争后,衰败的清王朝被迫开放通商口岸,在大批洋货进入市场的同时,传教士们带来的西方文化也悄悄地影响和改变着中国的传统社会。然而,由于地处偏僻,交通不便,南通地区却始终不受所染,长期保持着近乎凝滞的状态。与地理位置封闭和教育落后紧密联系的是风气闭塞,人们封建意识浓厚,思想顽昧不化。《通州志》记载,南通"市无倚门之妇女,肆无当垆之女。里不朝歌,巷不夜游","不喜牵车贾游于四方"②。直到大生纱厂开办前,情况没有多大改变。"据20世纪六十年代初唐闸老人们回忆,大生纱厂开车前夕,由于当时农村妇女还不知道工厂是怎么回事,同时流传着工厂要用童男童女祭烟囱,女工要被洋鬼子割乳房的谣言。因此,尽管当时农村劳动力过剩,但进厂的童工和女工并不多,纱厂开工时劳动力不足,不得不招了些男工和上海的熟手女工。"③

这是一块现代化的荒漠,任何一个在这块荒漠上进行现代化开拓的人,都必须有超常的智慧、魄力和意志。同时,由于南通地区地处偏僻,战火不侵,各种势力对其相对忽略,鸦片战争后,帝国主义在经济和城市发展的渗透也未及该地。南通受外来政治、军事冲击较少,也为张謇的地方自治实践提供了相对有利的空间和条件。

第三节　张謇兴办教育的动因

张謇生活在一个风雨如磐的时代。梁启超在1901年发表的《过渡时代

---

① [法]史式徽:《江南传教史》第一卷,上海译文出版社1983年版,第16页。
② 常宗虎:《南通现代化:1895—1938》,中国社会科学出版社1998年版,第4页。
③ 《大生系统企业史》编写组:《大生系统企业史》,江苏古籍出版社1990年版,第24页。

论》中指出："今日之中国，过渡时代之中国也。""过渡时代者，希望之涌泉也，人世间所最难遇而可贵者也。有进步则有过渡，无过渡亦无进步。其在过渡以前，止于此岸，动机未发，其永静性何时始改，所难料也；其在过渡以后，达于彼岸，踌躇满志，其有余勇可贾与否，亦难料也。""故今日中国之现状，实如驾一扁舟，初离海岸线，而放于中流，即俗语所谓两头不到岸之时也。"梁启超断言，每个时代必会产生属于自己的历史人物。"时势造英雄耶？英雄造时势耶？时势英雄，递相为因，递相为果耶？"①张謇便是这个过渡时代的英雄，一生致力于传统社会的现代转换。研究他的教育现代化实践，需要探讨其动因。

一、40 年传统文化的熏染

张謇，字季直，号啬庵，江苏南通人。其祖先原居江南常熟，因避兵乱迁居江北通州金沙场，到张謇父辈时又迁至海门县，清咸丰三年五月二十五日（1853 年 7 月 1 日）张謇出生在海门常乐镇。

南通位于长江入海口的北岸，所在的是一片经长江泥沙冲积后，逐渐形成的沙洲陆地。张謇的出生地海门常乐镇，到雍正年间还是长江北侧初涨出来的沙洲，这里的居民大多是从江南来此垦荒的移民。这些移民很少有中国传统中安土重迁的保守心态，吃苦耐劳的同时，兼具勇于进取的开拓精神。这种移民特征对张謇性格的形成有着很大的影响。

张謇祖辈都是平民，父母是饱尝辛酸的穷苦百姓，在那个社会要想摆脱受压迫的地位，只有指望读书来博取功名。张謇 3 岁时跟父亲读《千字文》，4 岁入私塾从海门邱畏之先生学习，10 岁时已经读完《三字经》《百家姓》《神童诗》《鉴略》《千家诗》《孝经》《大学》《中庸》《论语》《孟子》《诗经》等书。11岁时，父亲延请名师宋蓬山先生来家授读，从《大学》《中庸》《论语》《孟子》开始，尽换新课本重读，张謇学业不断进步，又重读了《诗经》《尚书》《易经》《孝

① 《梁启超文集》，北京燕山出版社 1997 年版，第 123 页。

经》《尔雅》《礼记》等书,学习作五、七言诗,到 13 岁时便能"制艺成篇"了。

1874 年,21 岁的张謇外出谋生,开始了他的 10 年幕僚生活。当时,通州知州孙云锦调往江宁发审局任职,他对张謇的学识人品很是赏识,又念其家贫,便邀他任书记,于是张謇从偏僻的乡村来到了江宁。

江宁是东南文化中心,四方人才荟萃,钟山书院山长李小湖、惜阴书院山长薛慰农、凤池书院山长张裕钊等都是国内的知名学者。张謇在孙云锦处主要是管理他两个孩子读书,因而他能有充裕的时间博览群书、问师访友。在江宁期间,张謇先后投考钟山书院和惜阴书院,均被取为第一,士人群体也承认和接纳了这位来自底层的农家子弟。其中,经孙云锦引见结识的凤池书院山长张裕钊,对张謇的影响最大。张裕钊是桐城派名师,在他的影响下,张謇的治学逐渐摆脱了制艺文章的狭隘格局,接受了桐城派合义理、辞章、考据为一炉的宗旨。

受师友的影响,张謇对清代朴学和晚清理学经世思潮最为推崇。张孝若在谈到他父亲的求实精神时说过:"我父对明末清初诸儒的朴学,理论和行事,都十分推重,认为:'学问固不当求诸冥想,亦不当求诸书册,唯当于日常行事之中行之。'(颜习斋先生语)适合了他的见解。认定读书人的责任,决不是读几句书,做几篇文章就算了事。要抱定'天下事皆吾儒分内事,吾儒不任事,谁任事耶'(颜先生语)的一种气概。所以认为朴学事讲真理实用,确能回复儒理的本真,扫除道学的虚顽。凡是读书人,都应该往求实用的这条路上走。但是,我父亲觉到,真理实用在书本上去求,日常行事来用,就是顾亭林先生所说'载讲空言,不如见诸行事'的道理。可是我父进一层的意思:认为朴学的理论,固然超过道学万万,但是讲求朴学身体力行的结果,也只能做到一个人的坚苦风格,和实用的学问;与世仍无关,与人更无关,依旧是实用的空言。所以我父就立下了吾儒不任事谁任事的决心,更想进一步推实用的学派,去实做实用的事业;使得实用的空言,变成实用的事业;将原料物质,一齐利用发达起来,于国家于民生,尽兴利有益的责任。他更拿定了顾先生所说'必古人所未及就,后世之所不可无而后为之'的标准,立志要拿儒理从死的变活的,从空的变实的,这是我父一生读书重儒的抱负,和力行的法则。"①

张謇"远崇田子太、顾亭林,近敬湘诸先哲,依据其单言片义,以为主干,量时之变,审几所能,斟酌而强行之"②。早年在他人格深处形成的经世致用的务实精神,成为他后来在南通地区全面推进现代化变革的思想源泉。

从 3 岁读书到 42 岁高中状元,张謇 40 年寒窗苦读,饱读经书,打下了深厚的国学基础,获得了旧中国文人必须获得的文化教养,这种文化教养深深积淀在他的心灵深处,形成了他的特定人格。经世致用的入世态度、刚健有为的人生追求、顺天应人的权威认同方式、伦理至上的价值评价模式,对他一生产生了重大影响。

二、27 年科举考场的磨难

1868 年,15 岁的张謇开始进入科举考场。自此,张謇在科举试场艰难跋涉 27 年之久。

张謇家三代没有人中过秀才,按当时科举考规,称为"冷籍"。"冷籍"子孙没有应试的资格,要参加考试必须有参加过科举考试的同族士子"认保"和"派保"。地方学官和不肖士子往往利用此事刁难和索取"冷籍"士子的钱财。为了避免入场前后的种种敲诈勒索,张謇经他人介绍,冒认如皋张驹为祖父,更名张育才,到如皋应试。此类事情当时已不足为怪,因而也没有料到会掉入陷阱,张謇和家庭因此而蒙受一场灾难。

冒名顶籍考试本身没有出什么问题,15 岁的张謇以张育才之名顺利通过县、州两试以及院试,院试被取中第 26 名附学生员,获得秀才称号。然而,未等张謇和全家享受欢喜,忧患随之降临。从 1868 年到 1873 年,这 5 年张謇全家受尽了张驹一家的敲诈、盘剥、勒索,不仅经济上蒙受严重损失,几乎倾家荡

---

① 张孝若:《南通张季直先生传记》,上海书店 1991 年版,第 319—320 页。
② 《张謇全集》卷一,江苏古籍出版社 1994 年版,第 492 页。

产,而且屡次被张驹之侄张镕等人串通学官反诬陷害。19 岁那年,张謇因害怕被如皋县吏关押,连夜冒雨逃出县城,狼狈之状,几十年后张謇仍记忆犹深。

此事后来幸得几位正直地方官员的帮助才得以解决,张謇几年苦读获得的学识以及其品格,引起了上层群体的注意,海门师山书院院长王崧畦、海门训导赵菊泉、通州知州孙云锦、江苏学政彭久余等相继发现张謇是个潜在的杰出人才,他们最先向他伸出了援助之手,经通州知州孙云锦查办,此事以自行检举被罔之误处理。几经周折磨难后,1873 年,经吏部核准,张謇"改籍归宗",成为南通籍的秀才,无妄之灾虽然了结,封建科举取士制度的弊端,长久而深深地留在了张謇的记忆里。

1894 年,慈禧太后 60 寿辰举办恩科会试,多年的考场蹉跎,使张謇早已心生厌倦,不准备应考,但他父亲要他再试。张謇赴京后,连考试的文具都是借别人的,发榜前也不听录。不觉中了第 60 名贡士,复试取第 10 名,殿试中了状元。

27 年的赴考生涯,使张謇备受磨难,饱尝辛酸。张謇儿子张孝若回忆道:"我父亲对于科举,向来有一种很彻底的见解,认为历代皇帝,压百姓保帝位的唯一妙法,要教百姓将所有的心思才力,都用到科举的功名上去,免得思想轶出范围,言动离开轨道。惟一的目的,是要消灭人民的志气,压迫人民的活动,从小到老,从读书到做官,埋了头,捧了书,执了笔,只要是为了赶考,先关在家里,再关到场里,拿一个人的活气灵气,都断丧完了。要这样,才不会想别的心思去造反。所以从前中国人,除了死读书的本职以外,没有发扬志气,做实事目的趋向。就是有人,用一点实用的学问功夫,也决不是科举制度的养成,实在是靠着个人的抱负,跳出了牢笼。所以要国家发展,人民解放,得到思想的创造,走上实的道路,必定要推翻那科举的恶制度,还给读书人的自由。"①这是张謇在中国社会转型过程中对于传统教育的切身体会。

---

① 张孝若:《南通张季直先生传记》,上海书店 1991 年版,第 29 页。

张謇前后历经各级科举考试 20 多次,直接消磨在考场的时间就达 120 多天,更何况有"冒籍"风波带来的惨痛经历。切身的痛苦经验,使他对封建传统教育制度的弊端知之最深,成为他后来变革求新、热心兴办新式教育的思想因素。

三、丰富的社会实践历练

张謇在南通办实业、兴教育、举公益,全面推动区域社会现代化的实践始于他高中状元之后,在这之前他经历了 40 年的寒窗苦读。和一般读书人不同的是,这 40 年中他不是一味钻进圣贤书,而是经历了丰富的社会活动,锻炼了他干练的治事能力,养成了实干务实的思想作风。

23 岁时,张謇入庆军统领吴长庆府。吴长庆,安徽庐江人,先后任直隶定海镇总兵、浙江提督、广东水师提督,时为淮军中有名的儒将。1882 年,朝鲜发生"壬午兵变",吴长庆率军平息。张謇随军东征,被委为前敌应办诸务。张謇在平定朝鲜内乱过程中,运筹策划,处置有方,显现其干练才能,为兵变的平息作出了重要贡献,深得吴长庆器重。张謇在紧急事变中镇静应对和勤奋干练的良好素质,显然与平素的好学深思并注意务实有很大关系。兵变平定后,朝鲜国王以宾师礼遇,并请留任用,张謇辞谢。1884 年,吴长庆去世,张謇深受打击,10 年幕僚生涯也由此画上了句号。

张謇 8 年的军旅生涯,特别是"壬午之役"的艰难磨炼,为其一生的事业打下良好的基础。他本人不再局限于科举制艺,初步成为兼谙军政外交事务的通才,他在战役中显示的才干和役后所写的《朝鲜善后六策》,大大提高了他的社会声望,为更多的朝野名士所认识和了解,成为诚挚延揽的对象。赴朝平乱前后的经历也拓展了张謇的交往范围,使他开始以更广阔的国际视野来审视中国的问题。

由于张謇过分拘泥于出身的纯正,坚持走科举"正途",博取功名,而 1884 年回到家乡后屡试不第,遂使张謇的大展宏图整整推迟了 10 年。

当然,这10年也并非完全浪费,张謇曾随孙云锦赴开封视察黄河灾情,筹划治黄之策,成为他一辈子醉心于水利事业的发端;10年中在家乡试办农桑的经历,对他经济思想的形成产生了一定影响;1888年张謇受聘赣榆选青书院山长,更是他从事教育工作的开始。1893年张謇任崇明瀛洲书院山长时,教出两个得意学生江导岷和江谦,此两人是张謇后来在南通办教育时的骨干。

四、"伏枥辕驹"的庙堂困惑

1894年4月24日,张謇高中状元。他在当天的日记里写道:"栖门海鸟,本无钟鼓之心。伏枥辕驹,久倦风尘之想。一旦予以非分,事类无端也。"①几天后的28日,张謇"感母与赵、孙二先生之不及见,又感国事,不觉大哭"②。状元及第对中国传统知识分子来说是天大的喜事,然而张謇却心事浩茫。

张謇中状元是1894年,第一次鸦片战争后的54年,甲午战争的当年,中国处于生死存亡的十字路口。鸦片战争后,以泱泱大国自居,以伦理道德文化高度发达而自豪的中国受到沉重打击,清朝风雨飘摇,危机四伏。在这样的环境中,张謇意识到传统的由中状元进而加入国家的权力中心,从而实现平国治天下宿志的道路,恐怕已经很难走通。"感国事,不觉大哭"反映了张謇内心深重的矛盾与忧虑。

张謇状元及第后被授予翰林院修撰。不久便发现宦海险恶,党争激烈,以天下为己任的士大夫不仅难以施展抱负,弄不好还会有杀身之祸。甲午战争中他以十多年前在朝鲜同日本直接抗争的经验,为帝党出谋划策。甲午战败,慈禧和李鸿章受到帝党和清议的责难,然而后党很快重新集结力量,回击这些并无实权的对手。1895年,吏部右侍郎汪鸣銮和户部右侍郎长麟被革职永不叙用,这是甲午战争后,后党对帝党的第一次清算,接着又开始了一系列对帝党的打击。张謇在帝后两党斗争的关键时刻,突然接到父亲病故的信息,回籍

① 《张謇全集》卷六,江苏古籍出版社1994年版,第362页。
② 《张謇全集》卷六,江苏古籍出版社1994年版,第852页。

守制。然而尽管离开了政争纷乘的北京，后党还是盯上了他。一些人攻击帝党"主战误国"时，总把张謇作为主要对象。张謇闻讯感觉事态严重，压力巨大，产生了不再回朝廷的念头。

1898 年 5 月，帝党和维新派政治联合，百日维新呼之欲出时，张謇再次赴京，想同恩师帝党首领翁同龢一道扶助光绪帝变法。然而就在光绪帝宣布变法的第五天，慈禧手谕翁同龢开缺回籍。帝党和维新派在这突然的打击下惊慌失措，张謇也极为失望。宦海浮沉，危机四伏，张謇彻底放弃"学而优则仕"的观念，以"通州纱厂系奏办，经手未完"为借口，再次离京，乘船南归。

张謇决定选择一条新的道路，以家乡南通地区为试验田，开始他的强国富民实践。"愿为小民尽稍有知见之心，不愿厕贵人受不值计较之气；愿成一分一毫有用之事，不愿居八命九命可耻之官。……辄欲以区区之愿力，与二三同志播种九幽之下，策效百岁之遥，以为士生固宜如此。"①

五、民族危机的强烈震撼

1895 年《马关条约》的签订，对张謇震动极大，他对条约如此丧权辱国十分愤懑。甲午战争的失败，卖国条约的签订，成为张謇思想转变的重要因素。他在祭奠父亲时自我谴责："徒为口舌之争，不能死敌，不能锄奸，负父之命而窃君之禄，罪犹无可逭也。"②国家和民族危亡的严峻局面，使张謇产生了强烈的社会责任感与历史使命感，他不愿再作口舌之争，而开始走办实事的道路。

甲午战争的惨败，实际上标志着坚持传统的道德本位文化和教育的失败，意味着传统的祖宗之法已不能保祖宗之地。战败极大地震撼和启迪了张謇，使之不能不对传统的思想准则、道德结构、价值观念提出怀疑，进而放眼世界，转变原有的思想和立场。

---

① 《张謇全集》卷四，江苏古籍出版社 1994 年版，第 526 页。
② 《张謇全集》卷三，江苏古籍出版社 1994 年版，第 247 页。

甲午战败,震惊国人的同时,把一个通过学习西方从而强国富国的示范——日本推到了张謇面前。战争的刺激、洋务派人物的启发、西方信息的影响和出国考察的感受,使张謇敏感地意识到西方文明的价值。西人何以胜我?日本何以胜我?西方文明的冲击让张謇最终把答案演绎到实业上、教育上。强烈的传统与现实的矛盾,使他终于突破了传统文化人格的外壳,舍去传统的由士而仕的追求,以"状元办厂"为发端,毅然决然地走上了"实业救国、教育救国"的道路,开始了中国早期经济、政治现代化和教育现代化的探索。

学者庞朴认为,整个中国近代史就其在文化上的表现来说,可以大体分为三个时期:(1)从鸦片战争,中经 1861 年开始的洋务运动,至 1895 年甲午战争失败,是"经世致用"观念复活,富国强兵呼声高昂,从器物上承认不如西洋文明,而有必要舍己从人的时期;(2)从甲午战争失败,中经戊戌变法运动,至 1911 年辛亥革命成功,是怀疑一切成法,发挥创造精神,从制度上承认不如西洋文明,而勇于革除勇于建立的时期;(3)从辛亥革命,中经粉碎帝制复辟,至 1919 年五四运动,是新旧思想最后较量,东西文明全面比较,从而从文化根本上认真进行反思的时期。① 张謇所处的正是这样一个新旧交替的社会转型时期。

张謇是一个集实业与教育于一体的大家,政治上也颇有建树,因而较少有其他教育家那种囿于教育领域的局限。刘厚生先生在其《张謇传记》中说:"张謇一生似乎是一个结束二千年封建旧思想,最最殿后,而值得注意的大人物。同时亦是走向新社会,热心为社会服务的一个先驱者。"②他在南通地区一步一步经营着实业、教育与文化公益事业,使南通成为当时名噪东南的模范城市,影响遍及全国。

胡适在为《南通张季直先生传记》作序时说:"张季直先生在近代中国史上是一个很伟大的失败的英雄,这是谁都不能否认的,他独立开辟了无数新

---

① 顾明远主编:《民族文化传统与教育现代化》,北京师范大学出版社 1998 年版,第 57 页。
② 刘厚生:《张謇传记》,龙门联合书局 1958 年版,第 3 页。

路,做了三十年的开路先锋,养活了几百万人,造福于一方,而影响及于全国。终于因为他开辟的路子太多,负担的事业过于伟大,他不能不抱着许多未完的志愿而死。这样一个人,是值得一部以至于许多部详细传记的。"①张謇是个英雄,称其失败,是由于尚有许多志愿未完。

梁启超曾说过:"英雄之种类不一,而惟以适于时代之用为贵。故吾不欲论旧世界之英雄,亦未敢语新世界之英雄,而惟望有崛起于新旧两界线之中心的过渡时代之英雄。"②张謇正是这类"崛起于新旧两界线之中心",且适于时代之用的英雄。

张謇以南通为舞台,探索的是一条适合中国国情的现代化道路,在教育现代化的征程中,张謇教育思想的弃旧趋新是渐进的,是新旧包容式的转换,没有疾风暴雨,没有刀光剑影,然而却脚踏实地地改变着中国社会。

第四节　张謇在地方治理中的特殊地位

清末民初的南通,张謇可以说自行其是,大权独揽,地方政府和军阀对他亦"礼"让三分。这种复杂矛盾的政治现象,正是当时国家权威失坠,地方精英权力膨胀的表现,是清末民初中国特殊的社会环境造成的。

在当时,一个区域的社会现代转型,必须以相应的地方权威作为保障,否则阻力重重,难以成功。在这方面,张謇虽然没有刻意去侵夺政府对南通地方的控制权,但事实上实现了其对南通地方的实际控制。张謇作为地方精英,之所以能维系其对地方的支配地位,除了当时南通特殊的自然地理、经济、文化和政治空间环境,还因为他扼控了由其丰富的社会经历逐渐形成的各项资源。

首先是名分、名望带来的象征资源。1894年张謇高中状元,状元的金字招牌无疑奠立了张謇成为南通士绅领袖的坚实基础。在中年中状元以前,张

---

① 张孝若:《南通张季直先生传记》,上海书店1991年版,第3页。
② 《梁启超文集》,北京燕山出版社1997年版,第123页。

謇厕身幕府和经营乡里,表现出的杰出个人才干也奠定了自己在通海地方的良好形象。张謇确立其地方最高权威有一个发展过程,除了状元招牌和个人才干带来的名分、名望等象征资源外,尚有其他政治和社会资源的衬托和补充。

在政治资源方面,张謇一生中真正在政府任职的时间加起来不过三四年光景,自嘲"在官半日",但张謇一直与官场政界保持着千丝万缕的联系。张謇本人虽未曾直接进入政治权力中心,但先后参与过清末民初中国发生的诸多重大政治事件和活动。张謇头上始终闪烁着官、绅、商、学界各种耀眼的桂冠,他先后担任过翰林院修撰、总理通海商务、总理两江商务局、学部谘议官、商部头等顾问官、中央教育会会长、江苏教育会会长、苏省铁路公司协理、江苏谘议局议长、农工商部大臣、东南宣慰使、两淮盐政总理、南京临时政府实业部总长、农商部总长、全国水利局总裁、中国银行股东联合会会长等各种政府与社会职务,大大地提高了他在全国政界的声誉,也树立了他在地方社会的声威,为他经营南通地方事业创造了极其有利的政治条件。

张謇利用政府、社会任职和早年游学、游幕、经营乡里之机,多方面扩展了社会交往圈。上自中央大员,中到地方督抚,下至州县长吏,旁及地方士绅,结交了广泛的政、军、商、学各界实力派人士和名流要人,联系了多种社会力量,纵横交织了一张由职缘、学缘、业缘、友缘、地缘等组成的庞大的社会关系网络,这无疑是构筑张謇地方权威的重要社会关系资源。

张謇秉"村落主义"实施地方自治,要推进各项事业的发展,自然离不开大量的经费,这也是他首先创办各类实业的初衷。张謇1895年创办大生纱厂,1901年创办通海垦牧公司,先后创办了数十家企业,构成完整的产业链,形成了当时中国著名的大生资本集团,以实业挹注教育、慈善公益。张謇积累的财富,既是他建设南通的经费保障,同时也构成其成为地方最高权威的物质资源。

到20世纪20年代初,南通的事业发展进入鼎盛时期,张謇在南通的权威也达到了登峰造极的程度。南通地区州县行政官员的任免事先多与张謇商讨,历任各级各类政府官员,到任后的第一件事就是拜访张謇,甚至警察厅办案也常向张謇请示,张謇被有些人称为"南通土皇帝"。但事实上,作为地方自治领袖,张謇的出发点并不是要建立一个与中央权威相抗衡的、由个人主宰的地方独立王国,而是要在国家政权"暗蔽不足与谋"的情况下,建立一个"自存立,自生活,自保卫"的人民安居乐业的新"村落"。尽管张謇实际侵夺了不少国家在地方行政过程中的支配权力,但在形式上,通海地区的行政权仍主要为地方政府所掌控,这是张謇的政治智慧所在。

当时的南通,仿佛是张謇在中国大地上构建的空间和时间上的"异托邦",张謇对此极力呵护。国家与地方精英之间的权力矛盾与紧张,是地方自治过程中普遍存在的问题。对一个地方自治领袖而言,处理好与国家政权之间的关系,是其事业成功的一个不容忽视的因素。清末民初,中国政局变幻无常,但张謇与历届政权中枢的关系始终未受大的影响。为了使地方自治有一个相对稳定的外部环境,张謇周旋于各派力量之间,以求局部的苟安,为南通地方自治事业的成功,创造了一个国家权力与地方精英关系相对平衡的空间环境。

日本人驹井德三在《张謇关系事业调查报告》中描述张謇权威:"今江北一带,仿佛以张公为元首之国,他方势力未得侵犯,其实力可知矣。故关于重要职务,无有不征张氏之意见。即在现今中国政界中,以实力不相降之张作霖、吴佩孚等,皆以张公为上海经济界之重镇,遇事咨问。""要之,张謇对于现在中国之政界,表面上虽无何等之关系,然以张公在经济上、地方自治上有坚固之基础,不仅大总统及责任内阁,即地方政府也无如之何也。张公虽甚持重自下,然在中国政界之潜势力,可谓不薄。"[1]而这种政界之潜势力又反过来支撑南通的地方自治事业。

---

[1]　中国人民政治协商会议江苏省委员会文史资料研究委员会编:《江苏文史资料选集》第10辑,江苏人民出版社1982年版,第143、151页。

张謇除个人权威外,还以其威望形成以他为核心的地方精英集团,通过一些地方自治组织来实现对南通的实际控制,独揽大通海地区的各项事务管理大权。商会、教育会等虽在地位上较同级行政组织为低,而实际权力却足以与后者相颉颃。正是以张謇为核心的精英集团实际上掌控了南通地方事务的决策权,才使南通的现代化建设有了切实的权威保障,这是当时中国特殊的社会状况造成的。

第二章　张謇兴办教育的理想、
构想与实绩

第一节　张謇兴办教育的理想与构想

经过戊戌、辛丑两次革新的失败,张謇对清廷深感失望,因此转而专心致力于经营家乡通海地区,通过"地方自治"来实现自己的理想。在《垦牧公司第一次股东会演说公司成立之历史》中张謇指出:"凡鄙人之为是不惮烦者,欲使所营有利,副股东营业之心,而即借各股东资本之力,以成鄙人建设一新新世界雏形之志,以雪中国地方不能自治之耻。"①他的志趣是脚踏实地地做有益于社会的实事,期望通过通海地区地方自治,实现他理想中的新新世界。

张謇是中国地方自治的先行者,他说:"目睹世事纷纭,以为乡里士夫,苟欲图尺寸以自效者,当以地方自治为务。"②1905 年开始,张謇频繁使用"地方自治"一词,而实际行动则更早。1921 年张謇在《为南通地方自治二十五年报告会呈政府文》中指出:"计自强求自治,至明年届二十五年矣。"③可见张謇自 1897 年起即在南通开展了地方自治实践。张謇及其身边的乡绅们以新的

---

① 《张謇全集》卷三,江苏古籍出版社 1994 年版,第 384 页。
② 《张謇全集》卷六,江苏古籍出版社 1994 年版,第 515 页。
③ 《张謇全集》卷一,上海辞书出版社 2012 年版,第 524 页。

管理形态治理南通,陆续建立了一批自治组织,如教育会、农会、商会、水利会、警卫团等,逐步掌控了南通社会管理的实权,实行地方自治。

1907 年,清廷谕令择地试办"自治",1909 年正式颁布《城镇乡地方自治章程》,张謇按照章程各款项,对南通"原已举办者""甫经创办者""尚待筹办者""不能强办者"仔细研究、详加规划。当年,通州成立筹备自治公所议事会和董事会,选举张謇为议事会议长、知州琦珊为董事会会长,选出 30 名议员、8 名董事,并推定教育、财政、户籍、工程、警务等各科人员,建立了社会自治机构办理自治事务。许多地方的所谓自治都流于形式,张謇却把南通地方自治的作用发挥到了极致。

张謇常将其地方自治思想说成"村落主义","窃謇抱村落主义,经营地方自治,如实业、教育、水利、交通、慈善、公益诸端"①。地方自治偏行动,"村落主义"偏思想,而"新新世界"则是张謇孜孜以求的理想之境。

张謇认为,要实现理想中的新新世界,根本在教育,而兴教育离不开实业。地方自治是张謇推动南通地区早期现代化的统摄力量,实业和教育迭相为用,成为南通地区政治、经济、文化发展的两翼,共同构成了社会发展的基础,这就是张謇著名的"父教育,母实业"②的发展思想,也是他统筹考虑南通地区现代化的基本观点。

张謇指出:"政者君相之事,学者士大夫之事,业者农工商之事。但政虚而业实,政因而业果;学兼虚实为用,而同因果为权。士大夫生于民间而不远于君相,然则消息期间,非士大夫之责而谁责哉?"他说:"孔子言'以不教民战,是为弃之',夫不教之民,宁止不可用为兵而已,为农、为工、为商殆无一可者。"强调"图存救亡,舍教育无由,而非广兴实业,何所取资以为挹注。是尤士大夫所当兢兢者矣"。③ 在张謇看来,"窃维环球大通,皆以经营国民生计为

---

① 《张謇全集》卷四,江苏古籍出版社 1994 年版,第 457 页。
② 《张謇全集》卷四,江苏古籍出版社 1994 年版,第 74 页。
③ 《张謇全集》卷八,上海辞书出版社 2012 年版,第 566 页。

强国之根本。要其根本之根本在教育。而实业不振。又无以为教育之后盾。现吾国国民生计日蹙,欲图自存,势已岌岌;舍注重实业教育外,更无急要之计划"①,进而提出"求治之法,唯在实业、教育"②。

张謇在南通开始其现代化实践之前,对兴办新式教育已经有了深入的思考。中国传统的学校教育,在以科举选士为中心、儒家经典为基本内容的制约下,具有明显的一段制特征,这一模式与新式教育产生了不可克服的矛盾。鸦片战争后,受西方文明冲击,中国开始引进新式教育。1862 年,由恭亲王奕䜣等人奏设的京师同文馆,为中国新式教育的萌芽;后有 1863 年李鸿章奏设的上海广方言馆;1864 年瑞麟奏设的广东同文馆;1865 年曾国藩所设的上海机器学堂;1866 年左宗棠所设的福州船政学堂等,到甲午战争失败的 1895 年,30 余年里,洋务运动开设的新式学堂,主要分布在长江南北和沿海一带,计有 20 多所。从横向看,有语言、军事、技术 3 类,从纵向看,主要属于中等专门学校,下无新式初等教育作基础,上无相应的高等教育机构相衔接,显得零打碎敲、头痛医头、脚痛医脚,彼此各自为政、不相连属,尚无完整的学校教育制度可言。

1895 年,张謇为张之洞起草《代鄂督条陈立国自强疏》,要求"广开学堂"。甲午战争以后,新式学校逐渐增多。1896 年,刑部左侍郎李瑞芬在上奏朝廷的《请推广学校折》中首先提出设立"京师大学堂",主张京师设大学堂,省、府、州、县都设学校,并对府州县学、省学、京师大学各自的入学年龄、课程设置、学习年限都作了具体规定。这一设想,初具三级学校教育制度的雏形。戊戌变法期间,张謇赞成废科举,兴学校,并草拟了大学堂办法。1898 年,京师大学堂正式设立,说明建立自己的高等教育机构已引起清廷的重视。京师大学堂同时也是全国最高教育行政机构,规定各省学堂都归其统辖,有利于克服零杂而不成体系的局面。梁启超起草的《京师大学堂章程》,正式确定了学

---

① 《张謇全集》卷四,江苏古籍出版社 1994 年版,第 90—91 页。
② 张孝若:《南通张季直先生传记》,上海书店 1991 年版,第 506 页。

校分为大学、中学和小学三级,但章程的内容,如办学的次序、师资的培养、经费的保障等,缺少具体可行的办法。在清末兴学热潮中,建立全国普遍实施的学制,已成迫在眉睫的大事。在 1902 年公布而未实施的《钦定学堂章程》和 1904 年正式颁布并在全国实施的学制《癸卯学制》之前,1901 年,张謇作《变法平议》一文,文中便提出了较为完整而易行的学制。

在《变法平议》中,张謇主张中国学校设置,其次序应该是:"各府、州、县先设立一小学堂于城。小学堂中先特设立寻常师范一班,选府、州、县学诸生,年当二十至四十束脩自爱文理通畅者四五十至七八十人,视学大小为人数之多寡,延师范师教之。三月后,试令分教小学堂学生,由地方视学官,每月会同师范师,试其学业教法之进退,而第其优拙。""第二年,四乡分立小学堂,府、州、县大者四十区、中者三十区、小者二十区。配分地段,有寺庙者先借为之。分师范生优者为教席,其优而愿留堂力学者听。"至于师范生的待遇,张謇也给予细致考虑,他主张第一年师范生不纳膳金。试而优者,分三类给奖,最优者五元,优者四元,次者三元。第二年,学生纳膳金。"第三年,即以先立之小学为中学堂,仍并寻常师范学堂于内,兼教西文,而别立高等师范学堂。凡学生皆纳膳金,数各随地酌定,是为官学。若绅富私立或官立者听便。建设之始,报明视学官,转报文补给予准据,学堂教育章程及课本与官学同,考试给凭,出生亦同。""第四年,各省城立专门高等学堂,第五年京师大学堂可立矣。"

在职业教育方面,张謇主张,各府、州、县设立警察、法理、农业、工业学堂、高等商业学堂、女子师范学堂。而高等师范学堂、音乐学堂、盲哑学堂可暂缓。

张謇对于教学经费也都考虑周详,各省学堂以府、州、县学税支办,官学堂以停止八旗兵丁口粮支办。为鼓励各地办学,又考虑国家财力不足,张謇主张"第一次官立者,书籍由学堂置备。其余无论公立、私立,皆学生置备。有人捐备者,由官给奖。凡各府、州、县公立、私立之学堂,初设及设后费用不足,由官补助。是为各府、州、县设立小学、中学循序而致高等学堂、大学堂之次第也"①。

这里,张謇将学校分为三级,初、中、高各级教育循序而进,高一级教育机构以低一级教育机构为基础,优先发展普通师范。

在学堂的性质上,张謇主张职业教育与普通教育并存,使学制呈一本多枝的形态。

张謇坚持中国文化传统。从思想和实践看,张謇从西方的强大中认识到了西方文明的先进性,十分重视吸收西方资本主义国家的文明成果。但是,张謇并不放弃"中学",他在《代鄂督条陈立国自强疏》中认为,以工立国是中国的传统,是孔子倡导的。张謇与张之洞不同的是,张之洞强调的"中学"是汉以后的儒家经典,是宋明以后强调的"三纲五常",因而张之洞主张维护"国体"。而张謇追寻的是文化的源头,以在更高起点上回归"三代"理想社会,他直接从孔子那里寻找理论归属。

1903 年,张謇写下《学制宜仿成周教法师孔子说》一文,托古论今,表达了他对学制和教育内容的看法。全文如下:

中国学制较有依据者,莫备于成周。《礼记》文王世子及王制两篇,详言国学教人之事。其所授之课,诗书礼乐射御书数而已。《学记》则抽国学读经之一端言之(如"一年视离经辨志,三年视敬业乐群,五年视博习亲师,七年视论学取友,谓之小成。九年知类通达,强立而不反,谓之大成"皆是从读经而言)。其理论合于师范养成教员之用。若论普及教育及其年龄,莫说于《内则》一篇。其言曰:六年,教之数与方名;七年,男女不同席,不共食;八年,出入门户及即席饮食,必后长者,始教之让;九年,教之数日;十年,出就外傅,居宿于外,学书计,衣不帛襦裤,礼帅初,朝夕学幼仪,请肄简谅。十有三年,学乐诵诗舞勺,成童舞象,学射御。二十而冠,始学礼。证之《学记》

① 《张謇全集》卷一,江苏古籍出版社 1994 年版,第 61—62 页。

曰:"家有塾"。疏言二十五家之塾,间中之小学也,是其年龄当在六七八九四年;从学之处,必在家塾。下文言女子十年不出,可知九年以前尚出而就学于塾。而塾为二十五家男女合级教授之学,犹今之初级小学矣。其曰"党有庠",就庠学者当在十至十二三年,专教间中小学所升之男学生,犹今之高等小学也。曰"州有序",就序学者当在十三至十九七年,专教党之庠所生之学生,今之中学及高等之学也。曰"国有学",则二十以后学生所居之学矣。专教王子及群后太子大夫元士之适子以及州序所升之俊选,犹今之京师大学也。按《内则》课程,不外礼乐射御书数。惟礼乐书数差别深浅,随学童年之大小而教之数与方名,则始自六年,而七八九三年又特于数方名外,加之以男女长幼序与数日耳。(《汉书·王莽传》:令天下小学,戊子代甲子为六旬首。可知汉代尚沿九年教之数日之例)。夫数者非止一十百千万也,加减乘除及九章皆是。方者非止东西南北前后上下也,如乡南以西为右,乡北以东为右皆是。名者义疏所谓凡物皆有名,于身耳目手足,于人父母兄弟,以及器用、鸟兽、草木皆是。数学之有关于日用,尽人皆知之,至于方则左右不明,一出门庭,易迷道路,故古人自幼教之。若夫物名则所关尤要,凡身体、人伦、器用、宫室、衣食、天文、地理、时令以及动植物,意古人必有一划一之名,编之为书,以教学生,庶几学成之后,出而治事,语言可以了当,记载可以敏捷。且名必划一,童而习之,而后齐楚胡越之人猝聚一堂,语或不同而文可一致,为一道同风之始基。名之重如此,故古人自幼教之。十年学书计,郑以六书释书,九章释计。吾谓书即今所谓国文,计即今所谓簿记。其尤切要者,请肄简谅一事。简谅者简单之实事也。学童至此,思想渐开,简单实事,许其请习,所以养成治事之材。至于十三以后,学乐为先。以弦和诗而舞。先习勺,第以活其筋骨。若干戈之舞,射御之习,必待成童年。早乎此则年尚幼稚,气血未充,用力易于伤身也。且此七年之间,武事多于文事,可知六卿皆可命将之才。养之有素,而搜苗猎狩之习,又所以使通国皆胜兵也。然则成周普通教育,该于六艺。今世好古君子,辄曰保存国粹。国粹者六艺也。经且不足以该之,而况于泛觉词章之事哉?自嬴秦燔书,乐经遂亡。汉置博士,则有《易》《书》《诗》《春秋》《礼》五经而已。唐乃立之学官,三礼三传分习,命为九经;已又益《孝经》《论语》《尔雅》。宋复进《孟子》,前明因之,而十三经之名始定。汉代经学最盛而兼通诸经者,止马、郑数人。科举时代试士之法,始犹听人各占一经,或数经;行之既久,士不能有必得之术,乃骛多以自炫,试士者亦炫其多以张所得之才。于是父兄之教子弟,自其成童至于弱冠,必责以尽读全经。而经乃徒供弋取科举之资,全无当于生人之用。为塾师者且憬然自以为此孔子教也。夫孔子之教则何尝有是哉!孔子之时,只有《易》《诗》《书》三书。《易》不以教人,教人者只以《诗》《书》。而《诗》随于乐。在成童以后,《内则》所谓十有三年学乐诵诗,若《论语》小子何莫学夫诗是也。至诏伯鱼为周南召南而不曰读,古人冠而有字,可知伯鱼学诗在冠以前。《书》则政治家言,凡孔子所雅言之书,何必读书之书。孟子尽信书读其书之书皆是也。习书之年,无可确指,以《内则》二十始学礼推之,当更在二十以后国学之中。盖专家之学理,入宫之预备,其义其词,皆成才学子所研究之资,不止诘屈聱牙不宜于童稚也。中国教育家莫大于孔子。孔子弟子三千而身通六艺者七十二人。其比例裁四十分之一,可知七十二人之外,礼乐射御书数,一人之身有不尽知不尽能者矣。今言教育者,乃欲于初等小学儿童普通科学外,更责以读经,岂今世乡里儿童之才,皆过于七十二人,而小学教员之为教,又皆过于孔子耶?有以知其必不然矣!将以谓经者,古人之名训乎?则古今义理,推勘而所出益富;世界文字,陶淬而各有其长。日诵千言,终身不尽,人人骛此,谁与谋生?若云爱古薄今,乃崇古训,此为高等及专家之学则可耳。中国既尊孔子矣,独于普通教育,若犹以孔子为不足法何欤?①

张謇从《学记》中《内则》篇解读成周学制,将学校分为三级,其中小学又分为初级小学和高级小学。初级小学四年,学生学龄为六、七、八、九岁,就读于家塾;高级小学约四年,学生在十岁到十二三岁,就读于庠;此后为中等教育,时间为六七年,学生在十三四岁到十八九岁,就读于序;二十岁以后为大学教育。

从学习内容看,初级小学学习数、方、名、礼仪和历法。数即算术,除一十百千万,还有加减乘除及九章。方实为简单的地理,名即认识各种事物,对学习数方名的重要性,张謇在文中作了较为详细的分析。高级小学学习书、计、礼仪和请肄简谅。书,张謇认为即国文,而计是簿记,请肄简谅是让学生实习简单的实事。张謇对请肄简谅尤为看重,认为学生思想渐开以后,学做简单实事,可以养成治事之材。

张謇将汉以后以儒家经典为主要内容的中国传统教育,和上述普通教育阶段学习内容以及孔子所教作了比较,斥责当时好古君子,动不动唱保存国粹高调,却不知真正国粹是何物。即使在清末引进西式教育后所推出的《癸卯学制》中还规定,初等小学堂读经讲经课每周多达 12 学时,加上修身 2 学时,几占了总学时的一半;高等小学读经讲经课每周仍是 12 学时,只是占总学时的比例略有下降;中学读经讲经课仍是课程中学时最多的,占到了总学时的1/3。就其实质而言,《癸卯学制》仍没有摆脱科举制度的影响,课程中经学课程的分量很重。正如张謇抨击的那样,当时的教育脱离社会生活实际,完全不顾学生的接受能力,将本可为高等教育及专家研究的内容,强加给中小学生,曲解了孔子思想,违背了教育规律。张謇认为读经讲经之不合儿童心理生理,不是小学生所能理解的,与其徒耗时间,不如多习国文。

---

① 《张謇全集》卷四,江苏古籍出版社 1994 年版,第 20—22 页。

《变法平议》和《学制宜仿成周教法师孔子说》分别写于1901年和1903年,正是清王朝为挽救其危亡的统治,开始推行新政的时期,张謇以其远见卓识,积极为国家的振兴出谋划策,其关于学校教育制度的设想与观点,为中国近代学制的改革作出了重要贡献,同时也为南通教育早期现代化确立了基本框架。

张謇的兴学主张,在学校的等级上,与盛宣怀的南洋公学办法和京师大学堂章程相似,但在办学的次序上与当时的主流观点则相反。张謇倡导优先发展基础教育,首先兴办小学(最早创办的师范学校是为小学准备师资)。张謇认为"立学须从小学始",指出,"凡事须由根本做起,未设小学,先设大学是谓无本"①。

张謇发展高等教育的主张,在《筹设南洋大学致端江督函》一文中有明确阐述。1906年,两江总督端方筹建南洋大学,征询张謇的意见,张謇认为,设立大学必须做好准备工作,生源问题必须首先解决,解决的办法是先设立中学,他认为"庚子之后,政府怵于外人之公议,仓皇兴学,即以大学为发端,颇为外人讪笑。当时大乱初定,政府不加思索,至此疏失,犹可言也。若在今日,出之于公,其必不可为疏失之第二审矣。大学之预备在分科高等,高等之预备在中学"。要设立大学,必须"待数省中学,一一完备,毕业升入分科高等,由分科高等将升大学之时,始设大学"②。

张謇对各类办学层次及其发展次序,有其独到的主张,即先立师范、小学,次立中等学校,再办高等学堂,最后建立大学堂,各级教育循级而上,使高一级的教育建立在低一级教育的基础之上。张謇对教育体系内部相互关系有个总体的把握,"私意谓国家无穷之希望,兆于学生,有一线之曙光矣。曷言之?师范启其塞,小学导其源,中学正其流,专门别其派,大学会其归"③。学生是

---

①　《张謇全集》卷四,江苏古籍出版社1994年版,第111页。

②　《张謇全集》卷四,江苏古籍出版社1994年版,第65页。

③　《张謇全集》卷四,江苏古籍出版社1994年版,第211页。

国家的希望所在,犹如一条源远流长的河流。引导河流的教育,师范是开启河流的闸门,小学是滔滔河流的源头,中学是延伸而下的主干,各类专门学校是派生的支流,而大学则是百川汇归之处。

第二节　张謇创办的现代教育体系与机构

张謇基于其兴办教育的理想与构想,在治理南通的过程中创建了结构完整的学校教育体系与社会教育机构。因着眼于历史叙述与研究的"空间取向",我们在考察南通的教育体系与机构时,将对其典型样本的地理空间位置和各自的物质空间生成给予特别观照,为后文探讨南通近代教育空间的布局和学校教育空间的现代转型奠定基础。

一、学校教育体系

在办学层次及发展次序方面,张謇主张先立师范、小学,次立中等学校,再办高等专门学校,最后建立大学,"师范启其塞,小学导其源,中学正其流,专门别其派,大学会其归"①。我们首先来看张謇创建的近代南通及周边区域的学校教育体系,每一类型取典型样本作较为详细介绍,其余简述。

(一)师范学校

张謇认为,兴办现代教育,首先要办好师范,"普及有本,本在师范"②,"师范为教育之母"③。1902年2月下旬,张謇应两江总督刘坤一邀请,到南京与罗振玉为刘拟定《学制奏略》和"兴学次第"。建议首先兴办师范学校,一年后各州县分别设立高等、寻常小学校,3年后各府立中等学校,5年后各省设

---

① 《张謇全集》卷四,江苏古籍出版社1994年版,第211页。
② 《张謇全集》卷四,江苏古籍出版社1994年版,第107页。
③ 《张謇全集》卷四,江苏古籍出版社1994年版,第82页。

高等专科学校,京师设大学校。刘坤一是清末致力于社会改革的重要官吏之一,对张謇很赏识和支持,但是他的这种态度受到了周围的守旧官员如藩司吴熏熹、巡道徐树钧、盐道胡盐等的群起阻拦,他们认为,"中国他事不如人,何至读书亦不如人。此张季直过信罗叔韫(罗振玉),罗叔韫过信东人(日本人)之过也"①,从而动摇了刘坤一率先兴办师范学校的决心。这令张謇大失所望,与罗振玉等人商量一番之后,张謇决定回到南通自行创办师范学校,南通因此成为中国师范教育发源地之一。

1.通州师范学校

通州师范学校于 1902 年开始建设。此时张謇在南通兴办的实业已经取得了成果,大生纱厂 5 年来连本带息已有两万盈余,加上朋友沈燮钧的赞助,兴办师范的资金条件基本具备。他约请罗振玉、沙元炳详细商定了师范学校的校规章程,选定南门外荒废了的千佛寺作为校址,全力投入了学校的创建工作。学校还在筹建之际,张謇便自豪地宣称:"夫中国之有师范学校,自光绪二十八年始,民间之自立师范学校自通州始。"②是年 6 月正式获批成立"通州民立师范学校"(习称通州师范学校)。师范学校于 7 月上旬开工建设,经过 7 个月的修建、筹备,于光绪二十九年即 1903 年 4 月 1 日正式举行开学典礼,中国教育史上第一所私立师范教育机构——通州师范学校宣告成立。

在通州师范学校开学典礼上,张謇整肃衣冠,作了热情洋溢的演讲,指出:"欲雪其耻而不讲求学问则无资,欲求学问而不求普通国民之教育则无与,欲教育普及国民而不求师则无导,故立学校须从小学始,尤须先从师范始。"③

通州师范学校属于中级师范学校性质(当时称为寻常师范),主要培养小学教师。办学伊始,张謇大开才路,广求明师。他聘请著名学者王国维为国学、教育教员,又聘请西谷虎二、木村忠治等 8 名日籍教师为伦理学、西洋史、

---

① 《张謇全集》卷六,江苏古籍出版社 1994 年版,第 472 页。
② 《张謇全集》卷四,江苏古籍出版社 1994 年版,第 16 页。
③ 《张謇全集》卷四,江苏古籍出版社 1994 年版,第 24 页。

图 2-1　通州师范学校

资料来源:张绪武主编:《张謇》,中华工商联合出版社 2004 年版,第 118 页。

教授法等课程的讲师。学生则是从原来的"贡、监、廪、增、附五项生员"中选取"性情端淑、文理素优"者。学校的课程设置有:教授管理法、修身、历史、地理、算术、文法、理化、测绘、体操等,大体上可以满足在高、初两级小学教授各门课程的需要。稍后,通州师范分为本科(四年)、速成(两年)、讲习(一年)各科,并且附设实验小学,规模更趋完备。以后,又陆续创办测绘、蚕桑、农、工等科,还建立了工科教室、农学教室、农场、博物苑、测候所等。

通州师范学校在地理空间上的具体布局和建设次第为:

1902 年,学校本部选址在南通城南三元桥北,利用毁于火灾的千佛寺旧址,并担土填河,总共营造出土地 41 亩,以容纳 300 多人学习、生活为目标,考虑地形、地势、通风、采光等因素,规划设计与建设校区。1903 年基本完成,共建楼房 172 间、平房 104 间、廊庑 116 间。教室设计"参照各国教室之度为之率曰:广二丈四尺,长三丈三尺为最大之限。又曰窗之面积校教室之面积,其比例不可少于一四。通州师范学校诵堂三,特别教室二,深广略过所云,而光线面积亦不止一四,盖因地为之,又约空气容积多也。椅案仿日制而略加高,广增,距离亦略宽,通州人冬日无不穿厚袄者,如日制为之,则于人气体习惯上不适"。"休息室(即宿舍兼顾自修故名)有平屋,有楼,每间深一丈二尺,广一丈三尺,高一丈及一丈一尺;外有雨廊,内容二榻,榻广三尺四寸,长六尺二寸;案二,各广六尺,长三尺,凳高一尺,足低二盘广。……其他……亦师其意儿参以习惯。"①(1905 年学校将原宿舍和自修室合用,改为宿舍和自修室分离制。)

校园还建有藏书室、阅书室、阅报室、音乐室、博物标本制作室、理化实验室等专用学习场所。建有室内操场(计 3.1 亩)、室外操场(计 7.9 亩),设单双杠、沙坑、网球、篮球等体育设施,四周设跑道。

1905 年,以博物学科教学需要,于校河之西 40 亩地,规划和营造学校公共植物苑。

1905 年,至军山、剑山、狼山、马鞍山、黄泥山植树,称"五山学校林"。

1906 年,在附属公共植物苑的基础上规划建立博物苑,拟建测候室(气象站),文物、动物、矿物标本陈列室及俱乐部等。

1906 年,学校附设测绘特班。

1906 年,在西北楼附设通州师范学校附属小学校。

1906 年,规定农业课程为师范生必修课,因教学需要,在校河西南开辟农场。校农场占地 33 亩,设农艺、园艺、畜牧三部。

1907 年,通州师范学校特附设农科,于博物苑南购地,建筑农科校舍。附设农场建成农器室。

1907 年,为推广贫民教育,通州师范学校在城南附设贫民半日小学。

1908 年,学校在三元桥东、通明宫南开辟校圃。

---

① 《张謇全集》卷四,江苏古籍出版社 1994 年版,第 16 页。

1908 年,学校附设土木工科,建工科教室。

1910 年,通州师范学校附设农科建成果树园,附设贫民半日小学校舍改为农科教室,并另于农场西南建筑贫民半日小学校舍。

1911 年,农业学校校舍于城东南落成,通州师范学校不再附设农科。

1915 年,因农场划归农校,学校在校河东辟地 4 亩供学生农业实习之用。

1916 年,师范学校附设博物苑因范围加广,博物苑分设。

1919 年,因学生日益增多,校舍不敷使用,将通师附属小学迁出,在城南小校场旧址新建校舍供附小使用。

1920 年,在校河东校圃建"口"字形宿舍楼。

1921 年,学校扩建运动场,建 100 米竞赛跑道。

1922 年,为推广乡村教育,在南通县垦牧乡建设的"南通师范附属垦牧乡高级小学"落成。

就这样,在通州师范学校空间地理形态日益丰富的同时,以通州师范学校为肇始,在通州城南、新城东部,大片原来废颓荒芜的区域,逐渐形成具有多种功能的文化、教育区,影响辐射南通周边地区。

2. 女子师范学校

张謇重视女子教育,摒弃"女子无才便是德"的"华俗",认为"学之不明,而千百年来女界乃独罹其黑暗矣。欲救其弊,惟有兴学。兴学之本,惟有师范"[1]。张謇"以国民教育不可无师,乃设师范学校;以女子教育不可无师与国民教育尤须有母,更设女子师范学校"[2]。在创办通州师范学校不久,即创立女子师范学校。这是中国最早创办的女子师范学校之一(在其之前,仅上海有一所女子师范学校)。

当时女子师范学校的开办经费大部分由张謇及其亲属好友私人捐助,每年经常费达 3 万至 5 万两级,张謇及其夫人捐良田五千余亩作为基金,成为学

① 《张謇全集》卷四,江苏古籍出版社 1994 年版,第 62 页。
② 《通州师范学校史》第一卷,南京师范大学出版社 2012 年版,第 23 页。

图 2-2 女子师范学校首届毕业生合影

资料来源:张绪武主编:《张謇》,中华工商联合出版社 2004 年版,第 127 页。

校经费的主要来源。

学校创办之初,张謇之兄张詧为总理,张謇任协理,聘桐城派姚鼐后裔女诗人姚蕴素为首任校长。师范生学习年限为 5 年,分预科 1 年本科 4 年,后改为三三制,前 3 年为初中,后 3 年为高中师范。

女子师范学校在地理空间上的具体布局和建设第次为:

1905 年,张詧捐资购买通州城东柳家巷陈氏旧宅修缮为校舍,张謇及地方乡绅陈启谦、冯熙宇、徐联蓁等集资捐助,添置设备,拟订校章,创办公立通州女子学校。

1906 年公立女子学校高级部改为女子师范学校,低级部则为女子师范附属小学。原小学学生改隶附属小学,女子师范学校开始招收师范生。

1907 年,因学生增加,校园不敷使用,张詧等筹款购买通州城北明末蓟辽总督顾养谦修建的私家园林——珠媚园旧址,建筑校舍。

1910 年,女子师范学校珠媚园校区竣工,学校迁入。校名改称"公立通州女子师范学校"。

1911年,学校为便于学生家政实习建灌濯所。

1912年,校名改称"南通县立女子师范学校"。

1914年,学校在校内西部建造附设女工传习所。

1914年,在学校东边建幼稚园,为"女师附属幼稚班"。

1915年,学校添设学生阅览室。

1916年,学校附属女工传习所迁至城南濠阳路新建的一座2层楼的四合大院。

1919年,学校附设义务夜校,招收贫困儿童就学。

1920年,因学校事业规模发展,珠媚园校区校舍不敷使用,在城南段家坝购地39亩,建筑新校区。校舍仿西式,计3排,第一排为平房,用作教师办公;第二排为二层洋楼,用作教室;第三排也为二层洋楼,用作学生宿舍。第二排与第三排之间建有方形洋楼,上层为图书馆,下层为可容600余人集会的礼堂。

1921年,学校迁入新校区,原珠媚园校区校舍改归附属小学。

1924年,在段家坝校区建筑宿舍楼、家事实习室,改建手工教室、理化实验室。

1924年,为研究乡村教育,学校于城北钟秀山设附属小学分校。

1924年,张謇捐资在段家坝校园内建设学校园林,砌假山、筑湖石、修亭台、植花木。来年在学校园林假山上筑茅亭,张謇题写"亦秀野亭"。

1926年,女师毕业生为母校20年校庆,捐款建纪念小学赠予母校。纪念小学校址在学校南院大门对面,坐南朝北,与学校隔一条马路。

张謇为学校作《女师范学校歌》:"通州女师范,乃在城之东。名园袭珠媚,讲习开春风。春风驶荡百蛰融,园中卉木新葱茏。女子有学兮欣欣棣通,女子有学兮邦家之隆。"既描绘了学校空间的位置和校内美景,更指出了女子师范对社会空间改造"春风驶荡百蛰融",实现"邦家之隆"的重要意义。

3. 母里师范学校

母里师范学校是张謇为报答母亲金氏养育之恩,在其故乡东台(南通北邻)于1919年创办的一所师范学校。张謇在《对于东台欢迎答辞》中说："向者东邑尚设有师范矣,不数年而停废,恐师资之供,不足以应求,故愚兄弟乃更任设母里师范,为地方诸君效前马之劳。他日推广小学,使一般子弟有受教育之机会,亦惟赖诸君之互助。"

1920年,母里师范学校借魁星楼开班,新校区于1921年在东台城郊王家舍落成。张督任校长,学校创办经费由张謇兄弟私人所出,其后运行费用从其实业利润中支取。

4.盲哑学校师范科

张謇鉴于当时残疾儿童缺教育,没有独立谋生能力,决定开中国特殊教育之先河,建立盲哑学校。为解决盲哑学校的师资,1915年,张謇借南通博物苑内开设"狼山盲哑学校师范科"。

(二)小学

清末《癸卯学制》中,学制系统分普通教育与实业教育,这里介绍的小学和随后介绍的中学,是指主要实施普通教育的学校。

张謇非常重视小学教育,认为"立学须从小学始"。他指出:"凡事须由根本做起,未设小学,先设大学是谓无本。"[①]他首先创办的师范教育也是以兴办小学为最初目的的。上一章已论及张謇的办学思想,对张謇在《论通州乡镇初等小学事寄劝学所教育会函》中关于小学建设的详尽细致规划作了介绍。更难能可贵的是,张謇没有停留在描绘蓝图,而是一步一步脚踏实地地践行着他的教育构想。在张謇的参与或推动下,南通及周边地区小学次第创办,至1922年,每16平方里设初等小学1所,每6所初等小学设高等小学1所。"南通以一蕞尔之县,竟有高等小学六十余所,初等小学三百五十余所,其设备之周,计划之详,办理之完善,索诸全国,亦不多观也。"[②]1926年张謇去世

---

① 《张謇全集》卷四,江苏古籍出版社1994年版,第111页。
② 陈翰珍:《二十年来之南通》上编,南通县自治会印行,第74页。

前,其理想基本得到实现。

张謇创办、参与创办或支持创办的小学众多,这里选择几所为例。

1.通州民立师范学校附属小学校

图2-3　通州民立师范学校附属小学校

资料来源:张绪武主编:《张謇》,中华工商联合出版社2004年版,第129页。

1906年,通州师范学校为满足学生教学实践需要,在学校西北楼附设"通州民立师范附属小学校"。

1917年,因师范学校校舍不敷使用,在城南小校场旧址购地13.8亩,新建校舍130间供附小使用。校舍除各类教室和办公用房,还建有礼堂、儿童图书馆、室内操场等。

1919年,新校区落成,通师附属小学迁入新址。

学校建校之初,学生程度不齐,分甲乙两组采用复式教育,后随着年级扩充逐步完善。

学校开设的主要课程有:会计、文牍、学籍、记录、统计、校园、卫生、新闻、图书标本、工作、贩卖等课程,除学习各种现代文化知识外,还注重学生能力、素质的养成。

学校设工场和贩卖部,供四年级以上学生实习,培养学生工、商思想与技能;建室外操场和室内操场,装备各种现代运动器械,如浪桥、吊环、平衡木、篮球架等,营造现代学校体育空间;校园利用空地,设植物、动物两部。种栽花木、蔬菜,养殖动物,由三年级以上学生负责栽培、饲养和管理。

张謇撰写的校训"爱日爱群爱亲爱己"高挂于礼堂时时警醒着师生。

张謇为学校亲撰的校歌,是对学校及周边教育空间的很好描述:"城南空气文明远,奕奕图书馆,博物堂堂苑。美哉学校中间建,校宇周阿广且衍。清明朝气朝朝转,旧校风光分一半。启我弁,启我卭,斯诵斯弦乐无畔。"

2. 唐闸私立实业小学

1895 年张謇在唐闸开始创办大生纱厂,这是南通早期现代化进程的起点。张謇将唐闸作为工业区进行建设,至 1905 年,唐闸已建有大生纱厂、资生铁厂、广生油厂、复新面粉厂、阜生茧厂等多家企业。这年,张謇召集他创办的上述 5 家企业,共同出资,在唐闸河东筹办"唐闸实业公立艺徒预教学校",张謇自任校长。这是张謇创办的第一所职业学校,也是中国第一所职工子弟学校。

图 2-4　唐闸私立实业小学

资料来源:张绪武主编:《张謇》,中华工商联合出版社 2004 年版,第 132 页。

1912 年,学校改名为"实业公立小学校",成为初级小学,后先后更名为"实业私立国民学校""唐闸私立实业小学"。成为小学校之初,学校设一、二年级和三、四年级两个复式班。

1918年,学校建操场、膳堂、寝室,添设补习班,改为单式编制。

1922年,添设高级部,学校成为完小。

学校紧靠唐闸公园旧址,建有晴雨操场,环境优雅,校园美观。校园在日军占领时惨遭毁坏,仅剩高级部一栋楼,即现在港闸区实验小学内的张謇楼。张謇为唐闸私立实业小学撰写校歌:"唐闸实业,名满全国,纱、铁、油、面、茧,创立三部,普及教育,树人兮百年,大江遥望、五山耸立,风景出天然,吾侪到此,饮水思源,努力须自勉。"同样也展示了学校的教育空间形态。

3.女子师范附属小学

1906年,张謇和张詧将公立女子学校高级部改为女子师范学校,低级部则为女子师范附属小学,学生按学业程度分级,低级部学生改隶附属小学。女师附小是中国最早的师范附小之一,也是较早创办的女子学校。

图2-5 女子师范附属小学

资料来源:张绪武主编:《张謇》,中华工商联合出版社2004年版,第131页。

学校创办之初为高级小学,以后逐渐扩充了低年级。1921年,女子师范学校迁入新校区,原珠媚园校区校舍改归附属小学,校舍、设施和人事配备日臻完善。

学校吸收杜威、道尔顿等的现代教育理念，十分重视学生实践能力、生活能力的培养。学校辟有工场、湖桑园，让学生在劳动实践中学习知识、获取能力、培养情操。

1922年，学校在城北钟秀山西首太阳殿设农村分校，推广乡村教育，同时供女子师范学生实习和研究乡村教育之用。

（三）中学

张謇兴办新式教育的过程中，优先发展基础教育。在为办学而首先创办师范学校后，陆续在各地兴办一批小学，如1902年规划、1903年起建设、1905年开始招生的通州第一高等小学校、1904年创办的长乐镇国民初等小学校等。接着便按其办学次第计划，1906起正式开始建设中学。

1. 通海五属公立中学

1904年张謇召集通海五属（即通州、如皋、海门、泰州、静海）士绅洽议，在城南水月阁设立"通州五属学务处"，作为统筹推广新式教育的办事机构。机构成立除推动各地新办小学，还有一个目的是筹办一所中学。

图 2-6　通海五属公立中学

资料来源：张绪武主编：《张謇》，中华工商联合出版社2004年版，第133页。

1906 年 3 月,张謇邀请通海五属士绅 40 余人,在通州五属学务处正式商议以盐义仓旧址创建通海五属公立中学。

盐义仓在通州城内,是清雍正五年由两淮商人建成,至清末仓已废不再贮粮。大家商议时认为盐义仓地点适宜,但占地偏小。于是勘探周围几处地方,决定将仓北万寿宫、四贤寺划入,再购买东边白、戴两姓民房及北城墙根民房数十家,迁移迤西的游击所一并成为校基。这样,东至丰裕仓,西到天宁寺,南接州廨后,北达城墙根,总面积 40.42 亩,为五属中学校址。

1906 年 8 月学校开工建设,1908 年建设完工。学校各类校舍建筑计 408 间,总体呈"目"字形,中间为天井,校舍间以回廊相连,"引水为池,架木为桥,极饶幽趣"①,集学习、实践、生活于一体。学校建有大操场,供学生上体育课、锻炼和比赛。

1909 年 3 月学校开学,学制为三三制,即初中 3 年,高中 3 年。首任校长为教育家孙宝书,先后聘请包括日本、美国在内的多位名师执教,开设各类现代文化知识课程。张謇为学校题校训:"诚恒",首重学生人格之养成,"学也者,以学为人也"。

学校还先后附设过几个专科"法政讲习所""国文专修科""银行专修科",为南通各项现代事业发展培养人才。

2. 私立敬孺初级中学

1918 年,张謇之兄张詧,以其次子张敬孺的遗资 2 万余元,在南通唐闸创办了"私立敬孺高等小学校"。1919 年 8 月学校校舍落成,9 月学校开学,张詧任校长。

1925 年学校设补习一级,程度相当于初中一年级,1926 年学校更名为"私立敬孺初级中学",后先后改名为"实业私立敬孺初级中学""南通私立实业敬孺初级中学"和"南通私立实业敬孺中学",成为完全中学。

---

① 陈翰珍:《二十年来之南通》上编,南通县自治会印行,第 71 页。

学校校训"笃实",养成"爱国敬业、笃实耐劳、敬师爱孺、重体擅艺"的学校文化。

(四)高等学校

张謇重视高等教育。他创办的农业、纺织、医学、河海工程等专门学校,属高等教育机构,是"专门别其派"的专门学校。同样作为高等教育,张謇所创办的专门学校与蔡元培所倾注大量心血的大学,是类型的不同而不是层次的区别。

蔡元培有一句名言:"大学者,研究高深学问者也。"[1]这句话在高等教育界产生了广泛影响。蔡元培在提出这个著名的定义时,很明确地将其所说的大学和专门学校相区别,他在《就任北京大学校长之演说》中说:"今人肄业专门学校,学成任事,此固势所必然。而在大学则不然,大学者,研究高深学问者也。"他在演说中告诫学生:"果欲达其做官发财之目的,则北京有许多专门学校,入法科者尽可肄业法律学堂,入商科者,亦可投考商业学校,又何必来此大学? 所以,诸君须抱定宗旨,为求学而来,入法科者,非为做官,入商科者,非为致富。"[2]仔细分析原文,便知蔡元培心目中的大学,是特指的北京大学或者和北京大学相类似的大学,不包括专门学校。

蔡元培提出将高等学校分为"学"与"术"两个类型。他在 1934 年发表的《我在北京大学的经历》一文中说:"文理两科,是农、工、医、药、法、商等应用科学的基础,而这些应用科学的研究时期,仍然要归到文、理两科来。所以,完全的大学,当然各科并设,有相互关联的便利。若无此能力,则不妨有一大学专办文理两科,名为本科,而其他应用各科,可办专科的高等学校,如德、法等国的成例,以表示学与术的区别。"[3]蔡元培此处的本、专科不是指现在办学层

---

① 《蔡元培教育论著选》,人民教育出版社 1991 年版,第 72 页。
② 《蔡元培教育论著选》,人民教育出版社 1991 年版,第 72 页。
③ 《蔡元培教育论著选》,人民教育出版社 1991 年版,第 628 页。

次上的本、专科,本科是指各科之本,即各科的基础,属于"学";而专科则是各科的应用,属于"术"。蔡元培关注的重点是研究高深学问的"学"型"本科"大学。

张謇创办高等学校与蔡元培关注的重点不一样,他所创办的高等学校,都是为地方经济社会服务的应用型的专门学校,是属于"术"型的专科学校。"学必期于用,用必适于地",张謇打破封建教育与生产劳动相分离的传统,主张教育与社会生产实际结合。张謇创办的高等专门学校,如南通农业专门学校、南通纺织专门学校、南通医学专门学校等,主要是为他创办的实业培养所需的人才,强化对地方经济社会发展的服务功能。

1. 南通农业专门学校

图 2-7 通州师范学校附设农科

资料来源:张绪武主编:《张謇》,中华工商联合出版社 2004 年版,第 134 页。

甲午战后,张謇回归故里,看到江海交汇处有一望无际的荒滩,便兴起了开垦荒地的念头。1901 年,张謇在此建立了通海垦牧公司,从事耕牧。通海垦牧公司为求新法开垦,培养农垦事业的急需人才,在公司附设了农学堂,此为张謇开办农业高等学校的肇始。此后学校在空间上的迁徙、建设与发展次第为：

1902年，通海垦牧公司农学堂开设，属于初等实业教育，招收初等小学毕业生，修学3年。

1906年，农学堂迁到南通城，附属于师范，称为农科。不久农科脱离师范独立。

1909年，改为初、高等农业学校。

1911年，农业学校校舍于城东南落成，通州师范学校不再附设农科。校址在南通南城门外启秀桥西，南濠河环绕其东南，北接博物苑，西连图书馆，与师范学校隔水相望，占地400余亩。分南、北两院，建有中西式建筑12座，除各类教室和办公用房外，还配有各类理化实验室、可容千余人大礼堂一所及测候所、农产制造室等场所。

1913年改为甲、乙两种农业学校。

1916年，随着沿海垦区不断扩大，纱厂又需要大量的优质棉纱，为加强对棉种改良以及病虫害防治的研究，将甲种农校提高到专科程度，改为南通农业专门学校。

1919年，南通各项实业蒸蒸日上，张謇想办一所大学，因南通各业都基于农业，所以首选农科，农校改为农科大学（实际上仍属于专门学校类型）。学校采取欧美国家农科大学的学制，设有5个农场、1个林场、1个畜牧场以及苗圃1处。

农场、林场等处专为配合学校的教学科研而设，总农场设在阜宁县华成垦区，实习农场四所均在南通。农场一分场在校址左右，占地40亩，为花卉、果树、蔬菜、水稻和其他农作物的实验所，设有肥料、土壤化验室，昆虫研究所，测候所等科研单位；二分场在学校南端，农会之前，占地120亩，此分场由农会和学校合办，是为南通农村培育作物试验品种的专区；三分场在易家桥，占地80余亩，是学生自营的经济农场及育种区所在；四分场在军山下东林，占地60余亩,是改良棉、豆的试验区。林场在狼山、军山、剑山、马鞍山、黄泥山等官地,有约 6000 亩,种栽松、柏、槐等林木。苗圃在狼山之麓,专门培植各种树苗移栽各地。牧场在学校运河东岸,养殖荷兰、加拿大、丹麦种乳牛,和当地黄牛试行杂配,产乳出售。

1917 年,黄炎培来南通考察农业教育,对南通农校的状况作了较为详细的描述,这里摘录部分,可对张謇创办的农校当时的办学思想、方法、手段和成果有大致的了解。

> 1917 年 11 月 29 日来南通,观私立甲种农校,为张退庵、啬庵兄弟创办。……不时尚往美国、日本、朝鲜、东三省、蒙古等处了解农事状况。是校注重在植棉试验,盖将贯彻啬翁棉、铁两大主义之一端。日本人在朝鲜设有木浦棉作试验场,其场长来观,欲为日本所不如。是校植棉试验分两种,一为普通试作地,一为学生担当地。而别于校外设自营农场。教师、学生每人各占地五分或一亩。调查今届临近农家植棉,一亩之收获,平均四十九斤,而师生二十八人自农场之成绩,平均一亩之收获……(略去所举各棉种,引者注)皆浮于寻常农家二倍有余。……问主任孙君,其资本较寻常农家有增加否?答无有。但种得稀,葧得透,约仅留九为度,亦用通常肥料,但于配合及播种栽培上研究耳。该校以渐得社会之信用,乃仿欧美制度,设扩充部,分演讲会、俱乐部、贩卖部等,而以"贷种所"为联络农夫社会之主要方法。(贷种所即向农夫贷种学校研制培育的农作物优良品种,向社会推广学校研究成果的场所。引者注)……凡此种种,大都仿自美国,在中国当属仅见。他种成绩亦甚佳。不俱述。①

2. 南通纺织专门学校

1898 年张謇创办的大生纱厂正式投产后,事业发展顺利,工厂业务应接

---

① 《黄炎培教育文选》,上海教育出版社 1985 年版,第 62—64 页。

不暇,然而由于中国缺少纺织方面的专业技术人才,工厂从设计、管理到机器的安装维修完全依赖于英国的工程师和技工,因此,张謇决心培养本国的技术人才。

图 2-8　南通大学纺织科

资料来源:张绪武主编:《张謇》,中华工商联合出版社 2004 年版,第 137 页。

1912 年,张謇兄弟在唐闸大生意厂内创办"纺织染传习所",开启我国纺织教育的先河。

1913 年,由大生一厂和张謇捐资,在唐闸南通大生纱厂之侧新建校舍,南通纺织专门学校正式开办。学校先设纺织工程一个专业,张謇亲任校长,学制定为本科三年,预科两年。

1920 年起取消预科,改为本科四年。

1916 年,增开丝织、电工、机械三班,设染色实习所。

1917 年,已有本科毕业生两届 50 余人,分布全国为各纺织厂服务。

1918年，毕业生协助上海厚生纺织厂排装新机成功。

1921年，毕业生又主持完成了大生三厂全部纺织新机的排车设计与安装工程。数十年受西方控制的中国纺织业技术关，从此被我们自己培养的新生力量所掌控。

学校设纺、织、染色、金工等实习所供学生实习，纺部实习纺出的纱，供织部实习之用或储存成绩室备为发售，织部织出的布要求每机都有不同的花样并送成绩室发售，各实习所每星期天都要求学生擦机器一次。

学校还专设营业部供学生实习工厂管理以及增长商业知识，营业部由学生和学校共办。营业部分手机出品部和机器出品部，手机出品部另设特部，机器出品部即由各实习所机器经学生实习所生产。手机出品部由学校酌定资本若干，每位学生出银10两入股，不足部分由学校补足，学生参与分红，毕业时退还股本；机器出品部由学校出资，学生也允许入股。学生参与营业部的经营，每个学生都须通过营业部了解：（1）生熟货进出之关系；（2）工作之情形；（3）出品与时令之关系；（4）出品与社会之心理；（5）销路之情形。

张謇创办的这所学校，是中国第一所纺织专门学校，毕业生遍布全国各地和南洋群岛，1949年以前，约四分之一的纺织工程技术人员出自该校，它对我国纺织工业的发展，作出了重大贡献。

3. 南通医学专门学校

南通地处江北，经济文化的发展向来远落后于江南，百姓缺医少药，医疗水平极其落后。一心造福乡里的张謇在兴办各项事业的同时，决心改变这种状况。

1912年，张謇和其兄张詧以私资在南通籍仙观建立了"私立南通医学专门学校"，学校创办时先设西医科。

1912年，购买昭武旧址及附近民房建新的校区。

1913年，学校迁入新校区。

1913年，购买城南土地11.7亩，兴建医院供学生实习之用，先名"南通医

图 2-9　南通大学医科

资料来源:张绪武主编:《张謇》,中华工商联合出版社 2004 年版,第 138 页。

院",后改称"附属医院"。

1915 年,学校做了南通历史上第一次尸体解剖示教课,前来观看者达七八百人,对开化社会风气、推进现代医学教育发展意义非凡。

1917 年,学校增设中医科。中、西医科各设预科,学制 1 年,本科学制 4 年。

1918 年,医校选送毕业生赴日本留学,同时聘请德国医生来校工作,并添置医疗器械数百件和 X 光机等设备,学校和医院初具规模。

1920 年,学校聘请德国医学博士夏德门任总医长,医院分设内、外、产、妇、皮肤、眼耳鼻喉等科,医疗达到较高水平,南通地区医疗卫生落后的局面得到根本性的扭转。

张謇设立医学专门学校还有一个目的,就是培养中西医结合的新医生,在吸收西方先进医学技术的同时,用科学的方法研究中医中药,以发扬光大中国传统医学。张謇是中国近代史上最早提出中西医结合主张的,他给医校写的校训便是:"祈通中西,以宏慈善"。张謇组织人力研究中药的主张,得到德国柏林大学药学院教授托姆司、化学工程师米勒的支持和赞同,张謇因此准备筹措 10 万元资金请米勒到学校的化学实验室研究,并聘请国内药学方面的专家和德国专家共同研究,后因资金筹集困难而未能实施。

1920 年,张謇将农、纺、医 3 个专门学校合并成后来的南通大学。

张謇除在南通稳步发展高等教育外,还于南京创办"河海工程专门学校",并倡议或助办其他高等教育。1905 年,他向两江总督上《请设工科大学公呈》,建议"乃在上海制造局相近,先建工科大学。即以已成之中国公学,为高等工学预备,次第经营,四五年后即可希望成效之发生,有完全之工学"[①]。1906 年向两江总督端方建议:建南洋大学时,"江宁宜就制造局左近设工科,特设法科。苏州宜就昆山、新阳有荒地处所设农科。就上海设医科。至安徽、江西,亦宜各设一文科,或更量设法、理高等一、二科,以备三四年后升入大学"[②]。1905 年,张謇还协助创办了复旦学院(现复旦大学的前身)。

张謇 1912 年起开办高等专门学校,1920 年合并成为南通大学(学校的性质仍属专门学校)。1924 年,张謇向美国政府谋求以退还庚子赔款资助南通高等教育事业,使学校向更高层次发展,计划增设新的工科专业,商业学校从中专提升为大学,文科设哲学、经济、历史、地理等 4 个专业。遗憾的是,尽管张謇曾倡议和助办南洋大学、复旦学院等大学,积极筹办自己的大学,但是至其离世学校还是"专门别其派"的专门学校,未能真正实现他"大学会其归"的理想。

(五)职业学校

张謇非常重视技术教育与职业教育,"实业知识"是张謇教育大纲三项之一。1904 年颁布的《癸卯学制》正式将实业教育纳入了学制系统中,分初等、

① 《张謇全集》卷四,江苏古籍出版社 1994 年版,第 52 页。
② 《张謇全集》卷四,江苏古籍出版社 1994 年版,第 67 页。

中等和高等三级,1917 年,黄炎培将实业教育统称为职业教育。在学堂的性质上,张謇主张实业(职业)教育与普通教育并存,使学制呈一本多枝的形态。

在张謇的"新新世界"理想中,教育和实业密不可分,他在 1903 年《师范学校开校演说》中指出:"数年以来,竭蹶经营,薄有基础,益见教育实业二事,有至亲至密关系。"①他认为实业、教育是富强之本,在分析实业和教育的关系时,张謇曾用"父教育而母实业"的生动比喻来形容,并指出:"有实业而无教育,则业不昌","不广实业,则学又不昌"。② 这就是说,实业和教育的发展是相辅相成的,"以实业辅助教育,以教育改良实业,实业所至即教育所至"③,"实业与教育迭相为用"④。

张謇根据地方经济与社会发展需要创办了各类实业(职业)学校,其性质也可分为三级,高等实业教育即上文介绍的各专门学校,这里主要介绍张謇创办的初、中等实业(职业)学校。

1. 南通私立甲种商业学校

1895 年张謇开启南通现代化进程,经十余年发展,工业、盐垦、交通、商业、慈善等各项事业已初具规模,急需企业和财务管理人才。为此,1911 年张謇在通海五属公立中学内附设"乙种商业学校""银行专修科"。

1914 年,张謇和部分绅商出资在城南购兴化寺和附近民房,计 40 亩修建校舍,学校从中学迁出,更名为"南通私立甲种商业学校"。张謇任名誉校长,商会会长刘桂馨任校长。甲种商业学校分预科 1 年、本科 3 年。开设课程除全部普通高中课程外,还有簿记、会计学、商品学、珠算、验币等专业课程,专设实践室,供学生模拟实际操作。学校注重英文教学,为此专门聘请美国英文教员。

---

① 《张謇全集》卷四,江苏古籍出版社 1994 年版,第 25 页。
② 《张謇全集》卷一,江苏古籍出版社 1994 年版,第 92 页。
③ 《张謇全集》卷四,江苏古籍出版社 1994 年版,第 214 页。
④ 《张謇全集》卷六,江苏古籍出版社 1994 年版,第 480 页。

图 2-10　南通私立甲种商业学校

资料来源:张绪武主编:《张謇》,中华工商联合出版社 2004 年版,第 139 页。

张謇非常重视德育,他在《银行专修科演说》中指出:"诸生将来之地位,必不能无差异,然亦在诸生自为之尔。如道德优美,学术纯粹者,又何患乎莫之用哉? 今在实践室内,当锻炼一种耐烦耐劳之习惯,首重道德,次在学术。"①

商业学校的毕业生除满足南通当地需要外,还遍布上海、南京、芜湖、安庆、武汉、重庆等长江口岸。

2.伶工学社

张謇致力于建设他理想中的"新新世界",认为需要改良传统社会文化,而"改良社会措手之处,以戏剧为近"②。他希望通过音乐、戏剧艺术的感召力开启民智,达移风易俗之目的。为此,张謇于 1919 年创办伶工学社。这是我国第一所正规的戏剧学校,在戏剧教育史上具有里程碑意义。

伶工学社选址在城南望仙桥畔,模范马路之左,商业学校和农科大学之

---

① 《张謇全集》卷四,江苏古籍出版社 1994 年版,第 110 页。
② 《张謇全集》卷四,江苏古籍出版社 1994 年版,第 292 页。

图 2-11　伶工学社军乐队

资料来源:张绪武主编:《张謇》,中华工商联合出版社 2004 年版,第 144 页。

间,占地约 16 亩,建包括校剧场在内校舍 60 多间。张謇任董事长,其子张孝若任社长,梅兰芳任名誉社长,主任为著名戏剧专家欧阳予倩。

学社分古戏和新戏两班,正如学校校徽图案"五线谱加钢笔毛笔各一支"所寓意的融会中西、革新戏剧之义,学社以新式学校组织形式和新文化课程培养现代戏剧人才,与传统的科班迥然不同。学员除学习专业课程戏剧之外,还学习伦理、国文、英文、地理、音乐、算术等基础课以及艺术概论、戏剧流派等专业课程,学校还开设莎士比亚、托尔斯泰、易卜生、菊池宽等文学家、剧作家作品赏析课,这在当时的中国是独一无二的创举。学校还大力提倡话剧,上演创作、改编剧目和西洋戏剧移植剧目。

除戏剧班,学社还开设西乐班和舞蹈班并组建军乐队和管弦乐队,伶工学社也成为中国最早的音乐教育机构。

学员日间在校学习、演习,晚间到更俗剧场演出。学生毕业后,多活跃于京沪各大剧场。梅兰芳赞誉南通伶工学社"开风气之先,是唯一的一个训练戏剧人才的学校"①。

3. 女工传习所

南通女工传习所开办于 1914 年,为张謇私资捐办。著名刺绣专家沈寿担任所长兼任教习。

图 2-12　女工传习所

资料来源:张绪武主编:《张謇》,中华工商联合出版社 2004 年版,第 140 页。

女工传习所先附设在女子师范学校内,1916 年在城南濠阳路,建二层楼的四合院为校舍,传习所迁入。迁入新址后传习所教学环境、教学设施不断完善,课程设置也逐渐规范化。

学员年龄不受限制,14 岁至四五十岁均许。分 3 种学制:一是普通班,学制 2 年,开设语文、算术、国画和体操课程,刺绣每周一次,主绣花卉、动物;二是中级班,学制 4 年,设古文、水粉、音乐、算术、家政课程,刺绣主绣山水、仕女;三是高级班,专攻油画肖像绣,由沈寿亲自授课。

传习所注重教学与生产实际相结合,师生作品远销欧美。

4. 女子蚕桑讲习所

为发展南通地区蚕桑事业,张謇于 1920 年创办女子蚕桑讲习所,校址选

---

① 梅兰芳述,许姬传记:《舞台生活四十年》,中国戏剧出版社 1987 年版,第 303 页。

在狼山附近。讲习所开辟桑园一座,种植十余个不同种类的桑树,供学生学习、实践之用。

讲习所学制 2 年,既有理论培训,更重实践操作。上半年主要学习养蚕,下半年主要学习制丝和桑树栽培。为壮大蚕桑业,也为一开民风,解决改善妇女生计,学校招收学生不限年龄,文化程度也要求不高,只要识字即可,学费、生活费全免。尽管如此,办学初期招生仍然困难。后经不断努力,学校影响逐渐扩大,当地和附近女子纷纷前往就学。

5. 镀镍传习所

随着张謇各项实业的创办和发展,对机器设备的需求日益增大,为改变主要依赖进口的局面,1905 年,张謇在唐闸创办资生铁厂进行机器的生产和维护。为了培养技术骨干,资生铁厂在厂内办艺徒学校,由厂里技术员上课,熟练工人带教操作。

1913 年,为满足铁厂和通阜铜铁器具制造业的需要,艺徒学校发展为镀镍传习所。传习所招收高等小学毕业生,讲授物理、化学、国文、算术等基础课程,重点讲授镀镍和镀金、镀银法。为让贫困者也有受教育的机会,学校不收取学生学费、书费和生活费,以学生毕业后尽 3 年义务替代。

张謇创办的其他职业学校如下:

法政讲习所:设在通海五属公立中学,培养法政人才,为地方自治服务;

国文专修科:设在通海五属公立中学,培养文秘人才;

测绘科:设在通州师范学校,培养测绘人才;

土木工科:设在通州师范学校,培养土木建筑人才;

巡警教练所:借通海五属公立中学空房,租周边民房办学,培养警察;

监狱学传习所:为巡警教练所附设,培养改良监狱的专业化管理者;

保姆传习所:为幼稚园、育婴堂培养专业化保育人员;

女子发网传习所:为使妇女更好地勤于农而事于工,于军山奥子圩创办。

(六)幼儿园

张謇十分重视幼儿教育,认为:"谋体育德育智育之本,基于蒙养,而尤在就儿童所已知,振起其受教育之兴味,使之易晓而直觉。"[①]积极兴办学前教育。

1. 南通私立第一幼稚园

1912 年,张謇以张徐夫人遗产作基金,在南通工业基地,"一城三镇"中的唐闸镇裕稚巷建立幼稚园,与育婴堂比邻,1913 年落成。张徐夫人热心幼儿教育,弥留之际嘱咐将其遗资捐助教育,为实现其遗愿建立的幼稚园名"张徐幼稚园",开南通幼儿教育之先河。幼稚园后改名"南通私立第一幼稚园"。

图 2-13　南通私立第一幼稚园

资料来源:张绪武主编:《张謇》,中华工商联合出版社 2004 年版,第 128 页。

幼稚园分甲、乙、丙、丁四个年级,幼儿年龄为 4—7 岁,男女基本各占一半,在重男轻女的当时,开风气之先。

幼稚园有校舍 7 间,建有游戏场、茅亭等室外供幼儿嬉戏的场所,园中种花养鱼,让幼儿增长知识,给孩子美的熏陶。张謇还亲自创作朗朗上口的儿

---

① 《张謇全集》卷四,江苏古籍出版社 1994 年版,第 35 页。

歌,如"风吹池面开,一群金鱼排。小鱼摆摆尾,大鱼喁喁腮。白鱼白玉琢,红
鱼红锦裁。我投好食不须猜,和和睦睦来来来"①。

2. 女师附属幼稚班

1914年,通州女子师范学校在学校东建附属幼稚园,称"女师附属幼稚班"。

3. 南通私立第二幼稚园

1917年,张謇之兄张詧之妻杨氏在南通城内捐资创办"张杨私立第二幼
稚园",与女子师范学校附属小学毗邻,后更名"南通私立第二幼稚园"。

图2-14　南通私立第二幼稚园的儿童

资料来源:张绪武主编:《张謇》,中华工商联合出版社2004年版,第128页。

4. 南通私立第三幼稚园

1920年,张謇夫人吴氏以私产在南通城南马家巷创办"张吴私立第三幼
稚园",后更名"南通私立第三幼稚园"。

在张氏家族的努力下,至1922年,"以区区南通,竟有幼稚园四所,亦举国
所难觏也"②。在张謇引领下,通州金沙幼稚园、如皋第一养蒙园等相继创办,
幼稚园师资、保姆均来自南通女子师范学校和保姆传习所,专业化的学前教育
在当时成为样板。

---

① 《张謇全集》卷五上,江苏古籍出版社1994年版,第122页。
② 陈翰珍:《二十年来之南通》上编,南通县自治会印行,第86页。

图 2-15　南通私立第三幼稚园的儿童

资料来源：张绪武主编：《张謇》,中华工商联合出版社 2004 年版,第 128 页。

(七)特殊学校

19 世纪末,我国的残疾人问题是一个严重的社会问题。"盲哑累累,教育无人"①,特殊教育尚是空白。当时中国仅有两所外国教会开设的盲哑学校,绝大多数盲哑儿童得不到应有的教育。张謇出于其"矜寡孤独废疾者,皆有所养"的社会理想,在 1907 年劝谏江苏按察使办盲哑学校无果后,决定在南通自办一所盲哑学校,让盲哑儿童能"归能不待人而自养","以心思手足之有用,弥补目与口之无用"②。

1913 年,张謇筹集资金,在狼山北麓,与残废院毗连,购地 6 亩多,兴办狼山盲哑学校。

1916 年 11 月,学校正式开学,张謇自任校长并主持了开幕仪式,这是中国第一所自己创办的独立设置的盲哑学校。

学校分盲哑两科,学制一般为 3 年。盲科以厚纸板穿成细孔,用手摸索学习盲文,还开设音乐、针案、按摩等课程,哑科除教授手语外,还教字习发音,先

---

① 《张謇全集》卷四,江苏古籍出版社 1994 年版,第 106 页。
② 《张謇全集》卷四,江苏古籍出版社 1994 年版,第 108 页。

图 2-16　狼山盲哑学校

资料来源:张绪武主编:《张謇》,中华工商联合出版社 2004 年版,第 146 页。

识字后书写,"中有数生,字极端正清雅可爱,优者能作简单之应酬语"①。哑科还开设国画、裁缝、雕刻等课程,后又增加了农工、手工、木工、刺绣、打字、校对、理发、养蚕、园艺等科目。每年两科学生还合演新剧一次,剧目为《普渡慈航》,深得观众赞赏。

盲哑学校不仅为残疾儿童消除个人痛苦,也为解除社会负担起了积极作用。残疾儿童经过专业的教育训练,毕业后一般都能就业,自食其力,自立自强。张謇不仅让残疾儿童学习知识,学习技艺,养活自己,服务社会,而且让他们快乐生活,享受幸福。这是在那个时代连正常儿童都达不到的境界,张謇却做到了。

就是这样,张謇凭着坚定的意志和科学的态度,经过艰苦卓绝的努力,一步一步地在南通和周边地区建立起从基础教育到高等教育、普通教育到实业教育这样一个完整的现代学校教育体系。

———————————

① 陈翰珍:《二十年来之南通》上编,南通县自治会印行,第 92 页。

二、社会教育机构

无意识的生活活动、现实的生活环境和自然环境要比有意识、有计划、有组织的学校教育,对人有着更广泛的影响。社会教育作为与学校教育、家庭教育并行的影响个人身心发展的社会教育活动,[①]其深刻性、丰富性、独立性非学校教育可比。

张謇为了提高国民素养,促进地方科学文化事业的发展,在实业大振的基础上,在南通地区创办了博物苑、图书馆、剧场、公园、气象台、体育场、阅报社、养老院、育婴堂等一批文化和公益事业,以一系列具有现代性的文化标志,塑造社会教育空间的现代文化形态,推进广泛的社会教育。

图 2-17　南通博物苑

资料来源:张绪武主编:《张謇》,中华工商联合出版社 2004 年版,第 150 页。

(一)南通博物苑

1903 年春夏之间,张謇东渡日本考察。参观东京帝国博物馆时,他形成一个想法:自办博物苑,为教学和农业研究服务。

1904 年,张謇在师范学校河西,"徙荒冢千,并居民三十许",开辟了一个植物园,作为师范学生的实验园地。

---

① 顾明远主编:《教育大辞典》,上海教育出版社 1999 年版,第 392 页。

1905 年,为使学生"睹器而识其名,考文而知其物",有目睹和动手实验的场所,让"地方人民之知识之增进,亦必先有实观之处所"①,这块占地 48 亩的植物园,发展为"南通博物苑"向民众开放,并聘请曾留学日本、于师范就读过的孙子铁为主任,开始动工兴建馆舍。这是中国自办的第一所博物馆。

博物苑最早的建筑为中馆,砌平房三间,上辟 14 平方米的平台,以安放观测仪。中馆原名"测候所",逐日进行天气预报。中馆内主要陈列各种动物标本。

其次建成的南馆即博物馆,陈列的文物分为天产、历史、美术、教育 4 个部分。楼下的天产部分为矿物、植物、动物 3 类。矿物类有各种矿石 3000 多种。植物类有 4000 多种。动物类有哺乳动物 100 多种,鸟类 300 多种,爬虫和鱼类 500 多种,非脊椎生物 1400 多种。历史部有中外各国自古以来的衣冠、器皿、居所等,很多为稀世之宝。美术部陈列有书画、瓷器、雕刻等珍贵藏品。教育部主要陈列和科举、州学、近代学堂有关的物品,如州试的试卷、学生的文房用品、教材、作业等。

最后建成的北馆为化石馆,陈列吕四出土的鲸鱼骨和其他动物的骨骼标本与化石。

据 1914 年《博物苑品》统计,当年共有各类馆藏物品 2973 件。苑中还有动物园、假山、水池、花房、草坪、斋亭等。动物园中有老虎珍禽,植物园中有琼花丹桂,陈列品中有可动的轮船火车等机械模型,琳琅满目。

1916 年,博物苑因范围加广,不再附设于师范学校。

正如张謇所希望的那样,"设苑为教育也,更析历史之涉教育者,凡为部四,隶目若干,所以昭苑掌,示来者"②。博物苑成了普及科学知识和陶冶人们情操的社会教育机构。

(二)南通图书馆

张謇对图书文化的作用认识深刻,1906 年他呼吁国家设立图书馆,以带动地

---

①　《南通地方自治十九年之成绩》,南通翰墨林印书局 1915 年版,张謇研究中心、南通博物院 2003 年重印,第 131 页。

②　《张謇全集》卷四,江苏古籍出版社 1994 年版,第 283 页。

方图书馆以及出版事业的发展,这是传文化、开民智的需要。他大声疾呼:"今者科举废、学校兴,著译之业盛行,群起以赴教育之的,然而书籍之不注意,何也?"①

图 2-18　南通图书馆

资料来源:张绪武主编:《张謇》,中华工商联合出版社 2004 年版,第 156 页。

1908 年,张謇又上书清廷学部,请建图书馆,得到核准。在确定建馆之时,张謇考虑"图书馆必须爽垲",选南门外东岳庙(亦名天齐庙)为馆址,馆址东接农业专门学校,西邻医学专门学校,北面为博物苑。

1912 年,"因岳庙为图书馆",南通图书馆正式建成。其创办经费,"先后凡用二万六千二百四十三元,岁用银二千四百元或强,皆謇任之"②。图书由捐赠和采购而来,由少到多,逐步发展。至 1924 年,馆中藏有"中国书十五万卷有奇,西文书六百余部,日文书三百余部"。书之来源"啬翁捐赠者占十之六七,退翁十之一二,现又陆续添购,并得各界人士乐捐"③。藏本中木刻版占

---

① 《张謇全集》卷二,江苏古籍出版社 1994 年版,第 37 页。
② 《张謇全集》卷四,江苏古籍出版社 1994 年版,第 293—294 页。
③ 陈有清:《张謇传》,江苏古籍出版社 1988 年版,第 62 页。

13 万卷以上,此外还订了京沪等地的日报与各种杂志。

图书馆内设阅览室、阅报室及曝书楼各一所。开馆的时间为上午 9 时到下午 2 时,中午休息,星期二停阅,寒假停阅 10 天,三伏天晒书时也闭馆。

张謇建立图书馆的目的首先是补充学校教育的不足,增长民众知识,次为保存国粹。这座图书馆虽然在管理等方面还不够成熟,但对地方上的民智开发却起着不可估量的作用。这也是我国近代史上最早的图书馆之一。

(三)更俗剧场

张謇深感文化对人的熏陶、感召、教化作用,大力兴办文化事业,其中也包括戏剧事业。张謇认为,"改良社会措手之处,以戏剧为近"①。因此,张謇大力进行戏剧改良,创办伶工学社,培养新型表演人才,改造剧场,使其适应戏剧表演改革。

图 2-19　更俗剧场外景

资料来源:张绪武主编:《张謇》,中华工商联合出版社 2004 年版,第 161 页。

① 《张謇全集》卷四,江苏古籍出版社 1994 年版,第 292 页。

图 2-20　更俗剧场内景

资料来源:张绪武主编:《张謇》,中华工商联合出版社 2004 年版,第 161 页。

1919 年初,张謇着手于南通城西南、桃坞路西端兴建剧场。剧场根据日本、上海、北京各大剧场的特点,由工程师孙支夏设计,请欧阳予倩审定图纸。剧场于当年夏天动工,至重阳节便全部落成。这座外圆里方的新型建筑,分上下两层,全场共有座位约 1200 个,均视野畅达,音响良好。舞台前后开阔,空气流通。台上垂大幕 3 道,下面是定制的地毯,上面有天桥 3 道,可装置活动布置,是当时国内最先进的现代化剧场之一。

剧场取名为"更俗",表达了张謇改造社会陋习,除旧布新、移风易俗的目的。更俗剧场的演出剧目,也注意劝励世俗,"旧剧则选有益于世道人心者,如淫滥无稽之作俱在所摒,与京沪诸地迥然不同","新剧间有之"①。剧场还用来放映电影、举办音乐会,南通各学校的文艺演出也多在此进行。

更俗剧场不仅在外形、内设上堪称当时中国一流,而且在剧场管理、前后

---

① 陈翰珍:《二十年来之南通》上编,南通县自治会印行,第 100—101 页。

台制度、观众观赏制度等方面,更是完全摒弃了中国旧时戏园子的陈规陋习,采取新的管理方式,文明演出,文明观赏。

剧场对社会新风的养成,戏剧艺术的革新、推广都发挥了重要作用,体现了张謇以戏剧改良社会、教化世人的强烈愿望。

(四)公园

张謇曾说过,"公园者,人情之囿,实业之华,而教育之圭表也"①。他认为公园是地方文明程度的标志。

1912年至1918年,张謇先后在濠河西南,主持营建了东、西、南、北、中5座公园。各园之间,或堤或桥,逶迤相通。它们既有山水花木亭榭的共性,又各有自己的个性特点。张謇写有《南通公园歌》,对此加以描述:"南通胜哉江淮皋,公园秩秩城之壕,自北自东自南自西中央包。北何有?球场枪垛可以豪;东何有?女子小儿可以嬉且遨;南可棋饮,西可池泳,舟可漕。楼台亭榭中央高,林阴水色上下交。鱼游兮徙徙,鸟鸣兮调调,我父我兄与我子弟于此之逸,于此其犹思而劳,南通胜者超乎超!"②

5座公园不仅供人休闲赏景,而且寓教于乐、育民于闲,成为重要的社会教育场所。各公园内辟有儿童阅览室、民众教育馆、通俗演教场,还建有成列展示各种各样有纪念价值的如历代名人画像等物品的建筑,如千龄观、与众堂等。公园还经常举办花展、画展、民俗集会等丰富多彩的文化教育活动,潜移默化中影响教育民众,促进了社会的文明进步。

张謇还在唐闸镇建唐闸公园,唐闸公园、五公园和狼山风景区一道,构成了南通园林精细、优美的特色。

---

① 《张謇全集》卷四,江苏古籍出版社1994年版,第411页。
② 《张謇全集》卷五上,江苏古籍出版社1994年版,第212页。

图 2-21　唐闸公园

资料来源:张绪武主编:《张謇》,中华工商联合出版社 2004 年版,第 188 页。

图 2-22　五公园中的北公园

资料来源:张绪武主编:《张謇》,中华工商联合出版社 2004 年版,第 189—190 页。

(五)军山气象台

1906 年,张謇在博物苑中建立测候所。1909 年便开始每日播报天气预报。1913 年私立南通甲种农校成立,在校园里建立了小型测候台,将博物苑中的仪器移设其中,同时规划于军山建立气象台。

图 2-23　五公园中的南公园

资料来源:张绪武主编:《张謇》,中华工商联合出版社 2004 年版,第 189—190 页。

图 2-24　军山气象台

资料来源:张绪武主编:《张謇》,中华工商联合出版社 2004 年版,第 184 页。

张謇认为:"气象台宜设军山上,不仅有关风景,且于天气预报有益。因军山南临长江,与江南的福山对峙,形势绝佳。江中往来船舶,遥望军山有台,当注意天气预报。必要时,山上可悬挂预报标号。在通城及东乡民众,远望军山有台,亦可提高重视天气预报的观念。所以台设在军山上,可以远听远,对天气预报是有裨益的。能加强天气预报,也于农业有裨。"①

军山气象台于 1916 年建成,1917 年 1 月正式开始工作。测报的内容有天气、潮汐、虫情、天象、地震等项,直接为社会民众的生产和生活服务。同时,正如张謇所说的那样,气象台的建设,也有利于民众现代科学意识的养成。军山气象台是中国第一个现代化气象站。

（六）公共体育场

1913 年,张謇和其兄张詧在南通城南女子师范学校的右侧,兴建了南通最早的体育场——第一公共体育场,占地 20 多亩。全场设表门 1 座、大门 3 座。南有一排平房,供办公、储藏及运动员休息、更衣及乒乓球室。东西两边各有一方亭,围以短墙,供群众参观休息。场内设有跑道、沙坑和其他各种运动器械。运动器械分球类和器械游戏两类,球类有足球、篮球、排球、网球等,器械游戏有秋千、木马、滑台、浪桥、浪船、高梯等。

图 2-25 南通第一公共体育场

资料来源:张绪武主编:《张謇》,中华工商联合出版社 2004 年版,第 185 页。

———

① 陈有清:《张謇传》,江苏古籍出版社 1988 年版,第 66 页。

公共体育场每天上午 9 时至下午 6 时对外开放,"任人运动,无贫富老幼男女之分,亦无入场费",每逢星期天和节假日,来体育场锻炼的更是"济济盈盈,各自为戏"①。

1922 年,张謇用为他贺寿的钱,在城南狼山路西边的白塘庙附近,又新辟了第二公共体育场,场地较段家坝为大,占地约 40 亩,设施大致和第一公共体育场相同。

南通公共体育场的建设,是张謇体育教育由学校向社会延伸的重大举措。对推动南通现代体育活动的开展,增强民众体质,培养"武备精神"产生了积极的作用和影响。

（七）翰墨林印书局

1902 年,张謇与张詧等 5 人于城南西园,共同创办了南通翰墨林印书局,

图 2-26　翰墨林印书局

资料来源:张绪武主编:《张謇》,中华工商联合出版社 2004 年版,第 158 页。

_____

① 陈翰珍:《二十年来之南通》上编,南通县自治会印行,第 103 页。

这是中国最早创办的现代出版机构之一,聘请韩国著名诗人金沧江任编校。创办初期,翰墨林印书局主要为学校印刷教材、讲义、作业本,为其创办的各企业、事业单位印刷账册、票据、表格等。随着管理模式和印刷技术的不断发展进步,翰墨林印书局的业务范围也逐渐扩大,开始广泛印刷各类图书及各种报刊。各类图书内容涵盖了政治、经济、文化、教育等各个方面。不仅有人文社科类,也包含了大量的自然科学书刊资料;不仅有国人编著的图书资料,还有大量外国人编译、编撰的图书资料,在成立之初,就翻译出版了《日本宪法义解》《日本议会史》等学术著作,在辅助教学的同时传播先进文化。张謇在当时就有了版权意识,1904年他咨呈清政府保护翰墨林印书局的权益:"查各国印书,最重版权。近今编译各书局亦均有版权之请。今恳咨明商部批准立案,并求札饬沪道出示:严禁各书贾翻印通州翰墨林书局编译之书。"①

翰墨林印书局不断发展,声名远扬,成果丰硕,是当时少有的位于州县的著名印书局。

(八)商品陈列所

1907年,张謇与张詧捐资创办商品陈列所。商品陈列所开始创办时,选址在通州城西南魁星楼旧址,后在城内原武庙旧址新建楼房共计29栋,分前后两个部分,前半部为劝工厂,后半部作为商品陈列所。

商品陈列所的陈列品分为天产、工艺、美术、教育和参考5个部分,各种各样的商品按类别陈列,琳琅满目。陈列的商品,既用于展览,供人参观、认识并了解其特性,同时也标注价格,可供人挑选购买。

商品陈列所是舶来品,中国人设商品陈列所是西学东渐的产物,是从西方各国都会学来的,武汉处长江上下要冲,南北铁路交会之所,开风气之先首先建立。南通偏于江海一隅,既非交通要道,也不是都会。张謇等人于1907年

① 《张謇全集》卷三,江苏古籍出版社1994年版,第754页。

创办商品陈列所,可见其目光之开阔,观念之前瞻。

南通商品陈列所不仅展销商品,更为重要的是,张謇将其作为普及知识、开启民智的公共教育场所,让民众广开眼界,感受时代潮流。

(九)通俗教育社

1914 年,为改良乡俗、普及教育,南通县教育会在城南水月阁创办"通俗教育社"。张謇任会长,任事者皆为富有教育经验之人。

通俗教育社开始主要进行编辑和演讲,其中编辑主要包括说部、剧本、山歌等。主编的《诚社旬刊》每月出 3 期,内容丰富,可读性强,颇受世人欢迎。演讲主要包括通俗演讲和商业演讲,采取巡讲的方式游走于各乡镇。通俗演讲内容主要为国民应有之常识、如何具有旧道德与新知识,影响颇巨。

通俗教育社还设有一个陈列室,专门陈列通俗教育图书、仪器、标本等,同时还陈列各种通俗教育物品,如历代名人肖像,火车、铁道、轮船模型,各种地图等。为了普及文化和科学知识,通俗教育社广泛开展宣传活动,将名人名言、白话劝告社会等张贴到街道、电线杆及各警察署侧等地,让人们随时随地地阅读学习,所张贴的内容每周更换一次。间日出版的《南通报》也张贴各处,每两天更换一次。白话劝告这里摘录一则,其余不难想见:

> 现在是我们最要振作的时候,正月里虽过去了 20 天,但还算是一岁的更始。我们当了开始的时候,必要提起精神,对各种事务加以改进,譬如我从前懒惰,现在就勤劳奋勉。以前用钱浪费,现在就大加节省。从前赌博吸烟,现在就一律戒绝。起头既然把基础立好,将来依着做去。自然不觉得困难。假如现在糊涂下去,就不容易振作了。①

---

① 陈翰珍:《二十年来之南通》上编,南通县自治会印行,第 97 页。

（十）阅报社

为教育民众,使社会大众能够增进知识、开阔视野、了解社会,张謇不仅在通州创办报纸,而且还开设了阅读报纸的场所——阅报社。

1908 年南通创设自治公所,同时在自治公所设阅报社,以此为起点,阅报社在南通遍地开花,先后共设 28 个,这些阅报社有的设在自治公所,有的设在学校,有的设在集市等人多便于阅读的地方。

阅报社是现代化的产物,它对传播现代文化、营造现代文化氛围、教育启迪大众意义重大。

此外,张謇还兴办了平民工场、济良所、栖留所、残废院、育婴堂、养老院等社会公益机构,他在南通地区兴办众多的社会文化和公益事业,一个重要的目的是实施更广泛的教育,这些社会教育机构和他所兴办的各级各类学校一起,使南通地区形成了层次和门类齐全的完整的大教育体系。

张謇先后在南通地区创办小学 344 所,中学和各类专门学校几十所,高等学校 3 所。创办了全国第一个博物馆、第一个气象台以及图书馆、伶工学社、更俗剧院、体育场、公园等一批文化设施,这些学校和机构分布在南通城区和周边区域,成为"聚集在特定空间的教育活动"的载体,构成南通体系结构完整的大教育空间。

第三章　张謇教育空间治理的
思想基础

　　自 1895 年起,张謇以地方自治为统摄,开启了他在南通的早期现代化实践。他脚踏实地建设心目中的"新新世界"。前文从整体的社会区域教育空间,到具体的学校和社会教育机构与场所,对其样态作了介绍。接下来考察这是如何做到的,即教育空间的治理。首先梳理总结张謇教育空间治理的思想基础。

第一节　"天地之大德曰生"

　　张謇是清末状元,自然深受中华传统文化影响,钱穆说:"中国学术之精神,乃以社会人群之人事问题的实际措施为其主要对象,此亦为中国学术之一特殊性。儒家思想之主要理想及其基本精神即在此。……中国学术之主要出发点,乃是一种人本位主义,亦可说是一种人文主义。"[1]可谓对张謇精神思想的准确描述。

　　张謇曾对其好友刘厚生说,"我们儒家有一句扼要而不可动摇的名言'天

---

[1]　钱穆:《中国历史研究法》,生活·读书·新知三联书店 2001 年版,第 66 页。

地之大德曰生',这句话的解释,就是说一切政治及学问最低的期望,要使大多数老百姓都能得到最低水平线的生活,这就是号称儒者应有的本分"①。

"天地之大德曰生"来自《周易》,张謇奉为圭臬。他创办的实业要么以"大生"为名,要么名字中取"大"或"生"一字。

取名为"大生"的实业有:

大生纱厂、大生二厂、大生三厂、大生六厂、大生八厂、大生淞厂、大生第一纺织公司电厂、大生织物公司、大生轮船公司、大生码头等。

名字有"大"字的实业有:

大兴机器磨面厂、大隆皂厂、大昌纸厂、大达公机器碾米公司、大达内河轮船股份有限公司、大达外轮公司、大储堆栈、大有晋盐垦公司、大赉盐垦公司、大豫盐垦公司、大丰盐垦公司、大纲盐垦公司、大中公行、大聪电话有限公司等。

名字有"生"字的实业有:

广生榨油股份有限公司、资生铁厂、颐生酿造公司、颐生罐诘公司、阜生蚕桑染织公司、懋生房地公司、泽生外港水利公司等。

章开沅评价张謇:"他办实业、办教育、办慈善、办地方自治,为的就是四个大字——国计民生。"②

王敦琴说张謇"大魁天下后,以一介寒儒办实业、教育及各项事业,特别是他以南通为基地并开拓出去,张謇因业而立教,因工而设校,他所创办的蚕桑学校、艺徒学校、商业学校、农业学校、纺织学校、水利学校及各类养成传习所等等,使知识的学习与民生的需求更加紧密地结合在一起"③。这还只论及张謇创办的职业教育。事实上,张謇创办的教育都以国计民生为出发点,践行

---

① 刘厚生:《张謇传记》,龙门联合书局 1958 年版,上海书店 1985 年影印,第 251 页。

② 章开沅:《以张謇精神研究张謇》,江苏海门第五届张謇国际学术研讨会的发言,2009 年 4 月。

③ 王敦琴:《张謇与近代新式教育》,人民出版社 2015 年版,第 107 页。

"天地之大德曰生"。他宣称："窃维环球大通,皆以经营国民生计为强国之本。要其根本之根本在教育。""非人民有知识,必不足以自强,知识之本,基于教育"。① "教育以普及为本,普及以生计为先。"②

张謇的教育空间治理的指导思想,正是"天地之大德曰生"。本着"以人为本"的精神,张謇以"厚生"为目标,在空间上不以一时一地为局限,教育与经济、文化、公益和慈善等事业相互作用、相互促进,交融会通,以整体的、系统的观念协调推进整个区域的发展。

第二节　"村落主义"

张謇经常将其地方自治思想说成"村落主义"。这里的村落当然不是指一般意义上的村庄,而是一方理想中的社会。胡适在《非个人主义的新生活》中说:"我们的新村,就是在我们的旧村里,我们要的新村,是要我们自己的旧村变成的新村。"③张謇的"村落主义"就是这个宗旨。

"村落主义"原来自时人对张謇的嘲讽。"謇自前清即矢志为民,以一地自效。苏人嗤为村落主义。"④张謇对别人的讥讽不以为意,索性以"村落主义"自居。他常常将"村落主义"作为一个概念,成为地方自治的代名词。1921 年,张謇在《呈报南通地方自治地 25 年报告会筹备处成立文》中称自己:"窃謇抱村落主义,经营地方自治,如实业、教育、水利、交通、慈善、公益诸端。""村落主义"与地方自治含义如有所区别的话,"村落主义"偏于思想,而地方自治则偏于行动。

状元头衔的光环,加上自身的能力和威望,使张謇几次接近国家的权力中

---

① 《张謇全集》卷三,江苏古籍出版社 1994 年版,第 384 页。
② 《张謇全集》卷四,江苏古籍出版社 1994 年版,第 247 页。
③ 《胡适文库》卷四,《民国丛书》第一编,上海书店出版社 1989 年版,第 188 页。
④ 《张謇全集》卷一,江苏古籍出版社 1994 年版,第 212 页。

心。张謇民国前担任过翰林院编撰、大清国商部和学部头等顾问官、吏部和度支部谘议官、江苏谘议局议长、江苏省议会议长等职。1912年,张謇任实业部部长,次年熊希龄组阁,又举张謇为工商兼农林部部长,其后又担任过两淮盐政总理、全国水利局总裁等职。然而张謇以上的任职都不长,一生经历过大大小小的辞官事件许多次。张孝若回忆他父亲:"我父到北京二年多,回来以后,越发坚定了他经营村落的决心。认为做政府的官,不一定可以做事,倒是回到田野,可以做一点实事。"①一心想救国自强的张謇,觉得国家权威"暗蔽不足与谋",把治国之志试验于家乡南通,践行他的"村落主义"。他力图通过地方自治,为自己的现代化探索与实践赢得自由。

张謇所处的时代,政治体制土崩瓦解、国家权威衰微不振,为张謇作为地方精英"遁居江海,自营己事"提供了宽松的条件和土壤。张謇要实现自己的理想,建设心中的"新新世界"必须获得权力的保障,但不能通过超过自身身份的权力僭越来实现。张謇采用的手段是,追求地方自治,实行国家和经济社会的分离,把属于经济社会本身的权力交还给社会,地方绅士成为地方自治的主体,这是张謇政治上追求的目标。

张謇独特的背景、能力加上其在地方的经济地位,使他在退居乡里后仍然成为地方自治的主体和权威。前文引用过日本人驹井德三的描述:"今江北一带,仿佛以张公为元首之国,他方势力未得侵犯,其实力可知矣。故关于重要职务,无有不征张氏之意见。即在现今中国政界中,以实力不相降之张作霖、吴佩孚等,皆以张公为上海经济界之重镇,遇事咨问。""要之,张謇对于现在中国之政界,表面上虽无何等之关系,然以张公在经济上、地方自治上有坚固之基础,不仅大总统及责任内阁,即地方政府也无如之何也。张公虽甚持重自下,然在中国政界之潜势力,可谓不薄。"②可见张謇实现了对南通地区的实

① 张孝若:《南通张季直先生传记》,上海书店1991年版,第215页。
② 中国人民政治协商会议江苏省委员会文史资料研究委员会编:《江苏文史资料选集》第10辑,江苏人民出版社1982年版,第143、151页。

际控制。

张謇视野中的"村落",主要是指通海地区,即南通及周边地区,包括城镇,也包括乡村。他治一地如治一国,对南通地方的实际控制,使他在南通的早期现代化实践中,可以统一规划区域空间经济、教育、社会事业和城市建设的发展,将各项事业汇总于"地方自治"的旗下。在张謇那里,政治、经济和教育是相辅相成的。正是由于以张謇为核心的精英集团掌握了南通地方事务的实际决策权,才使南通教育早期现代化的空间治理有了切实的权威保证,这是许多中国教育早期现代化的先驱无法做到的。

第三节　"父教育,母实业"

在张謇的现代化实践中,实业不仅是教育的基础,实业和教育又共同构成了社会发展的基础,这就是张謇著名的"父教育,母实业"①的发展思想,也是他统筹考虑南通地区现代化的基本观点。

张謇治理经营的南通,教育和实业密不可分,在分析实业和教育的关系时,张謇曾用"父教育而母实业"的生动比喻来揭示,"以实业辅助教育,以教育改良实业,实业所至即教育所至"②,就是说,实业和教育的发展是相辅相成的,这种"实业与教育迭相为用"③的思想,有 3 个层次的含义。

第一,实业为教育提供资金保障。

张謇是清末状元,是中国传统教育培养出来的精英,中华传统文化中的优秀成分是张謇教育实践的重要思想源泉。张謇在南通办实业、兴教育、推动各项文化公益事业的实践,都带有明显的先秦儒家"富而后教"思想的印记。张謇在中国由封建农业社会向工业化社会转型的历史时期,对传统的儒家"富

---

① 《张謇全集》卷四,江苏古籍出版社 1994 年版,第 74 页。
② 《张謇全集》卷四,江苏古籍出版社 1994 年版,第 214 页。
③ 《张謇全集》卷六,江苏古籍出版社 1994 年版,第 480 页。

而后教"思想在继承的基础上给予了进一步的诠释和创新。

对于孔子提出的"庶""富""教"治国战略,张謇考察了当时西方列强的成功经验,并提出了自己的实施意见。他认为:"中国庶而不富,厚民生者,工尤切于商。"①同时,他也充分重视农业。他说:"立国之本不在兵也,立国之本不在商也,在乎工与农,而农尤为切要。盖农不生则工无所作,工不作则商无所鬻,相因之势,理有固然。"②甲午战败,张謇痛感国势的衰弱,于是决定放弃官宦前途,改弦易辙,回家乡投身实业,因为他认识到"策中国者,首曰济贫;救贫之方,首在塞漏"③。张謇兴实业以富国之心跃然纸上。

张謇在《北京商业学校演说》中回顾了他的创业过程:"……因纱厂必需棉花,棉花必待农业,于是设垦牧公司,又因棉子制油为副业而设油厂,又为畅销途、利交通计,而设轮船公司。要知余之所以孳孳不已者,故为辅助纱厂计,尤欲得当一白吾志耳。"④张謇的这个"志",就是办教育。

儒家的"富而后教"看重的是教育的基本条件,落脚点是"教"。先秦儒家把"富民"与"教民"联系起来,构成一个不可分割的整体,将"庶""富""教"的民本精神系统化,形成完备的仁政理论。儒家的最终目的是要提高民众的物质生活水平和精神文化素质,实现其理想的"大同世界"。

在这一点上,张謇的思想与先秦儒家的思想是一脉相承的。有所区别的是,先秦儒家侧重的是受教育的一方,认为只有他们先富起来了,才有接受教育的自觉性和可能性,这和当时的生产力水平有关;而张謇侧重的是施教一方,不富则无法支撑教育的实施。"教育必资于经费,经费唯取之于实业,所谓实业为教育之母是也。"⑤张謇在《大生纱厂第一次股东会报告会》中说:

---

① 《张謇全集》卷一,江苏古籍出版社1994年版,第72页。
② 《张謇全集》卷二,江苏古籍出版社1994年版,第14页。
③ 《张謇全集》卷三,江苏古籍出版社1994年版,第42页。
④ 《张謇全集》卷四,江苏古籍出版社1994年版,第112页。
⑤ 《张謇全集》卷三,江苏古籍出版社1994年版,第599页。

"欲兴教育,赤手空拳,不先兴实业,则上阻旁挠,下复塞之,更无凭借。"①可以说,张謇发展实业的一个重要目的,便是发展教育事业。

正是在这种指导思想下,张謇历经艰辛,在南通地区大办实业,并从这些企业所获的利润中拿出资金用来办学。大生纱厂曾规定,每年提取十分之一的利润,作为师范学校的资金,通海垦牧公司拨 9000 亩地作为师范学校的基产。据 1925 年统计,张謇和其兄张詧花在教育和其他文化事业上的费用,总计高达 350 多万银圆,从而创办了体系完备的教育、文化事业。没有张謇所办实业的支撑,这些都是不可想象的。

第二,教育为实业提供人才支撑。

张謇在创办实业的过程中,对人才培养的重要性感触尤深,"吾国人才培养异常缺乏,本应在工程未发生之先从事培育,庶不至临时而叹才难,自毋须借欧美之才供吾使用"②。他在分析当时世界形势的基础上指出:"泰西人精研化学、机械学,而科学益以发明,其立一工厂之事也,则又必科学专家而富经验者。故能以工业发挥农业而大张商战。"③"夫世界今日之竞争,农工商之竞争也,农工商之竞争,学问之竞争也。"④张謇比较深刻地认识到科学技术对于经济发展的重要作用,认识到只有培养出大批掌握现代科学技术的人才,实业才能发展、兴旺。张謇以此为指导思想,在南通兴办实业教育,他所办的学校培养的大批人才,满足了他办实业的需要,促使他的实业迅速发展。

第三,实业教育是教育与实业相结合的理想模式。

张謇"父教育,母实业"的思想催生出其极富特色的实业教育。他创办的实业教育,成为沟通教育与实业的桥梁。他创办实业教育时主张校址尽可能靠近企业。在张之洞任两江总督期间,张謇便建议"以工场机械之富,……陈

---

① 《张謇全集》卷三,江苏古籍出版社 1994 年版,第 80 页。
② 《张謇全集》卷四,江苏古籍出版社 1994 年版,第 182 页。
③ 《张謇全集》卷三,江苏古籍出版社 1994 年版,第 88 页。
④ 《张謇全集》卷四,江苏古籍出版社 1994 年版,第 157 页。

请就上海制造局附近,建设高等工学"①。南通纺织专门学校就按其一贯主张选择校址,建在他创办的大生纱厂之侧。在交通不发达的当时,校企相邻有利于互通有无,优势互补。高校具有智力和人才培养优势,而企业拥有生产技术环境、设备条件,可实现资源共享、优化组合。张謇创办的高等专门学校使教育与实业紧密结合,除为实业发展输送人才,还主动解决生产中的技术问题,在促进实业发展的同时,优化了教育质量。张謇创办的教育是与其实业发展水乳交融的。

---

① 《张謇全集》卷四,江苏古籍出版社 1994 年版,第 52 页。

第四章 张謇在南通的教育空间布局

张謇抱定"天地之大德曰生"的理念,退居江海一隅实行"村落主义",以地方自治为统摄,"父教育,母实业",系统性、整体性地推动南通的早期现代化。他所经营的教育空间,布局城镇、辐射乡村,与自然和经济地理有很好的耦合与协调。张謇以四通八达的教育改造四通八达的社会,本章将他在南通的教育空间谋划布局与生产,镶嵌在自然、经济空间内一并考察。

第一节 空间谋划布局之始——舆图的测绘

张謇兴办各项事业,必先研究地方或项目的历史和地理,做全面科学的规划。"事虽艰,工虽巨,费虽大,固当筹之。筹之之法,因时度势,岁月规划而已。"他有很强的空间意识,十分重视规划过程中舆图的作用。

张謇认为:"要着力兴办地方事,先要晓得地方面积有多大?户口多少家?多少人?要有了一张完全的舆图,然后才能就图上计画,那里几处应设学堂,分划村区?从那里到那里,应开辟道路,疏通水利?地方上有了一张图,就好像读书人有了字典,老年人有了拐杖,是一样的应用和重要。"①

---

① 张孝若:《南通张季直先生传记》,上海书店 1991 年版,第 101 页。

1906 年 7 月,张謇在通州师范学校附设测绘科,聘请日本工程师任教,配以专门仪器设备,开设测绘测量、平板测量、经纬仪测量、罗针测量、水准测量和实习与制图等课程,培养测绘人才。1908 年 1 月测绘科首批 43 名学生毕业,张謇以此为基本队伍,成立了测绘局,他自任局长,开始了对南通全境的大规模地理测绘工作。首次测绘从 1908 年持续到 1911 年,测绘面积为南通全境 7435 平方里,共测图 791 张、绘图 865、缩图 992 张、引图 947 张、算图 271 张,比例尺 1∶250000 至 1∶5000 共 6 种。

张謇在《南通县测绘全境图序》中对南通全境测绘的筹备、过程和结果作了较为详细的描述:

> 近者国家大治陆军,军用有图矣,然其幅员大而比例小,固不适于地方自治之用。地方自治,则山林川泽丘陵衍原隰宜辨也,都鄙封洫宜辨也,墟落市镇道路庐舍宜辨也。旧时方志之图不足据,军用之图又不能容,然欲求自治,则必自有舆图始,欲有舆图,则必自测绘始。……鄙人虑无测绘之人才,附师范校,延日本工程师教授而养成焉;虑无统一之机关也,谋诸荐绅,就旧时贡院设局以总持焉。比例用五千分之一,以求其详;人由三班至八班,以求其速。……凡实测之日,除阴雨例假及特别事故请假外,总四百日;凡实绘之日,总二百四十日。凡州境面积,为七千四百三十五方里有奇;凡原田沙田灶田沙地面积为六千四百七十八方里有奇;凡荒地面积一方里有奇;凡墓地面积十一方里有奇;凡河渠沟洫面积五百四方里有奇;凡山面积二方里有奇。夫然后自治区学区警区可得而分,田赋可得而厘,户口可得而查,农田水利可得而修,工商业可得而计矣。①

张謇多次提及南通测绘方面的成就:"测绘之始始南通,南通诚可为他省县范""五千分之一图在全国,亦惟南通为第一次""内务府、省长金以南通测

---

① 《张謇全集》卷四,江苏古籍出版社 1994 年版,第 386、387 页。

量为一千七百县之嚆矢"。南通开启了中国科学测绘之先河,为区域空间发展打下坚实基础。

第二节 核心区域空间布局——南通"一城三镇"

南通州,民国后为南通县,当时有"筹昔是州今是县"之说,州治在通州城。以空间为线索,张謇经营下的南通核心区域,以1895年筹建大生纱厂为肇始,由清末单一的通州城区,逐步形成"一城三镇"的格局,即通州城、唐闸镇、天生港镇和狼山镇。教育空间镶嵌其中,成为南通城市空间治理极为重要的一环。

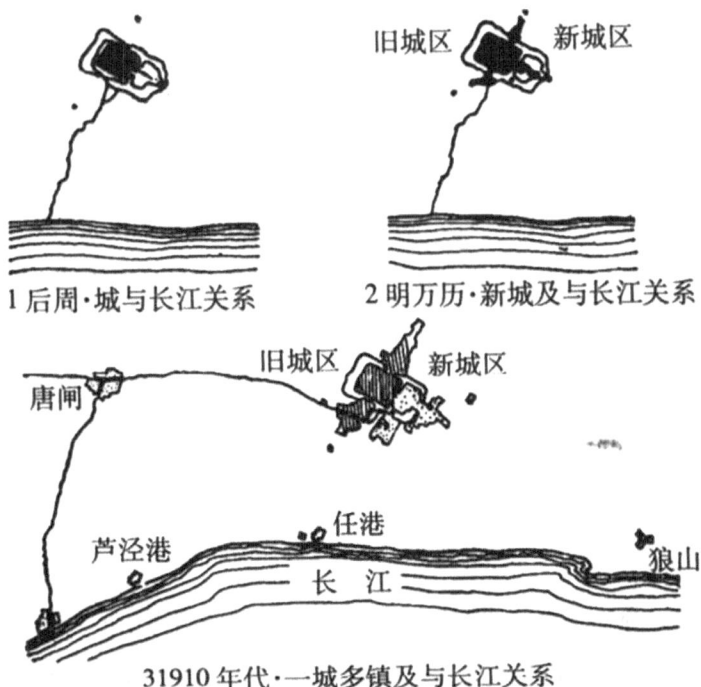

图4-1 南通近代城市发展

资料来源:同济大学城市规划教研室编:《中国城市建设史》,中国建筑工业出版社1982年版,第163页。

一、通州城

从南通历史沿革看,虽然几千年都有所归属,但城池一般认为是后周显德五年(958)才建立的。古代的通州城格局,具有典型中国封建州城特征:以中轴线为对称,方形城郭,丁字街和护城河。

建城之初,通州城有东、西、南、北 4 座城门,跨护城河有 4 座吊桥。北郊曾是沼泽荒地,多盗贼,宋政和三年(1113)塞北门建玄武庙(后称北极阁),故有"通州无北门之说",仅有 3 座城门。东、西、南城墙中间开城门并建瓮城,南城门建有城楼,整个城郭呈南北稍长的长方形。

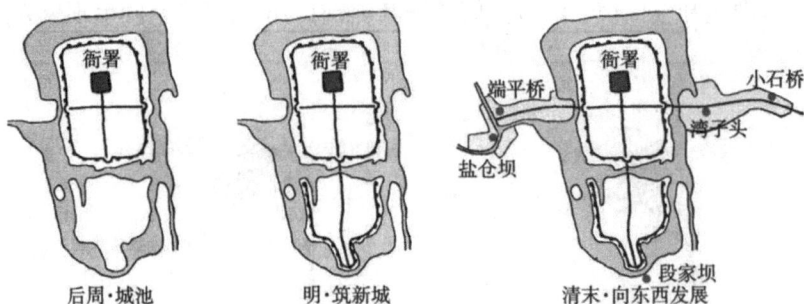

图 4-2 南通城区沿革

资料来源:曹洪涛、刘金生:《中国近代城市的发展》,中国城市出版社 1998 年版,第 195—197 页。

丁字街街口,城中央偏北是通州州衙所在,衙门前有樵楼。丁字街口往南为南大街,抵南城门;向西为西大街,通西城门;朝东为东大街,达东城门。城中央有城隍庙,衙署两侧东有文庙、学宫,与衙署间设贡院;西有武庙即关帝庙,西北设北码头。民宅主要位于东西大街南,南大街两侧,由"井"字形排列的巷子所连。

通州城护城河形态世所少见。通州城地处沙洲沉积而成的陆地,水网密布,护城河利用天然水系的大小水泊,或挖掘贯通,或裁弯取直,内沿沿城郭齐平,外框则多依原水泊岸线,形成窄处仅数米、宽处达数百米的自然水域围城,称为"濠河",构成一道独特景观,南通因此以"水泊通州"著称。

明代时,通州不断遭受倭寇侵犯,为加强防御,1598 年在城南修筑新城,城区遂分为新旧两城。新城护城河同样利用天然水系而成,称南濠河,与北濠河形成北大南小两环,呈"8"字形葫芦状。为抵御倭寇修筑的新城,到清朝逐步失修、败落。因土布而兴盛的商贸活动,使城西、城东两侧由关厢地带扩张,城市逐渐发展成"T"字形。

张謇在南通的早期现代化建设,在空间上突破旧城的束缚,结合当地的历史和现实条件,统筹推进城市空间规划治理。城区建设中避开作为传统政治、文化和经济中心的旧城区,把建设的重点放在城南贴近旧城的已几近废弃的新城部分,由新城东西向展开,逐渐形成规模。旧城区也尽量避开建筑密度高、地价高的地段,建设以租用、改造为主。

张謇在城区的建设,以教育项目为主,其次为商业、慈善、市政和风景等。随着建设的发展,城区中心逐步向南转移。

旧城区是传统的政治、经济和文化中心,张謇通过兴办新式教育,注入新的因素,实现城区空间的现代转化。如 1905 年创办的通州公立第一高等小学校(天宁寺北)、公立通州女子学校(女子师范学校,城内柳家巷,后迁段家坝),1906 年创办的通州女子师范附属小学(城内吕家巷)、女师附属幼稚班(城内柳家巷),1906 年开工,1909 年建成开学的通海五属公立中学(城北盐义仓旧址及周边),1914 年建立的南通济良所(南大街税务署旧址)和 1917 年建立的南通私立第二幼稚园(与女师附小毗连)等。分布在老城区的新式学校,与 1914 年在谯楼建成的有时代特色的钟楼,标志着旧时代的结束和新时代的开始。

张謇大量的事业在南城门外荒芜的新城发展,以创办通州师范学校为起点,教育、文化、商业、市政等各项事业迭相为用、迭次兴建,在城区南部逐渐形成具有现代风貌的新城区。城南先后建成的各项事业主要有:

学校:通州师范学校(1902 年)、通州师范学校附属小学校(1906 年)、甲乙两种农业学校(1909 年)、南通医学专门学校(1912 年)、南通私立甲种商业学校(1914年)、女工传习所(1914年)、伶工学社(1919年)、南通私立第三幼稚园(1920年)、南通县立女子师范学校(1921年迁入)、通州女子师范纪念小学校(1926年)等。

文化机构:翰墨林印书局(1902年)、南通博物苑(1905年)、南通图书馆(1912年)、第一公共体育场(1913年)、更俗剧场(1919年)、第二公共体育场(1922年)等。

慈善机构:南通医院(附属医院)(1913年)、南通第一养老院(1913年)、第三养老院(1922年)。

金融业:上海商业储蓄银行(1915年)、淮海实业银行(1920年)、中国银行南通分行、交通银行、江苏银行等。

企业和服务业:有斐旅馆(1914年)、通明电气公司(1917年)、桃之华旅馆(1919年)、南通绣织总局(1920年)。

公园:中公园、东公园、西公园、南公园、北公园(建于1912—1918年)。

此外,坐落于此的社会团体有:农会(1902年)、南通县教育会(1907年)、自治公所(1908年)、水利会另附设保坍会(1911年)、通俗教育社(1914年)、南通学生联合会(1915年)、通崇海商会(1920年)、棉业公会(1923年)等,这些众多的自治机构和社会团体,增加了空间的近现代政治元素。

这些新式机构、场所在空间的位置,主要沿南濠河展开。"在南濠河北岸,自东至西分别有通泰盐垦总管理处、上海银行、张謇的城南别业、南通县市教育会、参事会、崇海旅馆、翰墨林印书局,有淮海实业银行、张謇的住宅濠阳小筑、南通绣织局、女工传习所,直至北公园;南濠河南岸,由东向西则为通州师范学校、博物苑、张謇的濠南别业、图书馆、农科大学、医学专门学校、附属医院、通师附小、模范路商业街、有斐馆、交通银行、电报局、中国银行、东公园;向西延伸则有南公园、西公园、中公园、汽车公司、惠中旅馆、桃坞路商业街、江苏银行、桃之华旅馆、通崇海泰总商会,直至全国一流的更俗剧场。其中两条商业街,均建有整齐有致的二层市房,商家林立。南通作为新型城市的外观形态,在这里表现得最为充分最为集中。所谓城市中心南移的感觉正是因此而来的。"①

图4-3　南通城区从开启现代化进程前到近代城市侧影变化图

资料来源:赵鹏、金艳:《南通中国近代第一城论文集》,南通市文化局。

教育还直接支持服务了城市空间的规划和建设。为培养城市规划、设计、建设的人才,张謇在通州师范学校附设测绘科和一期土木工科,毕业生成为南通城市建设的骨干。其中土木工科优秀毕业生孙支厦,后来成为著名建筑师,他设计建设的近代特色建筑,许多成为南通作为"中国近代第一城"的标志性建筑,是张謇在南通兴办各项事业的得力助手。

城区是南通政治、文化、教育和商业中心。各级各类学校和众多的文化公益机构(典型样本的建设详情前文已述),在城区构成体系结构完整的大教育空间,张謇以一系列具有现代性的文化标志,塑造了教育空间的现代文化形态,影响教育了民众。

表4-1　南通城区近代城市建设项目

序号	时间(年)	类别	名称	序号	时间(年)	类别	名称
1	1902 1906	教育	通州民立师范学校 通州民立师范学校附属小学校	5	1905 1907 1914	教育	通海五属学务公所 教育会、劝学所 通俗教育社
2	1902	教育	翰墨林印书局	6	1905 1915	教育	南通博物苑 聋哑学校师范科
3	1902	居住	城南别业	7	1905	教育	通州公立第一高等小学校
4	1904 1916	商业	总商会(后迁桃坞路新址) 南通大有房地股份有限公司	8	1905	交通	启秀桥

---

①　王敦琴主编:《张謇研究精讲》,苏州大学出版社2013年版,第230页。

续表

序号	时间（年）	类别	名称	序号	时间（年）	类别	名称
9	1906 1911	教育	通海五属公立中学 通州初等商学校	31	1916	慈善	基督医院
10	1906 1912	教育	通州公立女子师范学校 妇女宣讲会	32	1916	慈善	南通楼流所
11	1907	教育	通州初中等农业学校	33	1917	教育	南通私立第二幼稚园
12	1908	市政	测绘局,清丈局	34	1918	市政	大修兴化禅寺
13	1911 1912	市政 农业	水利会、保坍会 农会事务所	35	1918 1922	风景 教育	东公园 中国影戏制造有限公司
14	1912	教育	南通图书馆	36	1918	风景	西公园
15	1912	教育	南通医学专门学校	37	1918 1919	风景 教育	南公园 伶工学社
16	1912	商业	江苏银行	38	1918	风景	北公园
17	1912	慈善	南通县改良监狱	39	1918	风景	中公园
18	1913	慈善	南通医院(附属医院)	40	1919	市政	路工处
19	1913	慈善	第一养老院	41	1919	商业	桃之华旅馆
20	1913	工业	惠通公栈	42	1919	教育	更俗剧场
21	1913	市政	南通大聪电话有限公司	43	1919	交通	长途汽车站
22	1914	慈善	贫民工场	44	1920	教育	南通私立第三幼稚园
23	1914	居住	濠南别业	45	1920 1921 1923	商业 农业	通崇海泰商务总会大厦 南通交易所 棉业公会
24	1914	商业	有斐馆	46	1920	商业	淮海实业银行
25	1914	教育	女工传习所	47	1920	交通	跃龙桥
26	1914	市政	公署钟楼	48	1920	交通	桃坞路
27	1914	慈善	南通济良所	49	1921	商业	南通俱乐部
28	1914	教育	南通私立甲种商业学校	50	1921	商业	崇海旅社
29	1915	商业	上海商业储蓄银行	51	1922	商业	中国银行分行
30	1916	商业	遂生堂	52	1922	慈善	第三养老院

图 4-4　南通城区近代城市建设项目空间布局

资料来源:根据于海漪:《南通近代城市规划建设》,中国建筑工业出版社 2005 年版,第 199 页图修改。

二、唐闸镇

1895 年,南通的早期现代化拉开了序幕,张謇创办助办的教育、工业和近代农业等具体项目,在空间上分布于通州城、唐闸镇、天生港镇、狼山镇和垦牧乡。就像围棋的开局,开始是"点"的分布,实际上对南通的现代空间治理起到了定"势"的作用。其肇始为在唐闸镇筹建的大生纱厂。

在唐闸筹办现代工厂,产品和地址的选择,与南通的自然地理和经济地理密切相关。

南通地处中纬地区,亚热带温湿季风气候;冬天平均气温 2℃,夏天平均气温 28℃,年平均气温约 15℃,四季分明;年均降水量 1000 毫米左右,气候湿润;年均日照 2100—2200 小时,日照充分;平均海拔 3 米左右;除东部沿海为盐碱地、西部少量为高沙土外,其余大部分地方土地肥沃。这样的气候、气温、

图 4-5　大生纱厂

资料来源：张绪武主编：《张謇》，中华工商联合出版社 2004 年版，第 38 页。

土壤条件很适合棉花生长。南通生产的棉花"力韧丝长，冠绝五洲"①，是著名的棉花产区，产棉多于产粮。本地的棉花"质地干净，肥白、拉力强"②，因而很适宜纺纱织布，农家一般都拥有纺纱机、织布机，农闲时纺纱织布，纺纱织布是农家的主要家庭副业。当地产出的棉花一部分用作自家纺纱、织布，余下的便用来与外地交换粮食。张謇选择纱厂作为重点发展的产业，正切合了南通的自然和经济地理特征。

　　大生纱厂选址唐闸，奠定了近代南通城市"一城三镇"的城市格局基础。唐闸镇（原名唐家闸）位于南通城西北 18 里，原来只有几户人，规模很小。唐闸毗邻通扬运河，而当时南通城通向外地的陆路交通驿道也经过唐闸，因此，它处于水陆交通枢纽位置，是开办纱厂的合适地点。张謇在《厂第一次股东会之报告》（1907 年）中提到，"厂基历相数处，以唐闸地介内河外江之间，交通便利，故定基于此。丙申春购地，……旋规划垫基、浚港、筑岸，建造行栈及监工驻宿之房"。又在《大生纱厂第四届说略并账略》（1902 年）中说："通厂

_____

　　① 《张謇全集》卷三，江苏古籍出版社 1994 年版，第 17 页。
　　② 《通州大生纱厂》，南通市档案馆藏，全宗号 B402。

之利,人皆知为地势使然。"说明选址唐闸是经过慎重的多方考察和考虑的。

明代中后叶,随着商贸的发展,通州城已分别向东门和西门外方向扩展,但规模相当有限。在唐闸创办大生纱厂,拓展了通州城的空间。张謇在《大生纱厂重订集股章程》(1897 年)中说:"议在西门外唐闸地方创建大生纱厂。"①这说明在当时人们心目中唐闸并非一个远郊城镇,而是在通州"西门外",属于通州城范围。也说明张謇头脑中的通州城,是包含"一城三镇"范围在内的"大通州"格局。他考虑南通城市建设的时候,是在此较大范围之内统筹安排功能分区的。

随着大生纱厂的成功与发展,唐闸逐步形成与此配套的产业链。张謇为了他的"棉铁主义"主张,也为了纱厂的机械制造和维护,在唐闸创办了资生冶厂(1903 年)、资生铁厂(1905 年);又因棉子制油为副业而办广生榨油股份有限公司(1903 年);为用产油下脚料制皂而办大隆皂厂;为利用纱厂剩余动力开办大兴机器磨面厂等。此外在唐闸还建有阜生蚕桑染织公司(1904 年)、懋生房地公司(1905 年)、颐生罐诘公司(1906 年)、通海实业公司(1907 年)、大昌纸厂(1908 年)、大达公电机碾米公司(1912 年)、大生织物公司(1915 年)等企业,唐闸迅速聚成卫星城镇,成为南通的工业基地。

唐闸兴办的教育,可以分为两类,一类是和实业迭相为用的实业(职业)教育。其中影响最大的是 1913 年创办的南通纺织专门学校,这是我国最早的纺织高等学校,为大生集团各企业,也为中国纺织业培养了大批高级专门技术人才,影响遍及海内外。此外,还有附设在资生铁厂内的镀镍传习所。

另一类是为企业职工子弟和乡、镇居民服务的普通教育和社会教育。先后办有唐闸私立实业小学(1905 年)、南通私立第一幼稚园(1913 年)、私立实业敬儒中学(1919 年);涉及慈善事业,建有南通新育婴堂(1906 年);开辟了唐闸公园(1913 年),体现了对人民素质和精神需求的重视。

---

① 《张謇全集》卷三,上海辞书出版社 2012 年版,第 4 页。

唐闸镇工业区主要集中在运河西,河东是教育、慈善和公园等事业相对集中的区域。学校和其他大教育系统中的文化公益事业的介入,使唐闸从最初单一的工业市镇,走向功能齐全的现代城市区域和城市社会。

图4-6 南通唐闸近代城市建设项目空间布局

资料来源:于海漪:《南通近代城市规划建设》,中国建筑工业出版社2005年版,第202页。

表4-2 南通唐闸近代城市建设项目

序号	时间（年）	类别	名称	序号	时间（年）	类别	名称
1	1895	工业	大生纱厂	8	1905	教育	唐闸私立实业小学
2	1901	工业	通州大兴机器磨面厂	9	1905	市政	实业警卫团(实警操场)
3	1903	交通	大达内河轮船股份有限公司	10	1905	工业	资生铁厂
4	1903	工业	广生榨油股份有限公司	11	1906	慈善	南通新育婴堂
5	1903	工业	资生冶厂	12	1913	教育	南通纺织专门学校
6	1904	工业	阜生蚕桑染织公司	13	1913	教育	南通私立第一幼稚园(附保姆传习所)
7	1905	交通	泽生外港水利公司	14	1913	风景	唐闸公园

序号	时间（年）	类别	名称	序号	时间（年）	类别	名称
15	1917	工业	通明电气公司	19	1918	居住	唐闸老工房
16	1917	工业	大储堆栈打包公司	20	1918	居住	唐闸南工房
17	1918	居住	唐闸西工房	21	1919	教育	私立敬孺高等小学校
18	1918	居住	唐闸北工房				

三、天生港镇

地处长江入海口的南通,沿江原来有天生港、任家港、芦泾港和姚港4个码头。天生港、任家港和姚港都是沿江货运码头,芦泾港为客运码头,几港相距不远。大生纱厂建成后,为了便于上海的货物运输,张謇在天生港开辟港口,创办大生轮船公司(1900年),建造通源、通靖两个码头(1904年),疏浚港闸河,并在城、港、闸、山四区之间的干路中首先建设了港闸路(1905年),建设港口楼房、仓库等配套设施,以及为旅客服务的客栈、饭店等。天生港区除了建设和完善交通设施之外,也根据当地物产和交通便利的条件,开办了一些工农业项目,如通燧火柴公司(1917年)、天生港发电厂(1920年)和天生港果园等,天生港也形成了港口市镇。

天生港的教育,按当时南通的学区划分,属南通第二学区(唐闸学区),建有南通第八初级小学校。

《二十年来之南通》中介绍天生港、芦泾港区当时的状况:"天生港、芦泾港及任家港俱为沿江之码头,相距各五六里,有马路。分内港与外港。外港靠轮船,内港靠内河之民船。市街沿内外港俱是,新旧式皆有。天生港有大达轮船之码头,芦泾港有长江轮船公司之划船,任家港则有通扬等处之驳船。沿河风景俱有绿杨城郭之概。"[1]

---

① 陈翰珍:《二十年来之南通》下编,南通县自治会印行,第87页。

天生港以港口交通为主要功能,沟通苏北、连接上海及沿江城市,是当时水运时代的货物集散中心,成为南通城市"一城三镇"空间格局的一极。

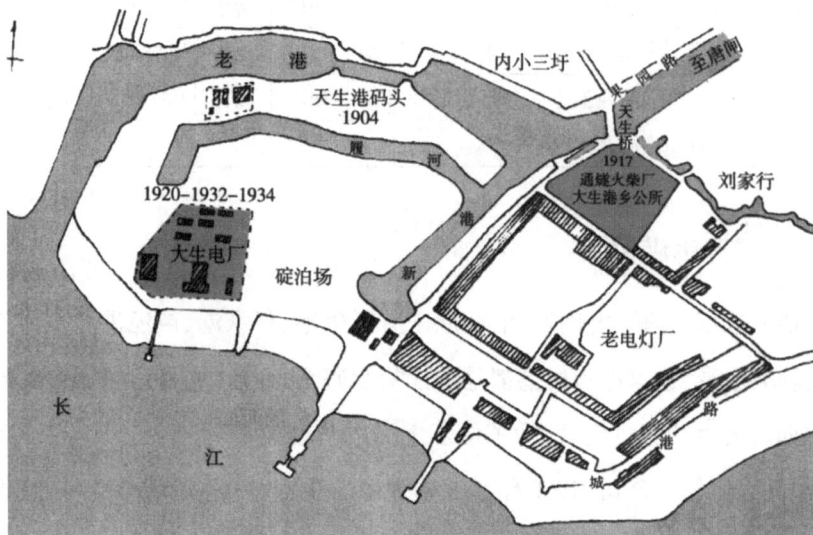

图 4-7　南通天生港区近代城市建设项目空间布局

资料来源:于海漪:《南通近代城市规划建设》,中国建筑工业出版社 2005 年版,第 204 页。

四、狼山镇

南通五山(狼山、军山、建山、马鞍山、黄泥山,也统称狼山)沿长江边依次排列,山水风光独特,景色秀丽。五山不大,总占地面积也只有约 2 平方里(1911 年测绘统计),但在一望无际的苏中平原却是难得的风景名胜,《通州志·形胜篇》说通州"足傲淮扬十四郡县者,有山为之镇也"。狼山是全国佛教八小名山之一,佛教气氛浓郁,香客众多。张謇曾以五山和城内人工建设的五公园与之呼应,称"五山以北五公园,五五对峙"。

狼山风景秀丽,佛教兴盛,香客游人多,加上土布市场的发展,狼山镇在明代起就较为发达。"在狼山麓,有二里许之市场。傍山接水,盖供游人香客宿食休息之地也。颇饶逸趣。街道新旧俱有,上下崎岖,与城区之平坦有别。"

"东南则长江环之,波涛澎湃,远与天齐,对岸山脉隐现若有若无,轮舟帆影点缀于万顷银涛之中,江天尽处烟水迷离。俯视山间蜿蜒细长,若起若伏者马鞍山也。垒然一邱,露骨而不毛者黄泥山也。伛偻而隐于其旁者,剑山也,挺而立峭然而尖圆者,军山也。"①

张謇把包括狼山在内的五山区确定为风景区加以保护和开发。他保护古木,植造新林;开环山河,规划建设了观音禅院、虞楼、赵绘沈绣之楼、吾马楼等一系列的建筑;将近代名人沈寿、特莱克、金沧江等安葬在风景区,修墓园供人瞻仰和纪念;建林溪精舍、东奥山庄、西山村庐等私家别墅。加上历代遗留下来的骆宾王墓、金应墓、平倭碑、大观台、梅林春晓等古迹,广教寺、藏经楼、文殊院、支云塔等寺庙建筑,五山成为具有深厚文化底蕴的风景休闲游览区。

教育、慈善和文化机构的兴办,影响和改变了狼山的空间文化形态。

1913年,张謇筹集资金,在狼山北麓购地6亩许,创办中国历史上第一个国人自办的特殊学校——狼山盲哑学校。狼山盲哑学校于1916年建成开学。同年,与学校毗连的残废院落成。

1920年,张謇为壮大蚕桑业,也为开民风解决改善妇女生计,在狼山创办女子蚕桑讲习所。学校招收学生不限年龄,文化程度也要求不高,只要识字即可,学费、生活费全免。

同一时期,张謇在军山奥子圩建发网传习所,教授线网编织技法,线网是花边饰物的半成品,技术简易,训练期只需半个月。

张謇曾明确指出办这两所女子职业学校的目的:"鄙人之与农工业与学,谋我南通一般妇女之生计,既有纺织,复有火柴,足容数千人矣。然仅唐闸与天生港二处受益。绣工则少数女子习之,亦必衣食足于自赡之家,不能及于穷檐蓽屋。是以设蚕桑讲习所于南山桥者,又拟设发网传习所于军山奥子圩。城欲使妇女习勤于农外,兼事工以广生计也。"②

① 陈翰珍:《二十年来之南通》下编,南通县自治会印行,第139页。
② 《张謇全集》卷四,江苏古籍出版社1994年版,第177页。

这两所女子学校和盲哑学校、残废院的建立,体现了张謇教育为人人的博爱情怀。有慈善性质的学校和机构选址狼山,或许和狼山的宗教氛围有关。

学校对五山区的影响,还来自农校和师范学校。1905年,师范学校师生在五山建"五山学校林"。农业专门学校农场四分场建在军山下东林,是改良棉、豆的试验区;林场建在狼山、军山、剑山、马鞍山、黄泥山等官地,种栽松、柏、槐等成林;苗圃在狼山之麓,专门培植各种树苗移栽各地。两所学校在五山建特殊分部,体现了学校教育空间向校外自然地理空间的拓展和交融。

中国第一个现代气象站——军山气象台于1913年筹建,1916年建成,1917年1月正式开始工作,在为社会民众生产和生活服务的同时,正如张謇所说的那样,气象台建在山上,通州民众远望山上有台,也有利于现代科学意识的养成。

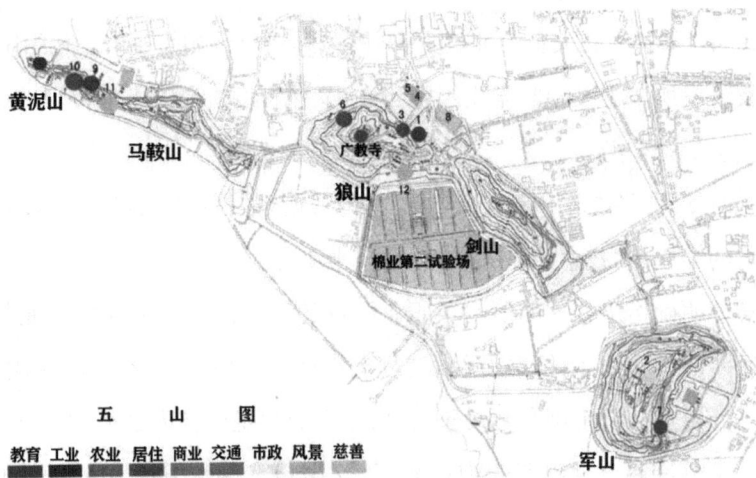

图4-8 南通五山区近代建设项目空间布局

资料来源:于海漪:《南通近代城市规划建设》,中国建筑工业出版社2005年版,第205页。

表4-3　南通五山区近代城市建设项目

序号	时间（年）	类型	名称	序号	时间（年）	类型	名称
1	1912	教育	赵绘沈绣之楼	7	1919	居住	东奥山庄
2	1913 1914	市政 教育	军山气象台 棉业第二试验场	8	1920	教育	苗圃
3	1915	居住	林溪精舍	9	1921	教育	虞楼
4	1916	慈善	残废院	10	1921	教育	吾马楼
5	1916	教育	狼山盲哑学校	11	1921	风景	沈寿墓
6	1919	居住	西山村庐	12	1927	风景	金沧江墓

南通近代城市建设从1895年大生纱厂在唐闸的建设开始,到1926年,已逐步形成了"一城三镇"的城市空间格局,打破了传统中国的城市风貌,重构了现代城市空间。教育空间则与自然地理、经济地理迭相为用,因时、因地、因势而成。

第三节　空间完形——南通及周边区域

张謇实行地方自治,它的空间完形包括"一城三镇"的通州城区和周边同处江海平原的通海、如皋、如东等区域。核心城市建于一定的区域之中,城市的发展与其所在的区域关系密切。南通的早期现代化建设,在地方自治统摄下,在空间上由城区向整个通海等地区总体推进。

一、经济空间的演进

张謇在创办大生纱厂后,在南通"一城三镇"核心城区以外的周边区域,采取了两个方面的有力措施,促进整个区域的经济协调发展。

一是在沿海滩涂开发创办垦牧公司。

1895年,张謇经办通海团练,发现江海交界处的大片海滩荒地,就有了开垦的想法。1896—1898年,张謇在自己给朝廷的奏折中,提出"行西国农学所行之新法","集成公司"开垦荒地,"用机器垦种"等主张。1900年和1901年张謇曾先后4次前往吕四一带考察,目的是寻找可耕地种植棉花,为大生纱厂提供原料。1901年,张謇建设堤坝、开垦通州与海门交界的滨海荒地,成立通海垦牧公司,这是我国近代第一个农业股份制公司。

1901年,张謇在《通海垦牧公司集股章程启》中提出了14条策划说明。

第一申意,第二建本,第三划界,第四明用,第五开阻,第六理纷,第七定次,第八壹度,第九核地,第十记工,第十一估费,第十二集股,第十三均利,第十四分限。

其中第一、第二点明确提出了开办公司与教育的关系。第一点申意是说明创办通海垦牧公司的4个目的,即"务使旷土生财,齐民扩业;为国家增岁人之资,收本富之利;储通海小学堂、农学堂经费;务使公司获最优之利,庶他州县易于兴起",为创办学堂储备经费是开办公司的目的之一。第二点建本,明确提出以开办农学堂为"建本",充分显示其对教育的重视。

以通海垦牧公司为起点,张謇在南通及周边沿海地区先后创办了一系列现代农业公司。《二十年来之南通》中归纳其到1922年的成就:"清末时南通张季直先生遵朝旨创办通海垦牧公司。……至民国成立,淮南有垦牧局之设,于是大有晋垦牧公司因以成立,稍稍见效。而大豫、大丰、大赉、大纲、华成,以及中孚通燧、遂济、合德、通兴、阜余、阜通、大顺、太和、太源、东兴、新通、新南等各公司。乃相继而起。南至南通之吕四,北至阜宁之陈家港。绵延数千余里。……各公司已投资2000余万元,已垦成熟地200余万亩,合计各公司总亩数约560余万亩。"[①]

这些农业公司的创办,大大改变了当地的经济状况,聚成新型风貌的城镇。各公司划分区,每区有自治公所、警察所和小学校各一个,另外有街道、公

---

① 陈翰珍:《二十年来之南通》下编,南通县自治会印行,第38、39页。

图 4-9　大有晋盐垦公司

资料来源:张绪武主编:《张謇》,中华工商联合出版社 2004 年版,第 76 页。

园、运动场等公共设施,形成有别于传统的现代区域空间,以大有晋盐垦公司
为例:

　　大有晋盐垦公司地处通属余东、余西、余中三场和金陵公荡地旧址。1907
年筹建,1913 年收购田地,到 1914 年公司范围初步形成。西接石港,南沿范
公堤,东南接吕四,东与东北濒海,北到遥望港,面积 27 万余亩,划三余、广运
等 13 区,与张謇所属其他垦牧公司一样,每区有自治公所、警察所和学校,另
外有街道、公园、运动场等公共设施,设邮电局开通长途电话,开辟马路可以直
达南通城,还可以乘坐轮船到南通城和海门。大有晋盐垦公司范围内的东余
区的东余镇,三余区的三余镇,都是公司建设的市镇,"市廛稠密,颇有可观。
道路平坦,旁植林木,交通既便,景色亦佳"①。

　　二是创办工业企业。

　　张謇对区域工业发展有一个宏伟的规划,打算充分利用当地优质的棉花
资源,改变产业结构,在苏中创办 8 个纺织厂。大生二厂办在崇明外沙,大生
三厂办在海门东常乐镇,大生四厂办在海门四场坝,大生五厂办在天生港,大

――――――――――

　　①　陈翰珍:《二十年来之南通》下编,南通县自治会印行,第 44 页。

生六厂办在东台,大生七厂办在如皋,大生八厂办在通州城南江家桥。① 计划
最后实现了一半:

1904 年,在崇明外沙创办大生二厂,1907 年建成开车。

1914 年,在海门开始创办大生三厂,1921 年建成。

1922 年,在城南创办了大生八厂,不久改为大生一厂副厂。

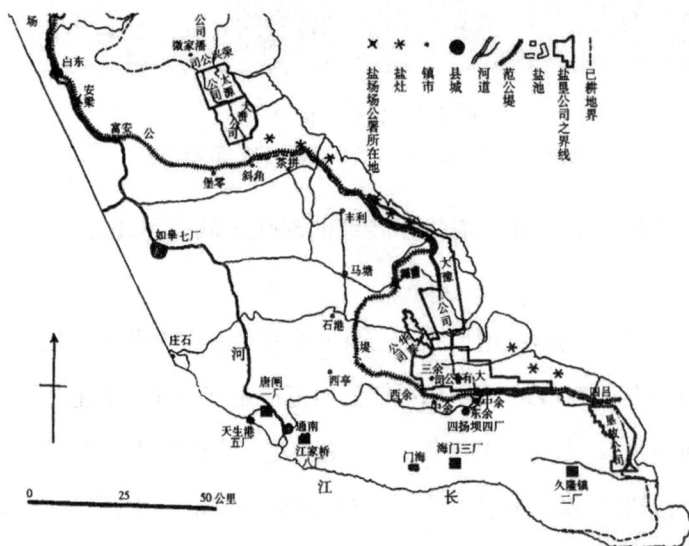

图 4-10 大生八大纱厂规划

资料来源:于海漪:《南通近代城市规划建设》,中国建筑工业出版社 2005 年版,第 72 页。

　　尽管最后纱厂只建成计划 8 个中的 4 个,但还是可以看出张謇空间布局
的思想。分厂的设立,就如下围棋时的落子,虽然只是一个点,它的意义却是
对周围区域的控制。"通州与海门,海门与崇明,皆密迩。若听客所为而树一
敌,不若乘时自立而增一辅。……而海门两厂堂奥之内,不复有他虞也"②。
从大生分厂的选址看,张謇非常重视企业规划中的系统控制和分布上的均衡,

---

① 《大生系统企业史》编写组:《大生系统企业史》,江苏古籍出版社 1990 年版,第 142 页。
② 《张謇全集》卷三,江苏古籍出版社 1994 年版,第 182、183 页。

不仅仅是从交通、地价等物质条件出发,而且是把政治、经济和地理、社会等条件统筹考虑在内。大生分厂的选址,是利用工业企业合理的空间分布,来达到控制整个区域的杰出案例。

张謇在通州城以外区域布局建设的纱厂,加上与此配套的企业,改变了通海地区的传统空间样态,成千上万名农民离开了土地,进工厂当了工人,聚成新镇,使城镇人口迅速增长,形成了南通以工促农、以农助工,区域经济协调发展的地域特色。这些成果的取得,自然离不开教育。

二、教育空间的嵌入

张謇一直视教育为社会发展的根本之根本。"窃维环球大通,皆以经营国民生计为强国之根本。要其根本之根本在教育。""非人民有知识,必不足以自强,知识之本,基于教育"①。通过教育使"为农者必蕲为良农,其为工者必蕲为良工,为商者必蕲为良商"②,教育是区域农工商事业发展的前提。张謇在南通地区推进经济建设的同时,不遗余力地推动现代教育的发展。

南通教育早期现代化建设,由核心城区向周边区域的教育空间拓展,可分为两个类型,一类是按照现代新式教育推行计划,由张謇协同南通教育会等各种力量,在原农村、城镇及由陆续创办的农业、工业事业项目聚成的新城镇,按学区推广的普及教育,带有某种强制性。另一类是服务于教育推广和各类事业发展需要的专门教育,包括师范教育和实业(职业)教育。

普及教育,含义近似于现在指称的义务教育。义务教育是近代中外文化交流的产物,是指对一定年限的适龄儿童实施强制的、普及的、免费的学校教育。译介之初,"义务教育"也被称作"强迫教育""普及教育""免费教育""国民教育"等。清末兴学之时,张謇及其同时代的兴学者更多地使用"普及教育"一词。因为在他们看来,救亡图存的大背景下,"教育救国"的目标在于国

① 《张謇全集》卷三,江苏古籍出版社 1994 年版,第 384 页。
② 《张謇全集》卷四,江苏古籍出版社 1994 年版,第 201 页。

民知识文化素质的整体提升,"非人民有知识,必不足以自强,知识之本,基于教育"①。在对适龄儿童实施教育的同时,还需对未受基本教育的国民进行补习教育。在推广普及教育这一进程中,张謇认为,本地教育面临的问题是"教育未能普及,镇乡小学太少,无以供高等小学之取材。由是而上,影响遂及于师范、中学"②。他根据区域空间分布,规划布局和建设完全的初、中等教育,使之在整个通海地区呈系统发展。

1904年,清政府颁布《奏定初等小学堂章程》,对初等小学教育如何普及作明文规定:五年以后、十年之内,每二百家必设初等小学一所。这一年,张謇呈请江苏学务处筹设通海五属(通州、静海、海门、如皋、泰兴)学务处,复文更名为"学务公所",1905年5月正式成立。同时为"齐一课程,综核教法"设"初等小学调查员"③。通海学务公所是我国最早的府州县级地方教育行政组织之一,成为推广普及教育的组织机构。

作为东南立宪派的首领,张謇认为:"朝廷明诏天下预备立宪,则地方自治之宜亟,小学建设之宜广,乡里知识之不开,……种种方面,皆费筹画。"④1908年7月至8月,在张謇组织倡导之下,南通地方先后组织州议事会和董事会选举,继天津之后,在全国率先筹办地方自治,在州之下设二十一市乡自治公所。张謇认为"宪政之要,首在教育普及","如期教育普及,须更分区建设"⑤,遂将二十一市乡自治公所所在区域划为推进普及教育的二十一学区。

最初,张謇对学校建设按户而计的普及方法是认同的,曾初步估算以州境计,初等小学当得二三百所。后又进行了相对精确的测算,"以通州全境面积

---

① 《张謇全集》卷三,江苏古籍出版社1994年版,第384页。
② 《张謇全集》卷四,江苏古籍出版社1994年版,第59页。
③ 南通县教育会编:《本会沿革略》,载《江苏省南通县教育会年报》第5期,翰墨林印书局1916年版,第1页。
④ 《张謇全集》卷四,江苏古籍出版社1994年版,第49页。
⑤ 《张謇全集》卷一,上海辞书出版社2012年版,第200页。

八千方里、户十五万八百九十二论,按部章须初等小学七百五十八处"①,考虑到南通大部分地区"居民无甚疏密"的状况,张謇认为可以按地域面积划分学区建设初等小学。

在 1906 年《论通州乡镇初等小学事寄全学所教育会函》中,张謇对小学的建设作了详尽细致的规划布局:

> 下走前在自治公所议本州教育两年未有进步,其本在教育未能普及,镇乡小学太少,无以供高等小学之取材。由是而上,影响遂及于师范、中学。故议州境方一万里,合有初等小学四百所。此按每所之地纵横二十五方里而言,计距校最远之学童为二里半。每日上学、散学,行走十里,兼以是令学童练习勤劳也。而昨自崇明久隆镇至垦牧公司,是日小雨,乡僻道路,泥泞非常。念如十岁以内之学童,必不能胜此十里之行走,势有不便,则事必难通。拟改为每十六里设一初等小学,是为纵横四方里;以州境计,需六百所。
>
> 六百所中,以五百所作为单级,用三年级,每校八十人;分三年计,每年二十七人。以一百所为合级,用四年级;每校多寡通计约一百二十人,分四年计,每年三十人。三四年后,每年可得初等小学毕业儿童一万六千五百人。此应变通初等小学之设置也。以一万六千五百人之一成入高等小学计,亦有一千六百五十人,须有高等小学十所乃能容之。今师范附属者不计,自第一高等小学及金沙外,尚须增设八所,乃为适当之配置。
>
> 今姑按镇略计,则东路金沙外,四甲、余东、吕四应三所。西路三十里,白蒲应两。南路小海一所。北路石港、刘桥或西亭或骑岸镇三所。而此高等小学十所之外,尚应有与高等小学同等之农工商学校。约需农小学宜五所(东二,西南北各一),工小学两所,商小学一所,

---

① 《张謇全集》卷四,江苏古籍出版社 1994 年版,第 84 页。

凡八所。以此十八所,分受一千六百五十初等小学毕业之儿童,平均
计尚应每校每年之额九十人,乃能约略相当。①

综上,作为普及教育的小学教育规划布局整理如下:

初等小学:张謇根据通州全境的版图范围约为 1 万平方里,按照每 16 平
方里,即纵横 4 平方里设置一个初等小学,计需要 600 所。其中分为 500 所单
级小学,用三年级;100 所合级小学,用四年级。每校学生人数单级小学约 80
人,合级小学约 120 人,三四年后每年毕业约 16500 人。

高等小学:按初等小学毕业生人数的一成升入高等小学计,1650 名学
生需要建高等小学 10 所。当时南通地区高等小学有第一高等小学和金沙
高等小学,还有师范附属小学,不计师范附属小学,尚需建高等小学 8 所。
这 8 所高等小学的设置,张謇决定等到测绘舆图出来之后,在图纸上选定
位置。

农工商学校:张謇认为除高等小学之外,尚应有与高等小学同等之农工商
学校,其中农小学 5 所(东 2 所,西南北各 1 所),工小学 2 所,商小学 1 所。

学校建筑规划:按照学校级别不同,张謇分别详细列出其教室等各类用房
以及用房的间数和大小。

学校组织:划分二十一学区管理。

资金筹集:先按田亩数量征收税项,然后存款到工厂生息,从而获取较为
稳定的年收入,维持学校开支。

张謇等议定"择要建设"的兴学空间推进方案为:"由城厢起点,约分三
路:一东自西亭至吕四,一东南自兴仁镇至袁灶港,一西自平潮镇至白蒲各等
处。"1907 年 4 月议定兴学路线增加"南自六洪闸至川港一路,东北自陈酒店
至石港一路"②,连前议定共分五路。

---

① 《张謇全集》卷四,江苏古籍出版社 1994 年版,第 59、60 页。
② 《通州教育会劝学所移送学校位置图并逐年进行表文》,载《江苏教育总会文牍》第五
编,1910 年版。

对于计划之外的滨江沿海草地、荒滩，从 1901 年集股创办通海垦牧公司起，张謇带头掀起了苏北滨江沿海地域的开发大潮，通过筹设垦牧公司，移民垦殖，筑堤、辟河、开港、建闸、修路、架桥，立市镇、兴学校，创建了一个有别于传统的"新新世界"。对垦牧地区推广普及教育，考虑地广人稀、居民疏密不均的空间状况，张謇认为用学部按户口数设定学校的方法更为合适，提出："预计凡一隄之中，佃户满二百至三百，视学龄儿童之多寡，即设一国民小学校。视国民学校与邻近国民校升学人数渐增，足设高等小学时，则设高等小学校，以为次第之序。"①

在张謇的推动和参与下，南通及周边地区小学按其空间布局规划次第创办，至 1922 年，每 16 平方里设初等小学 1 所，每 6 所初等小学设高等小学 1 所。据《二十年来之南通》记载，到 1922 年，全境建成初等小学 350 余所，高等小学 60 余所。② 到 1926 年张謇去世前，其 20 年前的规划方案基本得到实现，在海内外产生了深远的影响。民国初期，国内教育界人士认为，"南通教育之最发达者首推小学教育"③，西方观察人士查尔斯·T.保罗考察南通的普及教育后指出："（南通的）男孩女孩都能就读的现代小学——这一系统涵盖城镇及农村的三百多个单位，其分布之广泛，实施之高效是当时除了英属印度之外任何亚洲地区都无法匹及的。"④

小学以外，南通次第成立初级中学 7 所，除南通农科大学等学校附设初中 5 所，在竞化、金沙创立初中两所。

为了推广普及教育，张謇还在各地协助创办师范学校。

师范学校设在南通及周边区域，除城区创办的南通师范外，还办有如皋师范和母里师范。

---

① 《张謇全集》卷四，江苏古籍出版社 1994 年版，第 174—175 页。
② 陈翰珍：《二十年来之南通》上编，南通县自治会印行，第 73—74 页。
③ 王元照：《南通教育之最近调查（附表）》，《嘉兴教育杂志》1921 年第 1 编。
④ 南通档案局（馆）编：《西方人眼中的民国南通》，山东画报出版社 2012 年版，第 4 页。

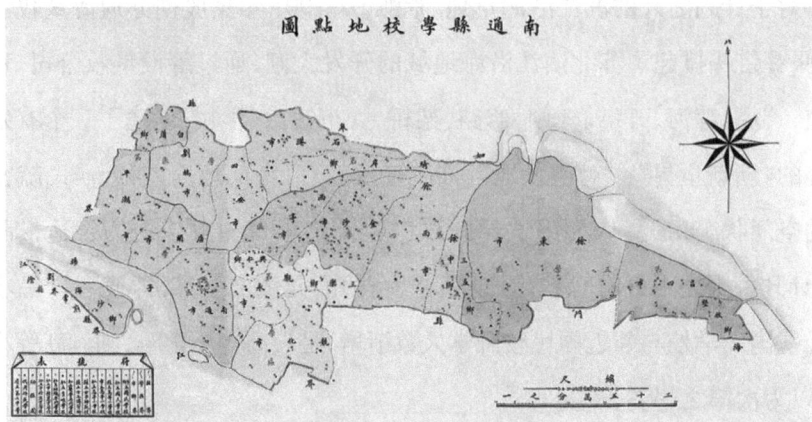

图 4-11　南通县学校地点图（1918 年）

资料来源：张绪武主编：《张謇》，中华工商联合会 2004 年版，第 147 页。

　　如皋师范位于如皋城东南隅内城河畔，由晚清进士、翰林院编修沙元炳创办。

　　沙元炳，字健庵，江苏如皋人，清廷大臣翁同龢的学生。清光绪二十年（1894）甲午恩科中进士，与张謇同榜。沙元炳是张謇经营建设南通中，身边集聚的精英团队中的重要一员。与张謇一样，他退居乡里，以振兴教育为第一要务，于 1901 年创办了如皋公立高等小学堂，此后又创办学校多所。张謇多次赴如皋和沙元炳商讨办学事宜，1902 年 3 月 22 日、5 月 12 日，张謇又两次在南通与沙元炳交换办理公立师范的意见，拟定办学章程。如皋师范于 1902 年 9 月创立，初名"如皋公立简易师范学堂"，1905 年定名为"如皋初级师范兼附属高等小学堂"，1912 年更名为"如皋县立师范学校"，1921 年请得省款改名"江苏省第二代用师范学校"。

　　母里师范是张謇于 1919 年在其母亲家乡东台创办的师范学校，前文已作介绍。

　　1902 年，通海垦牧公司为培养农垦事业的急需人才，推进新法开垦，在公司附设了农学堂，此为张謇开办农业高等学校的肇始。通海垦牧公司农学堂，属于初等实业教育,招收初等小学毕业生,修学 3 年。

1922 年 2 月 23 日,"南通师范附属垦牧乡高等小学校"在沿海的垦牧乡落成,学校计建筑校舍 113 间,建成农场、运动场,占地 21.24 亩。聘请李元薇为主事。

就这样,在南通核心地区"一城三镇"和周边苏中沿江沿海地区,教育与经济、自然和人口地理切合,构成了南通早期现代教育的完形空间。

第五章　南通学校空间的现代转型

学校作为正式的社会化空间,在张謇推动地方自治、改造中国传统社会、实现近代南通地区现代转型的过程中扮演着十分重要的角色。从广泛的视野来看,南通现代新式学校的创办,是南通社会现代性生成的重要组成部分,这由学校的性质和意义所确定。

在原始社会,年长一代将生产生活经验、伦理道德规范传授给年轻一代,往往是一对一、面对面、手把手练习,或者口耳相传。当教育场所从自然环境中脱离出来,学校作为一个具有单独功能的社会活动场所时,就成为一个具有边界的空间建构形态。学校出现以后,在古代无论是官学还是私学,仍然延续了个别教学的风气。传统学校虽然有了数量不同的作为群体的学生,但教学形式依然是个别的、面对面的,学生并不按年龄和文化程度编制班级,学习年限也不固定,没有升级制,学生的学习内容和学习进度基本都是单独的。传统的学校空间,还呈现出浓烈的地方性、民间性的色彩。学生虽然在校学习阅读各种选定的经典,但本质上,教育仍是一种当地文化知识体系的"濡化"过程。传统学校空间中进行的是一种共同在场、面对面、以地方空间为特色的教育。私塾、社学、书院这样的学校空间,是与地方社会文化的特点紧密结合在一起的,这种文化是具体的也是异质的。学校空间与面对面的社区共同体生活勾连在一起,是一种在实践中把握文化命脉的过程,成为地方社会再生产的基本手段。这同样也是张謇开启现代化建设前,南通地区传统学校空间的写照。

学校空间在现代性的空间转型过程中,经历了从传统到现代的巨大转变。学校空间历史上从分散到统一、从在场到脱域的蜕变过程,不仅为现代学校空间塑造了基本表征形态,同时学校空间内的统一的专家系统和象征符号,也为精确、可测、科学的现代社会空间生产奠定了基础。

学校在现代性的建构中所起的作用,在于通过确立具有鲜明组织和训诫规则的空间来促使社会化中的主体分离于传统社会的"地方性知识"体系之外,与现代社会的"抽象体系"实行整体结合,在主体的生命历程中造就学究型权威与个体安全感。① 作为现代化过程中的特定场景,学校空间在现代民族—国家的建构过程中,被相对全面地分离于社区共同体生活之外,与更大的社会空间连接起来,推进社会的非地方化运动。学校空间从传统到现代的转变并不仅仅是一种适应社会潮流的进步,同时也是一种促进社会结构生产的手段。学校空间在现代性的推动下完成着自身的社会性生产,成为现代化空间疆域构建的重要的组成部分。作为社会再生产的场所,学校空间在传统与现代的力量交锋中建构并完善自身。社会空间将其权力结构投射到学校空间中,而学校空间也通过特定的文化延续与社会复制,来完成社会空间整体的改变与转型。近代南通地区的学校空间由传统到现代的转型,是在张謇对现代南通的创建过程中得以实现的。学校空间对于南通地区现代化进程的推进作用不仅体现在为社会空间树立现代化的榜样,更是为南通地区现代化的进程寻找到了一个突破口。

清朝末年,在"西学东渐"和现代民族—国家建设两种不同政治权力的双重推动下,中国从初等教育到高等教育都出现了从传统向现代转变的趋势。经过一段时间和西方的交往和接触,推行西方的现代式教育,逐渐被中国很多有识之士奉为国家救亡图存的必要手段。所谓"教育救国"就是要通过新式

---

① 王铭铭:《教育空间的现代性与民间观念——闽台三村初等教育的历史轨迹》,《社会学研究》1999 年第 6 期。

的现代学校教育,培养更具现代知识的国民,服务于富强国家的事业。19 世纪末 20 世纪初,新式学校取代旧式学堂的潮流已经形成。然而,在清末民初,由于政治动荡、学无定制,兴办新学虽为现代性教育在中国的渗透打开了一个缺口,但其过程却不断为权力更替和地方社会的混乱所打断。张謇作为地方精英"遁居江海,自营己事",在当时混乱的权力空间中,为南通地方自治事业的成功创造了一个相对稳定的外部环境,也保障了学校教育空间现代转型的稳步推进。南通正规化的学校空间的形成与现代性的建立几乎同时进行,现代性的特点在学校空间转型中主要表现为以下几个方面。

第一节　时间的确定与学制的统一

现代的小时制钟点时间,在南通的新式学校中替代了原来学堂的阴历和时辰。这不但使学校必须以一种新的时间形式来进行各种学习活动,同时,也使得统一化的学制得以通过精准的时间计算。南通新式学校率先采用的现代计时制,和城中心新建的现代钟楼一起,象征着新时代的开启,成为空间现代性的表征之一。

中国旧有的学校教育,没有统一化的学制。不论是官学还是各式私学,学生入学和出师都没有相应的时间段,也没有固定的修业水平的测定,随时可以开始,也随时可以结束,表现为一段式。旧式学堂规模一般都比较小,所有学生不论年龄和入学时间的差异,都混合在一起上课。经常会出现念《千字文》的黄口小儿和准备科举策论的成年书生同堂读书的情景。"字清晨而日沐,时与小儿画虎涂鸦,时与高材生讲经论史,丹黄影本,辨别之无心目交瘁"①是旧式学堂的真实写照。学校教育基本以经验为基础,以科举为导向,不断流传和延蔓,南通和其他各地一样,这种情形到清末张謇开启现代化征程前,一直

---

① 朱有瓛主编:《中国近代学制史料》第三辑,华东师范大学出版社 1990 年版,第 316 页。

都没有太大的改变。

一段式的弹性学校管理模式,也是旧式学堂能够在传统地方社会存在的前提和基础。而在新式学校教育中,从初等到中等、高等,从修业年限、上课时数再到学习水平,都被纳入一个标准化的管理考核体系之中。新式教育的发展,重要的是要进行其制度建设,张謇对中国现代学制的确立作出了重要贡献。

1901年和1903年张謇写《变法平议》和《学制宜仿成周教法师孔子说》,阐述了关于学校教育制度的设想与观点,其时正是清王朝开始推行新政的时期,张謇以其远见卓识,积极出谋划策,为中国近代学制的改革作出了重要贡献。清末新政时期,清政府先后颁布了《壬寅学制》《癸卯学制》,张謇作为学部头等顾问官和江苏教育总会会长,参与了相关讨论。《壬寅学制》《癸卯学制》与张謇的主张基本相合,成为发展新式教育的纲领性文件。1902年,清政府颁布了由张百熙主持制定的《钦定学堂章程》即《壬寅学制》,这是中国教育史上第一个较为系统、较为完备的现代学制,然而该学制并未能真正实施。1904年,清政府颁布了由张之洞主持制定的《奏定学堂章程》即《癸卯学制》,这是中国近代第一个正式施行的现代学制。该学制的颁布施行,标志着中国新式教育制度的初步建立。《癸卯学制》在其施行的不长时期内就经过了多次修订。其中,关于初等小学章程的修订是影响较大的一个方面。张謇及其领导的江苏教育会对此作出了重要贡献,推动了近代学校教育制度的形成及完善,同时也为南通教育早期现代化确立了基本框架。

张謇关于修改学制的主张,在1909年《呈学部文》有详尽的表述:

> 窃维自钧部设立以来,海内望教育普及有年矣。教育之普及,当程效于小学,而初等小学,又为全国人民所应同受之教育。其程度至浅,而其关系至巨。盖年限长短,与生徒家族之生计有关系;科目繁简,与儿童之脑力,教员之预备工夫,学堂延聘教员之经费有关系。尝于研究教育之余暇,考查各地方小学之成绩,而以为我国目前教育之程度,尚宜节缩初等小学之年限,并变通其科目,以期强迫教育之

渐可实行也。查奏定学堂章程,于学务纲要之末条,载明学堂章程,应准随时修改。此章程于光绪二十九年重订,其时旧定之小学章程,分为三级:蒙学四年,初等、高等各三年,合之共为十年。因参酌旧章及日本小学制度,而改为高等四年、初等五年,则固以旧章之年限太长,而节缩一年矣。然我国之初等小学,较日本当时之寻常小学已增多一年。各省奉行此章程,适五年矣。主持学务者提倡于上,热心教育者鼓吹于下,而初等小学尚未能多于私塾。以江南号称财赋之区,凡小学生徒能毕初等五年之业,而不为家族之生计所迫,以致中辍者,尚寥寥焉。其他贫瘠之省,更复何望。古者八岁入小学,十五而入大学,相距实只七年。今初等小学毕业后,尚须经高等小学四年,中学五年,高等学堂三年,方入大学,则总计未入大学以前之学年,除初等小学不计外,尚须十二年。虽初等生徒中,其境地有宜习高深之科学者,减其学年,固亦无害,况义务教育有待强迫者乎。东西国教育程度,其高于我国,固彰彰矣。考其小学年限,义大利初等四年;美利坚则高等五年,初等仅三年。日本成法,为我国所采取。明治五年之学制,分小学校为上下二等,其年限均四年。明治十二年,颁教育令,以国民程度未足与学制相副,定小学校为初等科三年,中等科三年,高等科二年。明治十九年小学校令,以国民程度渐高,乃改为寻常、高等各四年。然其寻常小学,犹有三年、四年之别。明治二十三年,始定寻常小学为不易之学年。而高等小学,犹有二年、三年、四年之别。明治四十年,始以国民程度大进,改寻常小学为六年,高等小学为二年,或延长为三年。我国以担负赔款之故,人民生计日益艰窘,视日本明治二十三年以后,四十年以前之程度,固尚不远。此则初等小学之年限,尚宜节缩者也。①

---

① 《张謇全集》卷四,江苏古籍出版社1994年版,第85—86页。

　　文中,张謇对初等小学章程的修订有理有据地提出了其主张,指出《癸卯学制》"参酌旧章及日本小学制度,而改为高等四年、初等五年",共计 9 年。修业年限太长,一般家庭的经济条件承受不起,导致"各省奉行此章程,适五年矣。主持学务者提倡于上,热心教育者鼓吹于下,而初等小学尚未能多于私塾"。而东西方一些国家教育程度高于中国,但小学年限却短于中国。因此,张謇吁请学部要学人所长,对学制作必要的修改,减少初等小学的修业年限,以利于小学教育的普及。

　　张謇对《癸卯学制》初等小学章程提出的修订意见,对清学部产生了直接影响。1909 年,学部公布了"变通初等小学堂章程"的方案,对初等小学堂章程进行了一系列修正。其中对修业年限作一定的"变通",初等小学分为完全科和简易科两类,前者修业年限为 5 年,后者缩短为 4 年或 3 年。

　　学部的修正方案公布后,张謇担任会长的江苏省教育会认为变通方案"节缩年限,省并科目,较旧章为易于实行",通告各厅州县劝学所教育会对方案进行研究,使本地的教育更符合本地实际。"毕业年限既分三项办法,自宜酌量本地方情形先定方针于三项章程内,决定适用何项,俾办学者有所依据。"在此基础上,教育会提出主张和建议,认为"此后自以实行四年之简易科为适宜"①。

　　在以张謇为首的江苏教育会的呼吁下,清学部于 1910 年再次修正了初等小学堂章程。新改订的小学堂章程在很大程度上采纳了江苏省教育会的主张。关于毕业年限问题,学部表示,"原以地方财力与人民程度各有不齐",将毕业年限定为 3 种,经多方访察,"金以四年毕业章程最为适宜。盖五年完全科既期限过长,贫民或穷于担负;三年简易科又为时过促,学力太觉其参差;而且三种章程并列,听人自择,倘办学者有所偏重,转有碍教育之进行"。因此,"以为初等小学与其分为三科,易启分歧,不如并为一

---

① 《各厅州县教育会及会员研究学部变通初等小学章程书》,《申报》1909 年 9 月 17 日。

科,简而易从,拟即折中定制,一律依四年为毕业期限,并删除简易科目,以符名实"①。

关于其他各级各类学校学制的确立和实施,张謇同样作出了重要贡献,前文在阐述张謇《变法平议》等文献中的相关主张,以及介绍南通现代教育机构的建立时已有所涉及,这里不再赘述。

第二节　学习内容的更新与规范

传统的学校教育中,虽然《千字文》《三字经》等启蒙读物以及"四书五经"等是旧式学堂都会采用的读本,但从整体而言,传统的学校空间并没有任何制式或者固定的教科书存在。单从蒙学教材来看,就有《七言杂字》《声律启蒙》等识字读物,《龙文鞭影》《幼学故事琼林》等各类蒙学故事,《历朝鉴略》《酒诗》等科普读物总计不下几十种。新式学校完全改变了随意化、分散化、混杂化的旧式学堂特征,统一、分级、固定成为学校的特征。学生被安置在各自的年级、班级、座位,学习国家审定的统一教材,按照年龄和修业年限完成规定的学业,在由各级文凭构筑的台阶上拾级而上。

张謇创办的新式学校,在学校空间的现代转型中,在教育内容的规范、统一和完善上,同样为中国新式教育正规化学校空间的形成与现代性的建立作出了重要贡献。

仍以初等教育为例,作为清末新政时期发展新式教育的纲领性文件,《癸卯学制》规定了初小分完全科和简易科两类。完全科设修身、读经讲经、中国文学、算术、历史、地理、格致及体操等8门必修课程,此外视地方情形可再加设图画、手工等课程。其简易科则设修身、读经、中国文学、史地、格致、算术及体操等课程。

---

① 璩鑫圭、唐良炎编:《中国近代教育史资料汇编:学制演变》,上海教育出版社1991年版,第551—552页。

对此,张謇的主张是减少读经课时。早在 1903 年,张謇即在《学制宜仿成周教法师孔子说》一文中反对初等小学设读经课程:"今言教育者,乃欲于初等小学儿童普通科学外,更责以读经,岂今世乡里儿童之才,皆过于七十二人,而小学教员之为教,又皆过于孔子耶? 有以知其必不然矣!"①然而,《癸卯学制》规定初等小学每周授课 30 小时,高等小学每周授课 36 小时,其中用于经学教学的时间各不得少于 12 小时。张謇在《呈学部文》中指出,晦涩难学的经学课程"童年索解,尤苦其难",因而各科中"惟此科成绩较少。在高等小学之生徒,国文程度较深,聪俊者或亦领会过半。而初等小学中,虽有聪俊之生徒,尚不过什解二三,此外则成诵已颇艰涩,中材以下,往往敷衍终课,随班而退"②。张謇敏锐地看到了当时许多百姓子弟对初等小学望而生畏,进而生厌的症结所在。因此,他呼吁为了使初等教育尽早普及,就应适当减少经学教学时数,增加国文、算术的教学时间。

张謇的呼吁得到了清学部的回应,学部 1909 年颁布的《变通初等小学堂章程》简化了读经课程。读经一科,"原授《孝经》《论语》《大学》《中庸》《孟子》及《礼记》节本",简化为"专授《孝经》《论语》及《礼记节本》三经,缓授《大学》《中庸》《孟子》"。此外,"其国文一科,原定授课时刻每星期四小时,不敷教授,现拟将国文一科钟点格外加多,较旧章约增数倍"③。

张謇在 20 世纪初在南通创办了多所现代学校,其教学内容除上述的小学外,南通的中学、职业学校、师范学校和高等学校等,无不以统一的现代知识与技能作为教学内容。如通海五属公立中学开设物理、化学、博物、英语等近代科学课程。1912 年后,按《普通教育暂行办法及课程标准》和《中学校令施行

---

① 《张謇全集》卷四,江苏古籍出版社 1994 年版,第 22 页。
② 《张謇全集》卷四,江苏古籍出版社 1994 年版,第 85—86 页。
③ 璩鑫圭、唐良炎编:《中国近代教育史资料汇编:学制演变》,上海教育出版社 1991 年版,第 544—545 页。

规则》，废除了一切读经、讲经课程，代之以国文，讲解文字源流、文法源流及文学史之大概。同时课程取消文实分野，讲授修身、国文、英语、历史、地理、数学、博物、物理、化学、法制、经济、图画、手工、乐歌、体操等课程。其余各类现代学校的教学内容已在前文作了介绍。

第三节　现代学校管理模式与
教学方法的引进

中国传统旧式学堂的管理模式一般采用"教""学"分离，即聘请一名精通经学的老师，再由老师招收一定数额的学生，设立讲坛。先由先生讲述，然后学生自行背诵理解，一边教学生念书，一边教学生作文章。在这种旧式学堂中，老师是绝对的主导者，学生被动地接受老师的教导，教学内容也以经学为主，同时教授学生一些书法、算术和地方性知识。

1903 年，张謇赴日本考察，70 多天时间里对日本近代教育的组织、设施、管理、教学、师资、课程、经费来源等均作了详尽的考察，成为其在南通兴办新式学校教育的重要参考。国外经验和国家实施新式教育的各项章程一起，构成张謇在南通落实现代学校管理机制的基本依据。

学校内部组织上，南通各类新式学校一改旧式学堂的随意性，形成规范的组织架构并各司其职。如通海五属公立中学设校长 1 人，教务主任 1 人，年级主任各 1 人，学监 1 人，舍监 3 人，会计庶务各 2 人，中英文书记各 1 人。学生方面设有学生自治会和文艺共进社，学生自治会分设运动、音乐、伙食、卫生、编辑、纠察和评议七部。其余各级各类学校，因其等级、规模和类型不同，学校组织有所差异，但主要内涵是一致的。

管理上严格规范。南通的学校在管理上"采用严格主义，各校相同，有学籍簿、出席簿、记过簿和操行、学业考查簿等，以备记载"，城内学校还"设有初级法庭和道路看护生，以便随时纠察"，"各校训育都重勤劳爱群，对于职业陶冶更能特别注意"①。

　　管理上采取严格主义,归因于学校教育的目的。张謇提出:"究竟所教成之人,期收其何等效果? 小必期其爱乡,大必期其爱国。爱乡则必期乡治,爱国则必期国治。若何能底于治,则欲谋普及教育,须注重严格教育。夫强迫教育,行政之事也;严格教育,则学校之事。"因而,提出了"严格主义"教育的主张,要求学校师生努力成为"明公理、修公德、有礼法、不苟简"的模范国民,"除非南通州的每个人都成了模范人,否则,南通州这一地区还不能够是一个模范区域"②。张謇的主张正体现了学校空间转型的现代性表征。学校空间的建构规范深入每个组织和个人的角落,面对的是国家的统一要求,目的是造就一个合格的公民,学校空间被相对地分离于地方社会的社区共同体的生活之外,与更大的社会空间连接起来,推动着更大的社会空间的生产与再生产。当学校空间所营造的生活状态能够在社会空间中"自动"地发挥作用,权力的微观渗透通过对人的塑造完成现代性对于社会空间的塑造。

　　现代教学方法的应用,也是南通学校空间现代转型的标志之一。

　　小学教育方面,传统的私塾式教育,一般的启蒙教法是教给学生如何念字,然后任其死记硬背,若干年后才会给予学生字义和句义上的阐释、指导,这对初涉学业的儿童来说,无疑是十分无趣又十分困难的。传统的教学方法必然不再适用于新式学制的启用和新式课程的开设。有鉴于此,《奏定初等小学堂章程》明文规定:"凡教授儿童,须尽其循循善诱之法,不宜操切以伤身","凡教授之法,以讲解的最要,讲解明则领悟易","若强责背诵,必伤脑力,不可不慎"③。

　　1903 年,张謇赴日本考察,对日本的教学方式、方法尤为赞赏。张謇通

<hr/>

① 张秀雄:《南通教育之特点》,《南汇县教育会月报》1922 年第 2 卷第 3 期。
② 羽离子:《东方乌托邦——近代南通》,人民出版社 2007 年版,第 165 页。
③ 璩鑫圭、唐良炎编:《中国近代教育史资料汇编:学制演变》,上海教育出版社 1991 年版,第 301 页。

过观察日本小学教育中的直观教学、养成教育、寓教于乐、重视实践能力培养等产生了许多感悟。结合本国、本地的具体实际，张謇在其后 20 年的办学过程中，极为重视教学方法的改革，注重学生品行养成，注重学生思维能力、动手能力、实践能力和创新能力的培养。这也成为张謇办学的重要特色。

　　20 世纪初，南通成为教育模范，到南通参观的教育人士发现"各校教员教法都用启发式，全市划一"①。所谓"启发式"教学，即德国教育家赫尔巴特学派的"五段教学法"，赫尔巴特将教学过程分为"明了""联想""系统"和"方法"四个阶段，在此基础上，他的门徒将这四个阶段加以改造，发展为五段教学法，即：预备——唤起学生的原有有关观念和吸引学生的注意；呈现——教师清晰地讲授新教材；联系——新旧知识形成联系；统合——帮助学生进行抽象和概括，形成新的统觉团；应用——以适当方法应用新知识。1904 年至1914 年，通州师范学校的日籍教师，毕业于东京高等师范学校的木村忠治郎把"启发教学法"和"单级教授法"带到了南通，经过师生的共同探索，形成了一套切合当时中国教育实际的教学操作体系。民国初年，南通小学教员已全部采用启发法教学。1914 年，"自学辅导法"传入南通，这是一种先由学生自学教材，再由教师针对学生自学过程中遇到的困难进行个别辅导的教学方法，经研判，该方法被认为特别适合单级教授学校的教学，经南通教育会小学研究会议决，统一运用于初小三、四年的教学。20 世纪初，南通在小学教育上的统一是一大特色，时人将同为教育模范县的南通、无锡作比较，认为"无锡能自动而乏统一，南通能统一而乏自动"。对此，张謇认为，"教育者有方而无方，有法而无法之事"，统一或自动，普及教育的成效应该在于学生基本素质培养，并"使人可康乐，可和亲，可安平"。②

　　中等教育方面，清末民初，西方的各种教学理念和方法渐次传入中国，南

---

①　张秀雄:《南通教育之特点》,《南汇县教育会月报》1922 年第 2 卷第 3 期。
②　《张謇全集》卷六,江苏古籍出版社 1994 年版,第 436 页。

通作为中国近代教育转型的重镇率先垂范,尝试、实验并使用新的教学方法。通海五属公立中学(省立南通中学)采用的教学方法有以下 8 个方面:

一是初中则注重启发,高中则自学辅导,并提倡自动研究之精神;

二是叙述学科则注重参与,自然科学则注重实验;

三是于重要学科,采用能力分组制;

四是注重必修学程;

五是补救低能学生;

六是加紧课内工作;

七是提倡课外研究;

八是严密学业考察。①

高等教育方面,张謇创办的高等专门学校一改中国传统教育历来“重知识、轻实践”积弊,非常重视实践教育。他认为“学问兼理论与阅历乃成,一面研究,一面践履,证求学问补不足之法”。“居今之世,舍知行并进,尚安有所谓学务哉!”②这里以他所创立的南通私立纺织专门学校的教学组织为例来说明。

1915 年颁布的《南通私立纺织专门学校学则》(简称《学则》),对本科培养计划有详尽的阐述,其中的实践教学环节丰富而多彩。

（一）实验

在南通私立纺织专门学校开设的 21 门课程中,实验学时占到总学时的 29%,这在 20 世纪初的工科教育中,应该说是相当可观的,即便是技术高度发展的今天,一些高校的工科专业的实验教学时数占总学时的比例也大致如此。

---

① 江苏省教育厅编审室编:《江苏教育概览》第三部,江苏省教育厅第五科 1932 年版,第 108 页。

② 《张謇全集》卷四,江苏古籍出版社 1994 年版,第 57 页。

（二）修学旅行

《学则》第二十七条规定："各级学生因左记（下列，引者注）之项目，每学期修学旅行一次。

（1）巡视各地之实业状况，可供实地见习资料之地；

（2）锻炼身体习劳耐苦资以训练之地；

（3）名胜古迹籍广知识之地"。

修学旅行的时间为每学年4周。

《学则》第二十八条规定："本科生将毕业时，由本校率往各处工厂参观一次。"

《学则》第二十九条规定："旅行出发前表示问题，返校时一一答复。"

（三）实习

学校设纺、织、染色、金工等实习所供学生实习，纺部实习纺出的纱，供织部实习之用或储存成绩室备为发售，织部织出的布要求每机都有不同的花样并送成绩室发售。

学校专设营业部供学生实习工厂管理以及增长商业知识，营业部由学生和学校共办。营业部分为手机出品部和机器出品部，手机出品部另设特部，机器出品部即由各实习所机器经学生实习所生产。手机出品部由学校酌定资本若干，每位学生出银10两入股，不足部分由学校补足，学生参与分红，毕业时退还股本；机器出品部由学校出资，学生也允许入股。学生参与营业部的经营，每个学生都须通过营业部了解生熟货进出之关系、工作之情形、出品与时令之关系、出品与社会之心理、销路之情形等内容。

张謇通过组织实践教学，让学生更好地消化吸收课堂所学的知识，培养实际操作技能，联通学校与社会，使学生在增进对社会了解的同时，获得工作经验，从而为毕业后更好地服务社会奠定良好的基础。张謇的实践教育思想在师范学校、农校、医校等学校的教学过程中都得到了充分体现。他在许多实业学校都建有实习基地，如农校有棉作试验场百余亩、园艺场 30 余亩、畜牧场 10 余亩、苗圃 20 余亩、稻作场 10 余亩；师范学校有附属小学；医校有附属医院等。

第四节　师资队伍的建设

教师负有传道、授业、解惑的职责，是学校空间现代转型的关键因素。教师"旧"，则学生难"新"；教师"新"，则学生也不大会"旧"。师资队伍的选拔与擢用机制，对南通教育体系早期现代化的作用举足轻重。

1904 年，作为近代学制法令的一个组成部分，清廷颁布的《奏定任用教员章程》规定了各级别教员的聘用标准。其中规定高等小学教员至少是初级师范学堂中等成绩以上毕业生或者海外师范学校毕业生；初等小学教员必须至少获得初级师范修业文凭。[1] 张謇的主张则更为严格，"凡师范生合格毕业后得为准教员。二年或三年教有成绩者，得由地方劝学所、教育会公同考察给凭作为正教员。不及者延至五年，又不及者以所长之一科为小学助教员，给助教员凭证，俸视准教员减三分之一"[2]。为满足地方实施普及教育所需师资，依托所创实业，张謇先后创办通州师范学校和女子师范学校，并把师范教育作为其后半生的一个事业核心，为之殚精竭虑，"家可毁，师范不可败"[3]。至 1926年张謇去世前，通州师范学校培养出毕业生 1281 人（完全学制师范科毕业生 843 人，讲习科 411 人，简易科 27 人），女子师范学校有 154 名师范毕业生。其间，1913 年、1915 年、1921 年为南通县代办甲、乙种师范讲习所，1924 年代

---

①　璩鑫圭、唐良炎编：《中国近代教育史资料汇编·学制演变》，上海教育出版社 1991 年版，第 429 页。

②　《张謇全集》卷四，江苏古籍出版社 1994 年版，第 34 页。

③　《通州师范学校三十周纪念册》插页，南通翰墨林印书局 1933 年印。

办南通县立农村师范。南通的师范教育"树各省先声,规模宏远,成绩昭著",保证了南通"师资尚无缺乏之虞"①。

在师范学校培养师资的同时,南通地区依托师范学校,积极开展在职师资培训。连年在暑期附设小学教员讲习会,组织师范校友会,将在各地从事教育工作的毕业校友集结起来,讨论教学、管理相关事项。1925 年,南通两所师范学校及县教育局、教育会、江苏省立师范学校附属小学联合会联合组织为期两周的暑期讲习会,以南通地区三县小学教员为主共 331 人参训,邀请俞子夷、孟宪承、程湘帆、廖世承等 12 名教育专家讲授最新教育思潮、小学新课程和复式、国语、设计、自然、社会等课程教学法,教育界反响强烈,影响深远。

为确保师资质量,由南通县视学与各学区学务委员平时巡查、考核教员任职情况。特别规定小学教员以半年为任期,每年寒暑假由县署教育科(劝学所、教育局)会同学务委员选派、调任各市乡小学教员。对不称职者由县视学报告撤销教员资格,②对学识、能力有短拙者,送师范教员讲习会补习、进修。③ 当时曾有评论说:"南通教育之特点在统一、在整齐,其所以收统一整齐之效者,有两大原因:一由于教员之同调,一系乎研究之精勤。"④

除依托师范学校开展职前职后教师教育,为南通学校教育的现代转型培养合格师资,张謇还广聘海内外专家学者来南通各校任职。

通州师范学校开创初期,张謇聘西谷虎二等 8 名日本籍教师来校教学,以国际经验引领现代师范学校的办学理念、模式和方法。国内著名学者国学大师王国维、近代教育家顾眡予、古文字专家徐昂、画家陈师曾、文学专家朱东润、社会活动家季方、美术名师陈效韩等人先后应张謇之邀到通州师范学校任教。

通海五属公立中学曾先后聘请日本、美国多位名师执教,聘请的国内学者

---

① 《南通县筹办义务教育计划书》,《江苏教育公报》1922 年第 5 卷第 6 期。
② 《南通教育新气象》,《教育周报》(杭州)1918 年第 194 期。
③ 《南通教育近闻》,《时报》1917 年 8 月 1 日。
④ 李荣怀主稿:《参观南通县教育报告》,《宝山教育界》1915 年第 3 期。

有顾贶予、王个簃、蔡达、徐昂、朱东润、陆颂石、石重光、达继聃、崔聘臣、姚白予、徐立孙、姜亮夫、曹文麟、陈衡恪、胡风等。

农科学校创办之初，即聘请日本人照井三郎等教授前来任教。1912年，相继派遣毕业生王陶、孙观澜、于国梁、王志鹄等人赴日、美、法、意等国留学，学成后回母校从事教学与科研工作。1919年，张謇从浙江聘请李敏孚担任总主任，李敏孚曾在国外留学获硕士学位。畜牧系由美国康奈尔大学畜牧系毕业生郭守纯硕士担任，教授冯肇传、郑步青、张通武等人也都曾在国外知名大学获得硕士学位。"该校教授，大半为美之康奈尔大学农科毕业者，研究既富，办事亦热心。"①

南通医学专门学校建校之初，学校教员大部分是学有专长的留学回国人员。张謇聘任日本千叶医学专门学校毕业的熊辅龙主持院事，1915年4月30日，在张謇支持下，熊辅龙在校内作了南通历史上第一次尸体解剖示教，这次尸体解剖示教，成为当时轰动一时的重大新闻，当年的《通海新报》评论此次解剖"为吾通破天荒之第一声"，意义重大。此外，还有学校聘有从日本千叶医学专门学校留学回国的熊雪冰、李希贤，从日本长崎医学专门学校留学回国的赵铸等人。李希贤授眼耳鼻喉科，熊雪冰擅长妇科，赵铸兼授外科学，外科学教授林之祯、内科学教授李素等也都是留学日本回国的医学专家。学校还聘请德国医学博士夏德门任总医长，准备聘请德国柏林大学化学工程师米勒到学校的化学实验室从事研究。除了着力引进外来人才，学校还选拔毕业生中成绩优良者，派往国外留学，回国后做教学和科学研究工作。

纺织专门学校筹办时，在国内前无所师，旁无所考，是个开创性的事业，面临最难的问题是如何办学，只能借助于国外的经验。于是张謇千方百计选聘人才，尤其注意学成回国的留学生。清末民初，出国留学虽已成风气，然出国学习政法、师范、农业、医学等专业者较多，研习工艺者甚少，研习纺织的更少。

----

① 陈翰珍：《二十年来之南通》上编，南通县自治会印行，第35—36页。

张謇经过广泛招聘,终于最先聘到英国曼彻斯特纺织专门学校毕业生丁士源和美国费城纺织专门学校毕业生黄秉堪来校任教。经过不断对外引进和自身培养,民国时期,纺织科形成了一支国内顶尖的专业教师队伍,其中有海外留学经历的专业教师约占具有高级职称教师的一半。

南通兴办的其他各类学校,也都积极聘请享誉全国的专业人士来校管理和执教,如伶工学社的欧阳予倩、女工传习所的沈寿等。各级各类学校海内外专家的到来,体现了近代南通学校空间治理的专家逻辑,也助推了学校空间分离于地方社区共同体生活,与更大的社会空间相联结。

第五节　学校物质空间的转型

清末民初,中国的学校教育正处在新旧交替之时。旧式的学堂,特别是私立学校,空间的选择十分随意,可以是宗族的祠堂,可以是乡民活动的会馆,甚至是家庭中的庭院等,"入视之,则十数儿童拥护一师,几案错杂,或读百家姓千字文,或读学庸论孟"①,总之有师有生便可称之为学校。

新式学校的特点是比较注重空间物质层面的设计与建设,以满足现代教育的需要。如1902年颁布的《钦定学堂章程》,对新式学校的空间环境就作了如下规定:

> 蒙学规制较简,固不能有特殊之建置,然与幼童卫生上有害之事,必须考求禁戒:一、曲房密室不通空气;二、破坏、狭隘难避暑湿;三、光线不足耗坏目力;四、房宇宽阔冬寒太甚;五、登高临深易遭危险;六、喧嚣不静妨于讲授;七、污秽不洁疾疫易滋。②

清末兴学,提倡"废庙兴学",江苏各地在普及新式教育的过程中,不再典

---

① 又人:《教育杂感》,《教育杂志》1911年第1期。
② 朱有瓛主编:《中国近代学制史料》第二辑上册,华东师范大学出版社1987年版,第172页。

祀的寺庙纷纷被改办成学校,占用率邳县为 30.9%,江都为 50%,吴县为 67.8%,阜宁为 71%,高邮为 78%,而南通由于张謇的倡导,则达 100%,为全省、全国之冠。① 南通"改淫祠为学堂"的做法有力地推动了学校教育的普及。

　　然而,地方寺观数量毕竟有限,无法满足区域内数以百计的学校建设需求,加之其布局、建筑不合新式学校建设要求,利用寺庙只能作为普及新式教育起步阶段的权宜之计。因此,1909 年张謇规划普及教育方案时即提出:单级初等小学每所办学规模 80 人,建芦障、纸窗的草屋 5 间。多级初小办学规模 120 人,建芦障、纸窗的单墙瓦屋 7 间。1911 年普及规划议定后,通州劝学所决定"议决除已成之校舍及已办未成者外,此后凡办初等小学校一律皆草屋。倘财力充足,愿建瓦屋者听。各区自治公所成立后,应合聘明于工程之技师,规划建筑事宜,或就庙宇改作校舍,仍须定一格式,以归整齐而便应用"②。同时,教育会、劝学所专门制定了建筑标准,绘制"初等单级教授校舍建设图,于校舍位置及高广深尺寸、采光通气方法甚详甚明"③。因此,南通的数百所小学校舍及设施简而不陋,形式基本统一,且符合现代新式学校教育要求。《二十年来之南通》对此有过描述:

　　　　南通之小学固多,其精神亦相若。兹据作者在垦牧乡所参观者述之,亦足以概其余矣。余所见者为垦牧乡之第四初小,校舍虽简单然颇朴实清洁。周围有河渠树木,前面操场,教室草房而有玻璃窗,光线颇足,空气流通。④

　　空间与知识是两个不可分隔的社会关系的指示物,不同的知识基础为空间的设计和呈现状态奠定一种序列。石艳以学校卫生学为例阐述现代学校空间的知识与权力时指出:"作为一种异域的知识型,学校卫生学在现代学校空

---

① 王树槐:《中国现代化的区域研究——江苏省》,台湾"中研院"近代史所 1984 年版,第 210 页。

② 《南通州教育普及之计划》,《时报》1911 年 4 月 24 日。

③ 王蜀琼:《南通县教育及实业参观记》,《中华教育界》1915 年第 4 卷第 2 期。

④ 陈翰珍:《二十年来之南通》上编,南通县自治会印行,第 86 页。

间的形成中发挥着至关重要的作用。西方的关于公共空间的医学知识借助科学知识的措辞,结合国家权力,为中国现代学校空间在形成的阶段划定了基本的样态。学校空间在延续传统的同时,经历过选址规划、改造转型、科学渗透等阶段,完成了学校卫生学与学校空间的全面结合,学校卫生学作为一种学校空间形成过程中介入的话语形式,通过学校空间的形成和转换来'言说自身',学校空间不仅为学校卫生学等知识理论构型的揭露提供了切入点,而且学校空间的实践自身也组成了言说的对象。"[1]前述《钦定学堂章程》对学堂周围环境的规定,以及南通对小学建筑的要求与实施,是学校卫生学的最初体现,也是表达学校空间知识与权力关系的一个实例。

张謇创办新式教育,正值西方科学和民主在中国渗透传播并扩大影响的时期,教育成为科学和民主的重要依托。欧美和日本的学校制度、教学内容、教学模式,包括空间设计都成为张謇学习借鉴的对象。于是,建设科学的学校物质空间成为张謇当时创办新式教育的重要工作之一,甚至新建的学校建筑风格也发生了变化,出现了一些西式建筑,体现了时代的变化。在南通现代学校空间的转型过程中,知识/权力发挥了其特有的力量和作用,学校空间成为知识施展自身权力的中介。

除了学校空间卫生学,学校教育目标、内容和模式的转变,也成为推动近代南通学校空间从单一教室向多功能教育空间转型的力量。如在小学,"各校俱有农场或学校园,课余时令学生栽植或灌溉"[2],并按教育会规定学校园面积达到50方步(约6亩)以上。在城镇小学,校园内由学生组织贩卖部、园艺部、工作部等,"养成儿童之自动力并以引起其工商业之意识"[3]。

以通州师范附属小学为例:

① 石艳:《现代学校空间的知识与权力——以学校卫生学为例》,《教育学报》2010年第10期。
② 蒋志仁:《本会南通教育参观团笔记》,《南汇县教育月刊》1917年第16期。
③ 袁希涛:《南通县之教育》,《中华教育界》1915年第4卷第1期。

图 5-1　商业学校教学楼

资料来源:张绪武主编:《张謇》,中华工商联合出版社 2004 年版,第 139 页。

学校选址在南通城南门外博物苑附近,占地面积 13 亩 3 分。建有各类建筑,其中普通教室和特别教室 36 间、礼堂兼儿童图书馆 1 间、童子军事务所 3 间、室内操场 5 间、接待室兼成绩室 2 间、儿童博物馆 1 间、体操器械室 1 间、主事室兼图画室 1 间、男教员预备室 3 间、女教员预备室 1 间、教生室 3 间、教员寝室 10 间、儿童寄宿舍 11 间、储藏室 1 间、栉沐室 1 间、值宿 1 间、办事室 1 间、休疗室 2 间、会计室 2 间、职员寝室 1 间、工作室 2 间、贩卖室 1 间、门堂 1 间、司阁室一间、厨房 5 间、汤炉室 1 间、膳堂 6 间、浴室 4 间、物料房 1 间、夫役室 5 间、厕便室 3 间。

学校建有室外和室内操场,设有吊环、吊棒、吊绳、秋千等;另建游戏场,设有大小秋千、浪船、浪桥、滑台、平衡木、篮球架等。

学校还建有学校园。校内隙地不多,仅就场四周及屋角天井间,相地之宜开辟学校园。学校园分植物部和动物部,植物部设实用花坛、分科花坛、观赏花坛、果木区、盆栽区、农产区几个区域;动物部养殖玉兔、家鸽、金鱼蜜蜂等。植物部种植、灌溉、除草和动物部的饲养,由三年级以上学生分别轮流担任。

学校开设工作、贩卖两部,由四年级以上学生轮流实习,以此学习工商业知识并培养学生劳动习惯。

學校園
├─ 勤物部……現有玉兔家鴿金魚蜜蜂等
└─ 植物部
　　├─ 農產區……纖維類　豆菽類　果蔬類　根蔬類　菜蔬類
　　├─ 盆栽區
　　├─ 果木區
　　├─ 觀賞花壇……南區　中區　北區
　　├─ 分科花壇
　　└─ 實用花壇

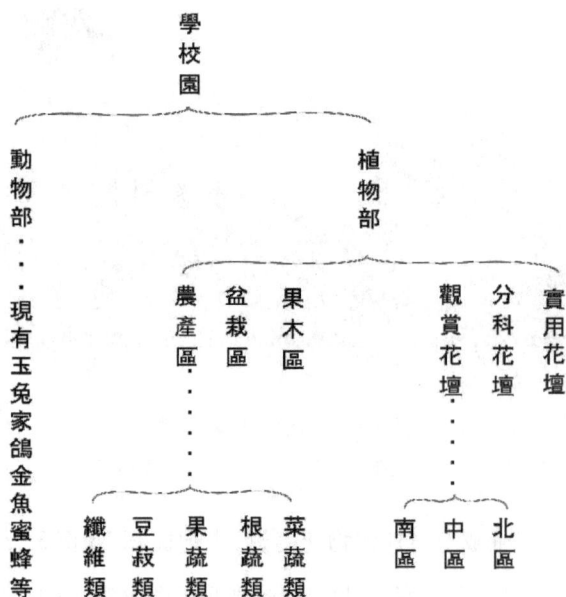

图 5-2　通州师范附属小学学校园

资料来源:陈翰珍:《二十年来之南通》上编,南通县自治会印行,第77页。

南通近代各级各类学校物质空间的设计与建设,在前文已有相关介绍,这里再摘录《二十年来之南通》中对当时通州师范学校的相关描述:

(A)校址:在南通县南门外濠河东为千佛寺旧址,三面临河,东西较狭。地尚爽静,亦便交通,计面积四十亩九分三厘。

(B)校舍:普通教室十、特别教室四、礼堂一、工场二、屋内操场一、理化实验室二、仪器室一、博物标本室一、藏书室一、事务室一、会计室一、会议室一、接待室一、学生会客室一、阅书室二、阅报室一、风琴练习室五、国乐练习室一、博物标本制作室一、成绩陈列室一、校友会办事室一、自修室四十六、寝室六十三、校外寝室四十、教员寝室二十二、食堂二、枪械室一、体操器械室一、储藏室一、盥洗室三、休疗室一、浴室一、生徒洗衣室一及其他场所计楼房百十六幢,平屋四百九十七间。

（C）操场：内操场一，计三亩四分二厘；外操场一，计七亩九分二厘，内设铁杠、沙坑、网球、篮球、足球等场，四周有赛跑路。

（D）农场：计地三十三亩余分，农艺、园艺、畜牧三部。设有温室、凉棚、鸡埘及农具储藏室等。

（E）月潭：在校后面，初为保障校址而筑，水浅而洁，兼供学生夏季游泳之用。

（F）图书馆：本国文一千四百六十四部计九千八百八十四册，外国文七百七十三部计一千四百八十八册，为南通各校藏书最多之处也。①

各场所的应用书中也有描述：

农业实习分室内实习、农场实习二种，室内实习如农艺化学实验及作物病菌害虫等事项，使与学科联络而实验之。农场实习由教员临时支配，务使学生对于作物之栽培得多种之实习与经验。

工业实习另就工作场，仿制或创制木竹家具及简单之理化器械，标本制作实习由教员引率学生定期或临时探集动植物，使学生自由制作或由教员指定制作。

运动分竞技、技击、足球、篮球、网球、队球六类，本科二年级以上须于竞技、技击中认习一类，足球、网球、队球、篮球中认习一类或二类，一年级预科则需兼习竞技、技击及球类中之一二种。竞技每日半小时，早膳前行之，分为八项：（一）八百八十码、四百四十码赛跑，（二）二百二十码赛跑，（三）三百码赛跑，（四）百二十码低栏赛跑，（五）跳远，（六）跳高，（七）撑竿跳，（八）掷铁球。每生认习二项或三项。……足球、篮球、网球、队球均于下午课毕行之，各依人数分为甲乙丙丁若干队，每队每周运动二小时，每队推队长二人司点名等

---

① 陈翰珍：《二十年来之南通》上编，南通县自治会印行，第42—43页。

事。各项运动除技击有教师教授外,余均自动练习而由体育教员监察之。①

由学生在学校里学习各种间接知识,这是必要的,同时,来自田园、作坊的直接知识的学习同样重要。杜威倡导要"把代表生活的另一些东西——严格要求个人负责和培养儿童同外界现实生活有关的各种'作业'引进学校"②,这涉及学校物质空间的设计,通州师范附属小学和通州师范学校教育空间的创设,正是这一思想的生动体现。

私塾、社学、书院这样的传统学校空间,是与地方社区共同体紧密结合在一起的,进行的是一种面对面、"共同在场"、以地方空间为特色的教育。虽然在习得"高尚经典",但教育本质上仍是一种被纳入当地文化知识体系的"濡化",成为地方文化再生产的基本手段,具有浓烈的地方性、民间性色彩。张謇创办的现代新式学校,以其现代的空间构建方式助长了"专家系统"社会的发展。吉登斯将其定义为:"技术职能或职业化的专家评判体系,它组成了我们今天生活的物质和社会环境的广大区域。"③作为现代化过程中的特定场景,学校空间在现代民族—国家的建构过程中,抽象知识、考试、评分形成了鲜明的学制规则和学究等级,造就了一批批被社会空间刻化的公民,学校的空间表征的统一不仅仅使学生固定在学校空间中,也使得学校空间在进一步嵌入社会空间的基础上,与所处的地方社会逐渐脱离。张謇推动的学校空间现代转型,使学校空间与更大的社会空间连接起来,推进了区域社会空间的现代化。南通近代学校空间从传统到现代的转变并不仅仅是一种适应社会潮流的进步,同时也是一种与现代社会密切结合、促进社会结构生产的手段。

---

① 陈翰珍:《二十年来之南通》上编,南通县自治会印行,第52—53页。
② 赵祥麟、王承绪:《杜威教育论著选》,载张人杰编:《国外教育社会学基本文选》,华东师范大学出版社2008年版,第23页。
③ Anthony Giddens, *The Consequences of Modernity*, Cambridge:Polity Press,1990,p.27.

第六章　南通教育早期现代化空间治理样本的特征

　　张謇在南通实行地方自治,推进现代化建设的年代,正是近代中国的社会转型时期。丧权辱国之痛使我国近代进步仁人志士不约而同地在不同区域不同领域开启了社会变革的艰难历程,教育现代化于是拉开了帷幕。张謇以地方自治为统摄,办实业、兴教育,总体推进南通区域的现代化,其空间治理样本形成了有别于同时期国内其他区域和人物的特征。

　　1918年,张謇在《南通教育状况序》中指出:"国人觇江苏教育者,必举无锡、南通。较其大别,则曰无锡能自动而乏统一,南通能统一而乏自动。"不同区域呈现不同的发展样态,体现了空间中"位置"的力量。张謇分析南通与无锡教育有别的原因时指出:"锡风气之开也较早,人各奋见,集财易而事较易举也。通僻下邑,始一二人而至数十人,俗固僿不易。力出于一故薄,薄而必欲为,故不得不加慎。慎于财,则必寸寸而度其所用;慎于人,则必节节而度其所胜。此其所以别也。"①

　　独特的区域空间,造就独特的发展模式,南通模式是一种"一人致是"的强人主治模式。正如张謇自己说的那样,南通模式有利有弊:"顾不统一,则

---

　　① 《张謇全集》卷四,江苏古籍出版社1994年版,第149页。

教所施者歧,学子所成之度歧,校风因之而歧。不自动,则财必督而集,事必董而举,法必合而一,人必甄而敷。有待故待,有待故懈,待且懈故迟。夫亦较然各有其利病矣。"①统一性有助于维护南通事业发展的高度计划性和组织性,也保障了南通现代化在启动初期的快速、顺利发展。张謇在南通所经营的种种事业,事前均经精心构思和规划发展序列,一切循序渐进。他认为:"举事必先智,启民智必由教育,而教育非空言所能达,乃先实业。实业教育既相资有成,乃及慈善,乃及公益。"②教育"新民"是社会发展的基础,兴办教育需要资金则先办实业,实业、教育相资有成后,进而致力于慈善、公益事业。张謇将实业、教育、慈善、公益事业统一汇总于南通现代发展的总体规划中。仅用短短二十多年的时间,南通就从闭塞、落后的江北小城,一跃成为举世瞩目的模范城市。张謇的事业成就,从一个侧面反映了在国家权威失坠的特殊时期和政府职能疲弱不张的特殊地域空间,近代士绅在增补政府职能真空、推进区域社会发展方面所能起的最大限度的积极作用。

"宛西自治"一度名闻全国,连桂系统治的广西、阎锡山统治的山西都曾经派人前往观摩,当时甚至有人称之为"中国地方自治楷模"。南通自治和宛西自治,时间上一前一后,地域上一东一西,一个被称"模范",一个被誉"楷模"。

宛西自治在政治上摆脱官治,自行权力。在军事上建立地方武装,由指挥部统一指挥调度,来抵御土匪和外部军队。在经济上"清地亩",按地亩纳税;清理金融,控制财政;兴办丝绸公司、酿酒公司、玻璃厂等一批工业。在社会治安上实行保甲连坐、清查户口和推行五证等措施。教育也是宛西自治过程中建立的一项重要事业,而教育的作用,主要是为推行地方自治培植自治干部和基层行政人员,一切为自治服务,成为宛西兴办学校的宗旨。南通自治与宛西自治的显著差异在于,一个是以经济、文化来推进地方自治和区域现代化,另

---

① 《张謇全集》卷四,江苏古籍出版社 1994 年版,第 149 页。
② 《张謇全集》卷五,上海辞书出版社 2012 年版,第 198 页。

一个则是从政治、军事入手;一种是城市主导辐射乡村型自治,另一种是乡村主导型自治。张謇的地方自治中实业、教育、慈善是南通地方自治的支柱。张謇认为,"举事必先智,启民智必由教育,而教育非空言所能达,乃先实业"①。日本人驹井德三在南通实地调查张謇的事业后,断论说:"惟张公所怀之理想,数十年始终一贯,表面以分头于实业、交通、水利之标榜,里面则醉心于教育及慈善事业之振兴。"②

在中国早期现代化进程中,出现过一批以教育为手段,致力于中国传统社会现代改造的先驱者,如梁漱溟、晏阳初、黄炎培、蔡元培等。晏阳初、梁漱溟的教育变革实验主要是以县域为空间单位展开的。晏阳初的河北定县教育改革实验和梁漱溟的山东邹平县教育改革实验在当时产生广泛影响。张謇开展教育变革的南通在民国时撤州为县,张謇自己介绍南通:"南通县者,固国家领土一千七百余县之一,而省辖六十余县之一也。"③先驱者们具有县域敏感性,意识到县域空间的自足性和县域所具有的方法论意义,以县域为空间进行教育改革正是我国教育改革发展的某种"度"的所在。

张謇和晏阳初、梁漱溟三人致力于中国传统社会的现代性改造,他们有个共同点,均将教育视为民族国家存亡续绝的关键性因素。由于各自经历、背景和所受教育的不同,他们从事教育的出发点、选择的路径存在明显差异。

晏阳初将中国社会存在的问题概括为国人患上了"愚""穷""弱""私"的病症,因此他有针对性地通过"三大方式"实施"四大教育",将平民识字教育与乡村建设结合起来,走上乡村整体教育、系统改造的道路。梁漱溟是从中国文化、社会的特殊论出发,认为中国的问题实质上是由于外部文化的入侵造成的严重文化失调,因此,他是从中国儒家文化复兴和重建的思想角度开展乡村

---

① 《张謇全集》卷五,上海辞书出版社 2012 年版,第 198 页。
② 中国人民政治协商会议江苏省委员会文史资料研究委员会编:《江苏文史资料选集》第 10 辑,江苏人民出版社 1982 年版,第 148 页。
③ 《张謇全集》卷四,江苏古籍出版社 1994 年版,第 434 页。

建设的。

张謇的现代化实践较晏阳初、梁漱溟要早。他将解决中国问题的方法归结为实业和教育两个方面。张謇认为实业和教育共同构成自治和国家强盛的基础,他把这一思想明确概括为"父教育,母实业"。"中国恐须死后复活,未必能死中求活。求活之法,唯有实业、教育。"①张謇兴办教育的目的主要有两个,一是提高国民素质,二是为他的实业发展服务,实业教育是他教育体系中重要的组成部分。

晏阳初、梁漱溟的教育实践更多在于农村。他们多少夸大了教育在社会改造中的作用,将教育视作解决中国社会问题的唯一良药,显然是失之偏颇的。这也是他们的乡村教育改造影响很大而成效有限的原因之一。张謇的南通区域现代化的目标体系包括教育、实业、公益、城市建设等方面。张謇的现代化实践是整体推进的,教育现代化是其中的一个重要组成部分。现代教育是与现代社会政治、经济、文化相适应的教育,现代化的起点有不同,实现的途径有多种,但是其目标是基本一致的,工业化、城市化是其重要特征之一。从这一角度来看,张謇教育的现代性特征更明显。

黄炎培奉献毕生精力于职业教育。职业教育是教育由传统向现代转换过程中,教育空间重构的一个重要部分。职业教育一改教育脱离生产实际的传统,强调教育同生产劳动的紧密结合、强调教育空间与经济空间的深度耦合,同时涉及教育空间内部职业教育与其他教育的关系。张謇同样关注职业教育,更以举办与职业教育相近的实业教育闻名。

黄炎培的职业教育思想经历一个发展过程,从为解决民众生计到为社会服务,再到大职业教育主义。1926 年,黄炎培发表的《提出大职业教育主义征求同志意见》提出了三句话:"(一)只从职业学校做功夫,不能发达职业教育;(二)只从教育界做功夫,不能发达职业教育;(三)只从农工商职业界下功夫,

---

① 《张謇全集》卷五上,江苏古籍出版社 1994 年版,第 601 页。

不能发达职业教育。"①而他倡导的大职业教育主义,正是张謇实业教育和职业教育的特点。黄炎培希望沟通职业学校和其他教育机构的关系,而这在南通的学校中不是问题,许多学校都是张謇所办,从小学、中学,到各类职业学校、实业学校,再到高等学校,各种教育机构不存在不合作、不互助的问题。且不说黄炎培引申的广义的职业教育,即便是原义的职业教育,在南通的普通小学、普通中学,许多学校都有附设的职业教育,即便是高校,如纺织专门学校也有附设的夜校专门用于职业教育,各类职业教育在南通形成了相对完整的体系。沟通实业教育、职业学校与职业界的关系,同样是南通教育的特色。张謇创办的实业学校、职业学校,原本就是为他所办的实业发展服务的。许多实业学校或职业学校更是由相关实业所办,招生的人数、学习的内容自然契合职业界的需要。从某种意义上来说,黄炎培的职业教育思想和张謇的实业教育思想是殊途同归的。

蔡元培曾任临时政府教育总长、北京大学校长,对我国的教育特别是高等教育产生过重大影响。张謇和蔡元培在教育发展方略、教育发展重点、教育方针即教育目的方面存在差别。张謇作为一个政治家,由于许多政治主张无法在国家的舞台上施展,于是致力于地方自治,教育现代化正是张謇推进南通地区现代化的重要手段。而蔡元培毕生从事教育事业,他在辛亥革命推翻帝制、建立共和国体的历史时期,致力于制定符合共和精神、顺应时代潮流的新的教育方针和政策,推动教育改革的深入发展。由于事业目标的重点不同,他们的主要关注点也不一致。

张謇与蔡元培在教育发展起点的主张上有所不同,张謇重视普及教育,力图夯实教育的基础,而蔡元培的兴趣则更多在高等教育上。他在《我在教育界的经验》中说,"没有好大学,中学师资哪里来?没有好中学,小学师资哪里

---

① 《黄炎培教育文选》,上海教育出版社1985年版,第154页。

来？所以我们第一步当先把大学整顿"①,可见其教育发展顺序的思路和张謇存在明显差异。

蔡元培提出"教育者,则立于现象世界,而有事于实体世界者也"②。他提出大学研究高深学问,便是对"道"、对真理的追求,便是"有事于实体世界者也",在立于现象世界和有事于实体世界两者之间,他更关注后者。相比之下,张謇强调"学必期于用",这表明他更致力于"用",致力于"立于现象世界",认为现象世界的幸福是领悟和进入实体世界的前提和基础。张謇的教育思想和其整体经营南通的实践有关。

张謇从其教育救国、教育强国的思想出发,主张教育要使学生德、智、体全面发展,以培养健全的国民。他在《师范章程改例言》中明确提出"国家思想、实业知识、武备精神三者,为教育之大纲"③。所谓"国家思想",就是要使受教育者"打破为我主义",树立国家观念,成为爱国家、尽力于国家的国民;所谓"实业知识"就是要求受教育者具备国家建设所需要的知识技能;所谓"武备精神"就是要使受教育者具有强健的体魄和尚武的精神,从身心两方面提高素质,担当起保卫祖国的重任。与之相应,蔡元培在《对于新教育之意见》中,系统地提出了军国民教育、实利主义教育、公民道德教育、世界观教育和审美教育"五育并举"④的教育方针。

张謇提出"国家思想、实业知识、武备精神"三者为教育大纲,主要从"为救国强国培养健全之国民",即从社会需要出发,因此较多地把教育作为启智、兴业、救国的手段,注重发挥教育的经济和政治价值;而蔡元培则在看到教育"开启民智、救亡图存"作用的同时,还看重教育对个人发展的作用。

---

① 《蔡元培教育论著选》,人民教育出版社 1991 年版,第 707 页。
② 《蔡元培教育论著选》,人民教育出版社 1991 年版,第 3 页。
③ 《张謇全集》卷四,江苏古籍出版社 1994 年版,第 17 页。
④ 《蔡元培教育论著选》,人民教育出版社 1991 年版,第 1 页。

蔡元培提出,"教育务顺应时势,养成共和国民健全之人格"①,因此"五育皆教育所不可偏废"②。蔡元培所说的军国民教育、实利主义教育、公民道德教育和张謇的"国家思想、实业知识、武备精神"教育相若,而蔡元培所说的世界观教育和审美教育,则是对传统教育观的极大丰富和发展。

空间是历史叙述与历史学研究的核心要素之一,历史事件、人物与过程均生活、发生在特定的空间里,并在特定空间中具有意义或发生影响。上文我们将南通和张謇,与国内有典型意义的区域和人物作一简要比较,在此基础上,我们以史实为依据,结合治理、空间治理等概念,对南通教育早期现代化的空间治理样本特征作梳理总结。

第一节 "有限政府,多元社会"的治理模式

传统的治理含义等同"统治"和"管理","治理"被视为政府统治的活动过程,权力的行使是单一的、垄断的、控制的。在 20 世纪后期开始的政府管理变革当中,治理被赋予新的内涵。联合国全球治理委员会对"治理"的定义是:"治理是各种公共的或私人的个人和机构管理其共同事务的诸多方式总和,是使相互冲突的或不同的利益得以调和并且采取联合行动的持续的过程。它既包括有权迫使人们服从的正式制度和规则,也包括各种人们同意或以为符合其利益的非正式的制度安排。"③

前文梳理过"空间""空间治理"等理论。治理在空间中进行,治理又重构、塑造空间,没有空间就没有治理。从空间结构的维度来看,空间治理理论的发展可以划分为三个阶段,历经三次范式转换,呈现出传统区域主义、公共选择理论和新区域主义的演进路线。空间治理理论是对空间权力结构的分

---

① 《蔡元培教育论著选》,人民教育出版社 1991 年版,第 11 页。
② 《蔡元培教育论著选》,人民教育出版社 1991 年版,第 5 页。
③ 俞可平主编:《国家治理评估——中国与世界》,中央编译出版社 2009 年版,第 68 页。

析,它们展现了权力结构中政府、市场和社会三者的关系。在政府、市场和社会三种力量之间,如果是政府力量占据主导地位,则是传统区域主义意义上的强政府;如果是市场起决定性作用,则是公共选择理论学派意义上的经济人假设;如果社会力量能够对决策施加影响,则是趋于多元主体的治理结构,这也就是后来的新区域主义。这是国外学者围绕政府、市场、社会三者作用于区域空间,以或多或少、或分离或合作的标准来建构的理论,这是对空间背后权力结构的揭示,构成了研究空间视域下治理问题的重要理论资源,我们可据此分析张謇空间治理的权力结构特征。

中国有自己的国情与传统。在国家生成、治理的全过程中,空间因素发挥着根本性的作用,如自然资源影响人口密度、经济结构和生活方式,国土面积影响追求权力的相对力量,位置决定领土安全,等等。空间形塑了一个国家的文化和文明,甚至确立了一种国家意识形态。希顿-沃森认为:"中国文明独一无二的特征,在于该文明在同一块土地上生存了大约四千多年,这在人类历史上是其他的文明无法比拟的。"①西周时期,"天子建国,诸侯立家",周天子将王畿以外的天下土地分给王室子弟、功臣或古代帝王的后裔,统治封地的君主被称为"诸侯",诸侯建国,再把国都以外的地域分封给卿大夫,卿大夫再进一步往下分封给自己的子弟和家臣,由此形成了天下—国—家三个地域层次。"体国经野,分官设职",不同层级的管理者分土而治,各自为政,使得当时中央集权能力较弱的周王朝能够在形式上维系一个大国的统治。虽然分土而治的做法后来被秦所摒弃,但这种将统治空间切割成不同管辖区域的"属地化"分级管理传统一直延续至今。② 边界是空间最清晰的尺度,以地理空间构筑和划分治理单元,是空间治理最原初的实践形式。

①　[英]休·希顿-沃森:《民族与国家:对民族起源与民族主义政治的探讨》,吴洪英、黄群译,中央民族大学出版社 2009 年版,第 367 页。

②　颜昌武、许丹敏:《基层治理中的属地管理:守土有责还是甩锅推责?》,《公共管理与政策评论》2021 年第 2 期。

关于中国传统的社会管理形态，社会学家费孝通曾作过深入研究，他指出，中国传统政治结构由中央集权和地方自治两层构成，"中央所作的事是极有限的，地方上的公益不受中央的干涉，由自治团体管理"。在这种基层治理建构中，地方乡绅是"中国政治中极为重要的人物"，有限皇权下由绅士主导的自治团体对地方公益事业的管理，是一种在天高皇帝远之下稳定的权力结构。在这种社会结构下，儒家社会伦理、礼治规范是社会管理的依据，乡绅则成为社会管理体系中的中心人物。①

南通偏处江海之交北翼，在成陆建州以后的很长时间里，经济文化远远落后于江南的苏州、西边的扬州等地。宋杨庭秀《谈苑》谓："通州南阻江，东北濒海，士大夫罕至，居民以鱼盐自给，不为盗贼。讼希事简，仕官者最为逸；士大夫号通州为淮南道院。"②南通的地理空间特征导致其长期处于相对封闭的状态，社会结构稳定，社会变迁缓慢。在清末民初"西风东渐"、中国被迫开启现代转型时期，张謇成为南通社会治理体系中的中心人物，他在南通及周边区域开启了早期现代化征程，"独立开创了无数新路，做了三十年的开路先锋，养活了几百万人，造福于一方，而影响及于全国"③。对治理南通，张謇采用了一个西方近代政治名词"地方自治"来概括他的社会治理和发展思想。"地方自治"是源自西方国家的一种地方政治体制，随着立宪运动的开展，"地方自治"概念得以在国内传播。但清末中国的"地方自治"实践，事实上并未真正体现西方民主政治的核心要义，而是一种现代概念与绅士经营乡里传统的有机结合。

南通的"地方自治"是"有限政府，多元社会"的模式，以张謇为首的绅士集团取得了南通的实际控制权。以现代空间治理理论观之，如果是政府力量占据主导地位，即是传统区域主义意义上的"强政府"。传统区域主义的提出

---

① 费孝通：《乡土中国》，上海人民出版社 2006 年版，第 149—150 页。
② （南宋）王象之：《舆地纪胜》，清道光二十九年刻本。
③ 张孝若：《南通张季直先生传记》，上海书店 1991 年版，第 3 页。

是基于对马克斯·韦伯理想官僚制规划能力的信赖,强调国家/政府的主导力量。国家/政府形成集权式科层制模式,命令由上至下层层遵守,覆盖整个区域,在宏观上解决整个区域面临的主要问题。当时中国和南通的政治社会情形,以全国论,对南通的治理显然不是"强政府"模式。

张謇独特的背景、能力加上其在地方的经济地位,使他在退居乡里后仍然成为地方自治的主体和权威。正如日本人驹井德三在《张謇关系事业调查报告》中描述的那样:"今江北一带,仿佛以张公为元首之国,他方势力未得侵犯,其实力可知矣。"这种背景使张謇获得了对南通地区的实际控制权。

那么以南通论,视南通为"仿佛以张公为元首之国",它的治理模式是否为变相的"强政府"呢?考察张謇的地方自治过程,尽管张謇是事实上的南通地方领袖,但南通自治与宛西自治不同。宛西依靠军事力量自外于国家,自设机关,自定规章,垄断地方军事、行政、司法诸权,抵制和抗拒国家政权的控制。而在南通地方自治过程中,张謇与政府自始至终维持着一种协和关系。南通从不逾越国家规范,不抵牾国家法令,不自外于国家政治体制。张謇在南通并未自设行政机关,形成集权式科层制管理模式。相反,张謇聚集地方绅士力量构成精英集团,依托政府和地方自治组织实现对南通的治理。如兴办教育,1904年张謇呈请江苏学务处筹设通海五属(通州、静海、海门、如皋、泰兴)学务处,复文更名为"学务公所",1905年5月正式成立,张謇、沙元炳、孙宝书任议长,议员13人。1907年,学务公所改设为南通州教育会及劝学所,分掌研究、执行之责。教育会设会长,首届议员171人,1909年设评议员36人;劝学所设总董,劝学员14人。为保证地方兴学"切实进行,无有阻碍",设教育会、劝学所联合办事处。联合办事处设立后,借师范学校设立"教育研究所"。因此,以南通视之,南通的地方自治,仍然是一种"有限政府,多元社会"模式。

空间治理理论的公共选择理论学派,提出以市场为导向的分权模式,即通过与市场主体签订协议,转让部分公共产品和服务的方式,建立新型的公私合作伙伴关系。城市权力不再仅仅集中在城市政府的科层组织中,而是分散到政府之外的更广泛的城市参与主体中。张謇的近代南通治理模式,表面上看具有市场逻辑。中国社会的早期现代转型需要兴办实业、需要资本。南通是产棉区,南通的现代化以张謇创办棉纺织厂为肇始,围绕棉花从生产到加工,在南通及周边地区逐渐形成了一个以轻纺业为中心的现代产业链。张謇兴办的教育,特别是最具特色的实业教育,从各类中等职业、实业学校到农业专门学校、纺织专门学校等高等教育,创办与布局均与实业联系紧密。教育与实业迭相为用,"以实业辅助教育,以教育改良实业,实业所至即教育所至"①。

但仔细考量南通的空间治理过程,张謇经营南通不是市场机制运行的选择结果,而是特定时间空间环境的产物。南通是张謇的家乡,特殊的经历与背景使他选择了南通。事先确定了地点,然后因地制宜选择了经营的项目。前文我们比较过同时代的无锡。无锡地理位置优越,水陆交通便利,是南北交通的重要枢纽。清末开放口岸后,无锡逐渐发展成为苏南地区的商业中心,商业贸易活动十分活跃。许多知名的企业都在无锡市设立了分店或工厂,国内外各界人士往来交流活跃。而南通因其特殊的地理空间环境,既未受到强大的西学的舆论冲击和洗礼,也无区域外洋务派实业的落地加盟。张謇不允许外人在南通办实业"谋利",凭借权势排斥外来挑战者,使南通的一切都在相对垄断、封闭的环境中进行。综上,南通的空间治理,并不符合空间治理理论的公共选择理论学派提出的以市场为导向的分权模式。

以现代空间治理理论审视,如果社会力量能够对决策施加影响,则是趋于多元主体的治理结构,这也就是后来的新区域主义。张謇的地方自治模式在某种程度上与之切合。

张謇主导的南通地方自治是一种"有限政府,多元社会"模式。必须指出的是,张謇地方自治在很大程度上是传统士大夫对博济天下和修齐治平理想的践行,与真正现代意义上的人民参政议政自决自主的"地方自治"判然

---

① 《张謇全集》卷四,江苏古籍出版社1994年版,第214页。

有别。

受过西方自由民主思想熏染的张孝若，对其父张謇的自治事业有一番清醒的认识。他认为南通的事业不是全体南通人民自动自决的事业。他发起组织南通县自治会，其目的就是要将"以前个人统系的南通"，变为"全县具体的南通"；将"被动的南通"，变为"自动的南通"；将"从前个人自治模范的南通"，变为"以百二十万人之才智公同发皇"的南通；"所说之话，须百二十万人人人所欲言；所做之事，须百二十万人人人所欲为"。显然张孝若所倡导的地方自治，才是真正现代意义上的地方自治。1921年，张謇在《呈报南通地方自治第25年报告会筹备处成立文》中也感慨道："儿子孝若，年少资浅，近被地方公推，组织南通县自治会，其范围亦如謇所办之事业。但彼由各团体之赞助，此只发生于一二人；彼为近20世纪世界之大潮流，此为前25年个人之小计划。抚今思昔，不禁惘然。"①张謇显然清楚地认识到他儿子所倡导的自治，与他本人所经营的自治，名同而实异。

张謇"注重的是一系列改造效果和建设成就，而人民自主、自决的参与过程从来都不是其刻意追求的目标"②。张謇对民众乃至议员的才智能力不信任："众人知识才力，一与否？不一有憎与忌否？有能涵覆而救剂之者否？非一日而先后左右其行者，有他变他患否？是皆可虞而当计及者。"③对议会民主的方式也存疑，"自治事业之能否发达，全视监督机关之能否敦促实行。否则尽南通之人，人各一舌，舌各一语，语各一自，名曰自治，未必能自治"④。1920年，张孝若组织发起南通县自治会，让自治会成为南通120万人民的代表。对此张謇表示："县之人，为地方实心办事，能为自治表征，不尽系乎县会之有无。"⑤由此可见，张謇的"地方自治"，是地方相对于中央的"自治"，是以

①　《张謇全集》卷一，上海辞书出版社2012年版，第523—524页。
②　卫春回：《张謇评传》，南京大学出版社2001年版，第315页。
③　《张謇全集》卷四，江苏古籍出版社1994年版，第363页。
④　《张謇全集》卷四，江苏古籍出版社1994年版，第399页。
⑤　《张謇全集》卷一，江苏古籍出版社1994年版，第76页。

张謇为首的南通绅士集团的精英"自治"。它通过建立"自治"的社会管理体制，改变传统的社会管理方式和内容，排除外来政治势力的侵扰和内部的纷争，运用以经济实力为后盾的社会管理权力，集中社会资源，开展大规模的建设和发展以应对新的时局。这个以张謇为首的精英治理模式，有效地使南通在短期内实现了一次惊世崛起。

章开沅先生曾指出："张謇已经决定性地进入了资产阶级这个新新的社会群体，他的思想、言论与行动与资本主义经济的联系日益密切。但是，他并没有因此断绝与原先隶属的士人群体的千丝万缕联系，在很多场合，他作为绅士的自我意识甚至还要大于作为资本家的自我意识。"[1]张謇后半生的思想和实践，与其士绅领袖的自我意识和身份认同密切相关。张謇的"地方自治"在很大程度上是一种"绅治"。在中国早期现代化的历程中，近代资产阶级尚处于襁褓时期，作为中国传统精英阶层的绅士，肩负起时代重托，充当启动中国现代化的动力群体势所必然。"以绅权孕育民权"，是近代中国社会转型时期社会阶级结构演化的必然现象。梁启超"欲兴民权，宜先兴绅权"的主张，某种意义上预言了近代中国社会发展过程中所必然经历的一个历史阶段。张謇主导下的南通地方自治无疑顺应了这一历史潮流。

时代在发展，在开启中国式现代化征程的今天，我们研究张謇，在探究其成功经验的同时，也不能不审视其局限。沉迷于传统民本思想的张謇，未能形成现代平等观念，缺失民主、自由的精神。作为地方治理重要内容的教育，张謇曾说过"国何为而需教育？教育者，期人民知有国而已。能有国之终效，使人人任纳税当兵之责，多数无怨望而已"[2]。显然，张謇办教育是为开民智，是为培养服务于社会发展的高素质的"顺民"。"生而平等"是现代理性精神的核心，张謇在南通努力推进现代化、创造一个理想的"新新世界"过程中，是把自己摆在民众之上的，自觉或不自觉地担当着救世主的角色。这导致张謇主

---

①　章开沅：《开拓者的足迹——张謇传稿》，中华书局 1986 年版，第 139 页。
②　《张謇全集》卷四，江苏古籍出版社 1994 年版，第 83 页。

导的南通"有限政府，多元社会"空间治理模式，同时又是一种"一人主治"模式，不可避免地带来一定程度的封闭性、垄断性、单一性和暴起暴落等特征。过于依赖一人，"有待故待，有待故懈，待且懈故迟"，最终将导致民众能动性的缺失和创新精神的匮乏。南通的地方自治在张謇去世后举步维艰，各项事业难以为继，背后的原因值得深思。

第二节　整体推进的区域统筹

张謇在 1911 年对载沣说，"自甲午丁忧出京，乙未马关定约即注重实业、教育二事，后因国家新政须人奉行，故又办地方自治之事"①，概括说明了他一生所做的几件大事。经过近 30 年的努力，张謇在南通构建了他所设想的"新新世界的雏形"。张謇认为"国家之强，本于自治，自治之本在实业、教育"②，追求的是"整体的社会改良"，其认识超越了许多人单项突进现代化的思路模式。张謇精心设计南通地区的现代化模式，目标体系中包括政治、实业、教育、公益和城市建设几个方面，空间治理特别强调整体推进的区域统筹。在南通早期现代化实践中，张謇以地方自治为统摄，不仅注重物质和经济，而且注重教育和文化，全方位、有计划、循序推进南通的现代化事业，形成了有别于其他地区和其他教育现代化先驱的重要特点。

一、事业发展的整体性

张謇在南通教育早期现代化的空间治理，受儒家学术思想的影响，以"正德利用厚生"为核心，蕴含于"地方自治"的整体社会实践中，而不是单独就教育论教育。张謇的思想体系继承了中国传统的学术体系，体现了中国传统的学术体系整体性的特点。教育空间作为子空间与地方空间内部的其他子空

---

① 《张謇全集》卷六，江苏古籍出版社 1994 年版，第 754 页。
② 《张謇全集》卷四，江苏古籍出版社 1994 年版，第 406 页。

间,如政治、经济、社会、文化等空间之间不能也不曾相互分割。从教育、政治、经济到社会诸方面构成浑然一体的社会大系统。张謇的空间治理具有整体性特征,教育空间治理亦是如此。

钱穆归纳中国学术精神表现时说:"中国学术精神,乃以社会人群之人事问题的实际措施为其主要对象,此亦为中国学术之一特殊性。儒家思想之主要理想及其基本精神即在此。……故中国学术精神之另亦表现,厥为不尚空言,一切都会纳在实际措施上。所谓坐而言,起而行。"[1]张謇可谓典型代表。

张謇正是本着"人本位"的思想,"起而行",以"厚生"为目标,以会通的原则,不只局限于一面,而是重视经济、教育、文化、慈善等事业的相互作用与相互促进。在空间上不以一时一地为局限,用整体与系统的观念综合考虑整个区域的城与乡、工农商学的协调与发展并付诸实践。空间治理的整体性、系统性也体现在各子空间、子系统内部。

政治上,张謇要实现自己的理想,建设心中的"新新世界"必须获得权力的保障。张謇采用的手段是,追求地方自治,实行国家和经济社会的分离,把属于经济社会本身的权力交还给社会,地方绅士成为地方自治的主体,这是张謇政治上追求的目标。张謇治一城如治一国,对南通地方的实际控制,使他在南通的早期现代化实践中,可以统一规划区域经济、教育、社会事业和城市建设的发展,将各项事业汇总于"地方自治"的旗下。

经济上,张謇受洋务运动思潮和西方文明的影响,较早地认识到了经济在救国强国运动中的基础地位,认为"求治之法,唯在实业、教育"[2],实业是中国自强之基础。

张謇所办的实业,不是小工、小农、小商,而是仿照西方发展大工业、大农业和大商业。大生纱厂于 1895 年秋天开始筹办,经过百折千磨,于 1899 年试车开工。开工后,工厂发展极为顺利,连年获利,规模不断扩大,在南通及周边

---

① 钱穆:《中国历史研究法》,生活·读书·新知三联书店 2001 年版,第 66—67 页。
② 张孝若:《南通张季直先生传记》,上海书店 1991 年版,第 506 页。

地区逐渐形成了一个以轻纺业为中心的现代产业链。严翅君在《伟大的失败的英雄——张謇与南通区域早期现代化研究》一书中对此作了简要概括：

> 在大生纱厂办起以后不到 7 年的时间里，又先后总共正式创立了 19 个企业单位，这些企业大多是以大生纱厂为轴心，直接或间接为大生纱厂服务，或者凭借大生纱厂以获取利润。例如：通海垦牧公司是大生纱厂的原料基地；广生油厂利用大生纱厂轧花棉籽制油自用；大隆重皂厂又利用广生油厂的"下脚"来制造皂烛；大兴（后改复兴）面厂利用大生纱厂的剩余动力磨粉，供纱厂食用和浆纱；资生铁厂最初是专为大生纱厂修配机件而设；泽生水利公司、大中通运公司、大达轮步公司、外江三轮公司、船闸公司主要是为大生纱厂解决运输问题；染织考工所实际上就是大生纱厂向纺、织、染全能发展的研究所和实验室；懋生房地公司则是买地造屋，为大生等厂职工提供宿舍并收房租。到辛亥革命前夜，已经组成了一个以纱厂为中心的相当规模的大生资本集团。到 1921 年，张謇共开办了近 40 家企业，其中近 30 家办在南通城及其周边的唐闸镇、天生港镇。①

张謇办实业，一个重要的目的是兴办教育，他认为实业的基础作用最重要的便是体现在对教育的支持。张謇外观大势，内察国情，认为国家的强盛首先在于国民的素质，现代教育的兴办是一切事业发展的基础。办教育需要资金，无钱难以兴学，然而此时国家对外赔款累累，指望朝廷显然不行。对当时的南通来说，只能以办新式企业作为办新式教育的前提和后盾。在垦牧公司的股东大会上，张謇提到实业对于教育的重要性时说，"非人民有知识，必不足以自强，知识之本，基于教育，然非先兴实业，则教育无所资以措所"②。在张謇那里，政治、经济和教育的现代化是相辅相成的，是不可分割的整体。

---

① 严翅君：《伟大的失败的英雄——张謇与南通区域早期现代化研究》，社会科学文献出版社 2006 年版，第 141—142 页。

② 《张謇全集》卷三，江苏古籍出版社 1994 年版，第 384 页。

张謇兴办新式教育,在南通和周边地区建立起从基础教育到高等教育、普通教育到实业教育这样一个完整的现代学校教育体系。前文提到,从广泛的视野来看,南通现代新式学校的创办,是社会现代性生成的重要组成部分,这是由学校的性质和意义所确定的。社会空间将其权力结构投射到学校空间中,而学校空间也通过特定的文化延续与社会复制,完成社会空间整体的改变与转型。学校空间从传统到现代的转变并不仅仅是一种适应社会潮流的进步,同时也是一种促进社会结构生产的手段。学校空间在现代性的推动下完成着社会性生产,成为现代化空间疆域构建的一个重要组成部分。近代南通地区的学校空间由传统到现代的转型,是在张謇对现代南通的创建过程中得以实现的。学校空间对于南通地区现代化进程的推进作用不仅体现在为社会空间树立现代化的榜样,更是为南通地区现代化的进程寻找到了一个突破口。

南通教育早期现代化的空间治理完整性特征,不仅体现在教育与社会政治、经济的一体,也表现在教育空间内部。除了完整的学校教育体系,近代南通还建立了博物苑、图书馆、体育场、新型剧场等现代社会教育机构,构建了结构完整的大教育体系。

二、事业发展的计划性、有序性

将张謇在南通的空间治理的第二个特征归纳为"整体推进的区域统筹",除了上述的整体性外,还在于其计划性、有序性。

张謇所经营的种种事业,不是凭个人一时的盲目冲动,而是经过了事前精心构思和规划,循序渐进。他认为:"举事必先智,启民智必由教育,而教育非空言所能达,乃先实业。实业教育既相资有成,乃及慈善,乃及公益。"[1]实业方面,张謇结合南通是产棉区这个地情,从兴办棉纺织企业入手,进而创办沿江沿海垦牧公司,以现代大农业解决大生纱厂的原料问题,随后又围绕大生纱

---

① 《张謇全集》卷五,上海辞书出版社 2012 年版,第 198 页。

厂,创办了一系列派生性企业,形成一个地方性产业链,构成资本集团。

积累资本后不久,他开始兴办教育。现代化作为一个社会进化的过程,同时也就是一个社会持续分化的过程。与社会现代化相适应,在教育现代化过程中,教育结构的分化是彰显的,分化的结果是教育的形式更加复杂多样。现代社会中,教育是一项涉及面广、波及社会各领域的巨大公共事业,这是前现代社会不可想象的。张謇在推动南通教育现代化的过程中,以务实的精神,根据地方实际,审视社会发展各方面的需要,有序发展现代教育,在南通地区逐步构建了完整的大教育体系。有计划的、有序务实的发展战略构成了张謇教育现代化空间治理"整体推进的区域统筹"特征的又一面。

19世纪后半叶,中国的基础教育没有受到应有的关注,由于国家缺乏掌握现代知识和技术的人才,当时兴学者大都主张先办专门教育或高等教育。正因为基础教育极其薄弱,20世纪初,一下子发展起来的专门教育、高等教育便成了空中楼阁,架子搭起来,却没有合格的学生。1909年前后,全国108所高等学堂、专门学堂,绝大部分达不到应有的程度。"推其成绩不佳之故,一由于教员未尽合程度,一缘学生无普通学之素养。"①张謇仔细分析了当时中国社会状况,借鉴西方发达国家的强国史,认为没有根本学科知识做基础,学生在高等学校里学习西方先进的科学、文化和技术,只能知其然而不知其所以然,不可能推陈出新有所作为,而学校缺乏合格的生源必然难以为继。清末学校办得不少,却少有人才培养出来,结果和目标相去甚远,张謇通过脚踏实地的分析和研究,发现了症结。

在学校的等级上,张謇认为"立学须从小学始",指出"凡事须由根本做起,未设小学,先设大学是谓无本"②。事实证明,张謇的办学思想,是务实而有先见之明的。

张謇对各类办学层次及其发展次序,有其独到的主张,张謇优先发展普及

① 田正平等:《中国教育史研究·近代分卷》,华东师范大学出版社2001年版,第188页。
② 《张謇全集》卷四,江苏古籍出版社1994年版,第111页。

教育,师范是教育之母,张謇首先创办师范学校为普及准备师资,接着办普及教育的小学,在此基础上,根据南通地区早期现代化进程中各方面的需求,以务实的态度,逐步发展各类教育。继师范学校、小学后,张謇陆续创办中学和与实业迭相为用的职业学校、高等专门学校,最后在高等专门学校的基础上筹办综合性大学。

张謇办学注重因地制宜、因时制宜,不拘一格,不受框框限制。为配合刺绣、发网等手工艺品的生产与出口,他就在女子师范里开设女工传习所;为发展蚕桑、丝绸业,他开办了女子蚕桑讲习所,这是一个半农半工性质的职业教育机构;为了培养发展金融业需要的人才,他在南通中学开设了银行专修科等等。张謇办学没有固定的模式,只要实际需要、条件允许就开办。他所办的一些正规的实业学校,便是从业余或短期的专修科、讲习所开始的,在办学过程中逐步改进完善,条件成熟则逐步升级,提高办学水平与层次。前文介绍的纺织专门学校、农业专门学校、河海工程专门学校都是这样发展起来的。而他所设立的图书馆、博物苑、气象台等社会教育机构,都有一个仔细规划逐步完善的建设过程。

张謇强调"学必期于用,用必适于地"①。南通是个产棉地,故张謇率先创办了大生纱厂,办纱厂需要大量专门技术人才,张謇创办了南通纺织专门学校;南通大生纱厂扩大生产后,对棉花的需求大增,张謇利用海滩荒地创办垦牧公司,为了提高棉花等农产品的产量和质量,张謇又设立了南通农业专门学校;南通的商业逐渐发达后,张謇设立了商业学校、银行专修科等教育机构;随着城市不断发展,为了提高城市医疗卫生水平,张謇又创办了医院和医学专门学校;因交通运输需要,张謇创办了南通天生港轮步公司,并在吴淞设立了商船学校;为配合水利、建筑等事业的建设,张謇在师范附设了土木、工科、测绘特班,创办了河海专门学校;江苏铁路筹建,张謇在吴县创办了铁路学校;为提

_____

① 《张謇全集》卷四,江苏古籍出版社 1994 年版,第 99 页。

升城市文化品位,创办了博物苑、图书馆、剧场、阅报社和伶工学社等。

张謇优先发展基础教育,在此基础上逐步发展各类教育的主张,不仅出于对教育规律的考虑,更重要的是源自其教育目的。中国古代夏、商、周三代的学校教育主要以"明人伦"为目的,到了封建社会,儒家教育思想占据统治地位,着眼于士人阶层的儒家教育,以全面实现自我完善的人即"君子"为其人格理想,教育培养"建国君民"的统治人才。"学而优则仕",一直是中国封建社会的教育目的。

两千多年来,中国传统教育所培养的"君子""贤人",都要求具有治理人民的本领,极致是达到"内圣外王"的境界,是一种"全知全能"的通才。

鸦片战争以后,随着西学的东渐,传统的人才观发生了改变,洋务运动的开展,使兴办者逐渐认识到专业人才的重要性,"专才"作为"通才"的对立出现,反映了对西学器物层面的认同,反映在教育实践上是一批新式的语言、军事、技术学堂的创办。

19世纪后半叶,教育目的随着人才观的转变发生了很大变化,但就其主流而言,仍然没有摆脱培养和选拔精英人才的框架。而张謇已从思想上突破了传统的教育观,把教育的目光转向下层民众的普通教育。

张謇认为,教育是立国自强之本,要使中国强盛起来,必须从办教育、开民智、明公理入手,张謇普及教育的目的是提高民众的素质。他说:"孔子言'以不教民战,是为弃之',夫不教之民,宁止不可用为兵而已,为农、为工、为商殆无一可者。"意思是说,无论兵、农、工、商都应该接受教育,通过教育使"为农者必蕲为良农,为工者必蕲为良工,为商者必蕲为良商"①,有了亿万受过教育的国民,国家才能富强,其教育人才观相对于传统教育才会有全面的改变。

鸦片战争之后的半个世纪,传统人才观发生了转变,经历了从通才教育到专门人才教育,再到国民教育这样一个演变轨迹,对西方现代教育的吸收从器

① 《张謇全集》卷四,江苏古籍出版社1994年版,第201页。

物、制度层面,进一步向思想层面深入。作为中国教育现代化先驱之一的张謇,是这一过程的重要倡导者与参与者。

张謇基于其教育目的,在教育空间治理中,根据南通地区发展的实际状况,以师范、小学为起点,根据社会发展的需要逐步兴办各类学校,又在实业发展的基础上依次建立博物苑、图书馆等社会教育机构,在南通构建了结构合理有序的完整的大教育体系。对于教育现代化的后来者来说,推进教育结构分化的合理性和对分化进行整合的有效性,是教育现代化成功与否的重要因素,这一点上,张謇的实践是卓有成效的。他的教育发展过程,是重心逐步上移的,有序而务实,既与当时经济社会发展的各个不同阶段相适应,也符合教育发展的基本规律。

兴办实业奠定了教育的经济基础,而教育的发展又转化为新的生产力。待实业、学校相资有成后,张謇进而致力于慈善、公益事业,构成完整的社会大教育体系,一切按照教育发展的内在规律进行,脉络井然。实业、教育、慈善、公益统一汇总于南通现代发展的总体规划中。

同宛西自治比较,宛西自治是一种乡村主导型自治,空间上宛西僻处河南西南部农业区,是一个小农社会,地方自治政策主要针对广大农村和农民,即使兴办工业,也是以改良农业为重心,兼及乡村手工业。南通的情形则不同,张謇从区域现代转型的大视角出发,兴办实业、教育、公益和慈善,在南通形成以大生资本集团为龙头大工业,包括各类学校教育和社会教育机构在内的体系完备的大教育、"一城三镇"的现代城市大格局,是整体统筹推进的区域空间大治理。

比较同为中国教育早期现代化的先驱,晏阳初、梁漱溟的教育实践更多在于农村。晏阳初将平民识字教育与乡村建设结合起来,走上乡村改造的道路。梁漱溟是从中国儒家文化复兴和重建的思想角度开展乡村教育和建设。他们是以乡村改造为起点,以此出发改造中国社会,振兴国家。黄炎培偏重职业教育,是我国近代职业教育的创始人和理论家,为中国近代职业教育的发展和职业教育理论的创建,作出了重要贡献。黄炎培职业教育思想的发展,经历了从为解决民众生计到为社会服务,再到大职业教育主义三个阶段。这个日趋成熟和丰富的过程,侧面反映了张謇整体统筹教育与社会以及教育内部各种关系的先进性。蔡元培是我国近代史上著名的民主主义革命家和教育家,他关注的重心是高等教育,尤其是高等教育中"学"型的大学。他曾经说道"没有好大学,中学师资哪里来? 没有好中学,小学师资哪里来? 所以我们第一步当先把大学整顿"①,可见其教育发展规划的顺序,与张謇刚好相反。

张謇的现代化实践包括政治、实业、教育、公益和城市建设几个方面,不管是完整的社会空间,还是作为子空间的教育空间,空间治理特别强调整体推进的区域统筹,形成了有别于其他教育现代化先驱的重要特点。

第三节　兼容整合的文化抉择

空间具有文化属性,对教育空间文化形态的塑造,反映了"前喻型"或者"后喻型"②的文化取向,教育空间的治理面临文化的抉择。一百多年前,中国开启了教育现代化进程,中国的早期现代化是在西方列强的枪击炮轰下被迫启动的,具有典型的后发性特征。根据现代化的动力源划分,现代化大致包括两种类型:内源性现代化和外源性现代化。内源性现代化的首要和根本的动力是科学技术的进步和生产力的发展,是自然而然的、主动的过程。而外源性现代化主要是一种因为国家竞争而导致的来自他国的压力而对外部挑战作出的回应。这是发生于两种或多种文明冲突之间的现代化,具有强烈转向和文化选择的性质。中国的教育早期现代化进程是对发达国家教育模式的模仿、移植而获得教育现代性的过程。中国的教育发展模式一直在传统与现代之间徘徊和摇摆。正是在外来模式的移植和本国传统的不断调适中,中国的教育

---

① 《蔡元培教育论著选》,人民教育出版社 1991 年版,第 707 页。
② 吴康宁:《教育社会学》,人民教育出版社 1997 年版,第 94 页。

现代化走过了一段曲折而艰难的历程。

　　张謇兴学的年代,正是近代中国的社会转型时期,是中国教育史上具有划时代意义的重要年代。丧权辱国之痛使我国近代进步的思想家、教育家对我国的传统教育进行了深刻的反思与批判,于是中国教育现代化拉开了帷幕。作为中国教育现代化先驱者之一的张謇,选择了自己认定的道路,他既以开放的心态,积极借鉴和吸收现代西方文明,创办新式教育;同时,又在推动教育现代转换时,对中华传统文化中的优秀成分给予了充分的肯定和继承,即他所说的"本旧说而参新法"①。这里可看到张謇推进教育现代化空间治理的第三个特征,这就是在文化抉择上的兼容与整合。

一、对西方现代文明的借取

　　甲午战争以后,张謇痛感国势的衰弱,其思想有一个重要的变化,就是经常借鉴西方先进的文明来考察、分析和判断国内外形势,并以此为依据探索强国救国的途径。

　　张謇从中国有关介绍西方的书籍和翻译过来的西方书籍中了解西方文明。他读过《海国图志》《瀛寰志略》《日本议会史》《英国议会史》《宪法古义》等书,并出国考察,在广泛的社会接触中,对美国、德国、英国、俄罗斯、日本的现代化历史有所了解,从而加深了对西方文明的认识。他发现"环球大通,皆以经营国民生计为强国之根本。要其根本之根本在教育"。他把中国与世界发达国家相比,指出"窃惟东西各邦,其开化后于我国,而近今以来,政举事理,且骎骎为文明之先导矣。揅考其故,实本于教育之普及,学校之勃兴"②,"人皆知外洋各国之强由于兵,而不知外强之强由于学"③。由此认为中国之所以贫弱,种因于教育未能普及。中国"病不在怯弱,而在散暗。盖散则力不

---

① 《张謇全集》卷四,上海辞书出版社2012年版,第575页。
② 《张謇全集》卷四,江苏古籍出版社1994年版,第272页。
③ 《张謇全集》卷一,江苏古籍出版社1994年版,第35页。

聚而弱见,暗则识不足而怯见,识不足由于教育未广"①,"非人民有知识,必不足以自强,知识之本,基于教育"②。对于工业化生产所需的技术人才,张謇发现:"泰西诸大国之用人,皆取自于专门学校,故无所用非所习之弊。"③张謇对于西方各国遍设学校,民众普遍接受教育以及学以致用,开办实业教育所流露出来的歆羡之意显示,张謇已敏锐地察觉到了西方文明的价值。

张謇发展教育的许多主张,来自对国情的考察和国外强国经验的借取。张謇认为,中国开办新式教育,应向西方学习,但不能盲目跟风,要探其究竟,要结合中国的实际,要辨别国情的需要。他在1901年撰写的《变法平议》中指出:"东西各国,学校如林,析其专家,无虑百数,前导后继,推求益精。但能择善而从,皆足资我师法。"④

张謇以日本为例,在类比了日本和各国的学校结构后,指出"其章程有初定,有改定。为中国今日计,不独当师其改定之法,亦当深知其初定之意。知其初定之意,而后我无操切率易之心;师其改定之法,而后我无苟简纷歧之弊"⑤。张謇兴办新式教育,参考日本较多,因为日本是个晚发外发型现代化国家,明治维新前的国情与中国相似,即便如此,张謇对其经验的借取,也是极为审慎的。

1903年,张謇东渡日本,在日本考察了70天,参观了教育机构35处、农工商机构30处。张謇考察的宗旨是调查研究。"学校形式不请观大者,请观小者,教科书不请观新者,请观旧者,学风不请询都城者,请询市町村者,经验不请询政府及地方官优给补助者,请询地方人民拮据自立者。"⑥即要全面考察日本现代化的发展过程,全面了解其发展经验。"第一把向来自尊自大的

---

① 《张謇全集》卷四,江苏古籍出版社1994年版,第472页。
② 《张謇全集》卷三,江苏古籍出版社1994年版,第384页。
③ 《张謇全集》卷一,江苏古籍出版社1994年版,第36页。
④ 《张謇全集》卷一,江苏古籍出版社1994年版,第61页。
⑤ 《张謇全集》卷一,江苏古籍出版社1994年版,第61页。
⑥ 张孝若:《南通张季直先生传记》,上海书店1991年版,第110页。

牌子和成见,仍旧搁在老大帝国,只准备虚着心,快着眼,动着笔,去看人家的东西究竟怎样。第二,人家的外面固然要看,里面更要看,大的地方要看,小的地方更要看,拿了'观人于微'的方法,去观其所有,察其所安。"[1]

张謇创办的新式教育,改变了中国传统道德教育的一统性,在形式和内容上许多是借鉴西方教育。在前文已对相关内容有了详细介绍,这里归纳总结如下:

对于教育观,张謇从发达国家的发展经验中认识到,"国待人而治,人待学而成,必无人不学,而后有可用之人,必无学不专,而后有可用之学"[2]。他抛弃传统教育中"学而优则仕",培养"君子""贤人"的教育观,倡导全民教育,提高国民素质,从而实现强国富国的目标。

对于教育内容,他斥责传统教育中以尊儒读经为主空疏无用,学习西方文明,开设反映先进科学文化的课程。如师范学校开设的课程有:法政、西洋史、中国史、地理、伦理、教育、教授法、修身、算术、数学、理化、图画、手工、英文、日语、国文、博物、体操、教育实习等;纺织专门学校开设了数学、物理、化学、机械工学、电气工学、机织、棉纺学、染色学、工业经济概论、纺织实习等课程,将现代科技引入教学内容,使教育与社会生产实践紧密结合;等等。张謇谈及课程设置的指导思想时曾说:"诚以通校课程,均有特异之点在,而师范校为其尤。夫课程之制定,既须适应世界之潮流,又须顾及本国之情势,而复斟酌损益,乃不凿圆而枘方。"[3]体现了张謇洋为中用的思想。

对于教育方法,张謇以开放的心态接纳和吸收先进文明的成果,在创办的许多学校,采用国外先进的教育方法,如实习、见习、实验等。在教育方法上特别需要提到的是,张謇对单级教授法和赫尔巴特五段教学法的推广。单级教授法是由一位老师,在同一课堂内同时教授不同年级、不同课程的学生,适用于单级小学校,这是张謇根据当时的教育发展状况,从日本学来的。赫尔巴特

---

① 张孝若:《南通张季直先生传记》,上海书店 1991 年版,第 105 页。

② 《张謇全集》卷一,江苏古籍出版社 1994 年版,第 61 页。

③ 《张謇全集》卷四,江苏古籍出版社 1994 年版,第 148 页。

五段教学法由五个相互联结的教学过程构成,即:预备、提示、联系、总结、运用,对学生实行启发式教育,通州师范引进和试验了这种教育方法。《中国近代教育史教学参考资料》中有一段关于通州师范推行"五段法"教学的回忆,"在初期(1908 年以前,引者注)'五段法'仅仅在讲义中或口头谈话中推行,小学里很少出现",但"在 1903 年由张謇创办的南通师范实验小学里,'五段法'是常用的"①。现保存的通州师范教师讲义和课堂记录佐证了这一说法,足见张謇对于当时国外先进教育方法的研究和重视。

在学校管理制度方面,张謇一改中国传统教育一段式的弹性学校管理模式,采用移植于西方的现代学制。在新式学校教育中,从初等到中等、高等,从修业年限到学业水平,都被纳入一个标准化的管理体系之中。这里还包括上课时数,学校采用现代的小时制钟点时间,在南通的新式学校中替代了原来学堂的阴历和时辰。这不但使学校必须以一种新的时间形式开展各种学习活动,同时,也使得统一化的学制得以通过精准的时间计算。学校内部管理制度也是张謇学习国外先进经验后引进的,以通州师范为例,办学之初,学校设总理、监理、司收、司图书仪器、书记各一人,民国后通师形成由校长、监理、斋务主任、教务主任、庶务主任、学监等组成的现代学校管理机构。

在师资方面,为了更好学习国外先进教育经验,迅速推动学校教育的现代化转型,张謇广聘海外或有海外学习经历的专家学者来南通各校任职。通州师范学校开创初期,张謇聘西谷虎二等 8 名日本籍教师来校教学,带来国际经验,引领现代师范学校的办学理念、模式和方法。通海五属公立中学曾先后聘请日本、美国多位名师执教。农科学校创办之初,即聘请日本人照井三郎等教授前来任教,并相继派遣毕业生王陶、孙观澜、于国梁、王志鹄等人赴日、美、法、意等国留学,学成后回母校从事教学与科研工作。从浙江聘请李敏孚担任总主任,李敏孚曾在国外留学获硕士学位。畜牧系主任由美国康奈尔大学畜

---

① 陈学恂主编:《中国近代教育史教学参考资料》上册,人民教育出版社 1986 年版,第 679 页。

牧系毕业生郭守纯硕士担任,教授冯肇传、郑步青、张通武等人也都曾在国外知名大学获得硕士学位。南通医学专门学校建校之初,学校教员大部分是学有专长的国外留学回国人员。张謇聘任日本千叶医学专门学校毕业的熊辅龙主持院事,还聘有从日本千叶医学专门学校留学回国的熊雪冰、李希贤,从日本长崎医学专门学校留学回国的赵铸等人。学校还聘请德国医学博士夏德门任总医长,准备聘请德国柏林大学化学工程师米勒到学校的化学实验室从事研究。除了着力引进外来人才,学校还选拔毕业生中成绩优良者,派往外国留学,回国后从事教学和科学研究。纺织专门方面,学校经过广泛招聘,聘到英国曼彻斯特纺织专门学校毕业生丁士源和美国费城纺织专门学校毕业生黄秉堪来校任教。经过不断对外引进,到20世纪20年代纺校有海外留学经历的专业教师约占具有高级职称教师的一半。各级各类学校海内外专家的到来,有力推动了近代南通学校教育的现代转型。

学校物质空间的转型方面。张謇创办新式教育,正处西方科学和民主思想在中国渗透传播并扩大影响的时期,改造科学的学校物质空间也成为张謇当时创办新式教育的重要工作之一。南通学校空间从单一教室向多功能教育空间转型,甚至新建的学校建筑风格也发生了变化,出现了一些西式建筑,体现了时代的变化。

借取西方现代文明,学校教育目标、内容和模式的转变,成为推动近代南通教育空间现代转型的力量。

二、对中华优秀传统文化的继承

张謇在积极借取西方现代文明的同时,对本民族传统文化中的优秀成分特别看重。下面首先分析张謇对待传统文化的立场。

张謇在南通的教育早期现代化实践,正值近代中国的社会转型、中华传统文化面临强烈冲击的时期,其间爆发了五四运动。20世纪初的五四运动,是以"民主""科学"为旗帜,以"中国文化现代化"为目标的文化启蒙运动。在五四运动中,中国的传统教育经历了前所未有的考验和批判。回顾中国早期的现代化进程,从辛亥革命到五四运动,先驱者们的许多希望件件落空。张謇对当时社会的描述是:"道德凌夷,纲纪废坠,士大夫寡廉鲜耻,惟以利禄膺心,一切经书,不复寓目,而诈伪诡谲之恶习,因是充满宇宙。"①尽管这是站在文化保守主义者立场上对时局的评价,但中国当时社会混乱和道德失范却是不争的事实。面对这样的现实,中国早期现代化进程中的精英们在价值取向上走向分化。

当时,中国的一些先进知识分子认为,传统的精神理想在封建专制制度下被扭曲变形,以致理性的道德自觉变质为政治屈从,本来是提升人格的道德教育异化为"吃人"的礼教,而儒家的"三纲五常"则是封建专制统治的思想基础,缺乏文化的变革和思想的启蒙,是近代社会政治变革屡遭失败的根本原因。他们开始认识到文化社会是整套的,拿旧心理运行新制度是行不通的。新社会需要健全人格的觉悟,无论是从人本主义角度,还是从社会变革的实际需要出发,对中华传统文化进行批判,都是中国走向现代化所必需的。这是五四运动前后的思想走向。

面对同样的时局,文化保守主义者作出了不同的解读。他们认为,社会混乱动荡,就像张謇所说的"诈伪诡谲之恶习,因是充满宇宙",正是"一切经书,不复寓目",也就是抛弃中国文化传统所造成的恶果。他们认为中华传统文化的价值,体现在它所强调的秩序和和谐,通过个体的自我修养化解人与社会的紧张,从而有效地维护社会的稳定,通过心性修养提高自身的道德水平,进而改善整个社会的状况和风气,因而他们认为复归和强化传统价值,是抗衡由于激进主义和反传统思潮冲击所导致的文化失范的最基本手段。

张謇在1903年的《学制宜仿成周教法师孔子说》一文中,为突破传统教育的藩篱,反对中小学生读经。但在1918年的《尊孔会第一次演说》中,他又

---

① 《张謇全集》卷四,江苏古籍出版社1994年版,第148页。

主张"小学校即宜加授四书"①。这里不能简单得出张謇晚年思想趋于保守的结论，而应该说这是张謇站在不同的角度，面对不同的社会形势所作出的相应主张。因此，这里有必要将张謇对待传统的基本立场和观点作一番梳理。

张謇在1901年所作的《变法平议》中有这样一段话："夫法所以行道，而法非道，道不可变，而法不可不变。日月星辰，耀明而无长度，布帛菽粟，保暖而无长品。法久必弊，弊则变亦变，不变亦变。不变而变者亡其精，变而变者去其腐，其理固然，而迫隘之计又不可以救凶乱。"②这可以看作为张謇社会变革的指导思想。他一方面强调"变"，且"变须得法"，另一方面又强调"道"不可变，因而采取了审时度势、积极而又审慎推进教育变革的主张。

那么，张謇所谓的"道"究竟指的是什么呢？"道"是中华传统文化中的一个重要概念，存在各种表述。可以说，每个人心中理解的"道"都是不一样的。洋务运动强调的"中学为体"，所固守的主要是汉代以来儒家强调的"三纲五常"。对于传统的伦常，张謇也表赞同，他曾经说过："人各有伦，各安其生，乃各有其性情之位"，"若如儒之言乎，则衣衣食食、居居处处、夫夫妇妇、父父子子、兄兄弟弟、朋朋友友、君君臣臣，范以礼而安于常。事至平淡，而理极高深，愚昧者易忽，而黠桀者勿坏"③。而关于以"五常"为主的一系列儒家道德准则，在张謇的文章和言论中比比皆是，是张謇从事道德教育的主要内容。

但是，张謇赞同传统伦常，与洋务运动所强调的"三纲五常"并不相同。他所说的"五伦"，即夫妻、父子、长幼、朋友、君臣关系，固然是建立在传统的"身份取向"原则之上的，但毕竟有现代"契约取向"的色彩，任何一个角色都并非处于绝对的权利或义务的地位。而洋务运动强调的绝对服从的"三纲"则使君臣、父子、夫妻构成片面的、绝对的权利和义务关系，使得"五伦"中的"契约取向"的色彩完全褪色了。

① 《张謇全集》卷四，江苏古籍出版社1994年版，第148页。
② 《张謇全集》卷一，江苏古籍出版社1994年版，第76页。
③ 《张謇全集》卷五上，江苏古籍出版社1994年版，第350页。

张謇赞同传统伦常和洋务运动强调"三纲五常"的目的也不尽相同。洋务运动的代表张之洞,主要目的在于力图维护风雨飘摇的封建专制统治,他不主张改革国体,也不支持维新改良和君主立宪。张謇则不同,他重视儒家的道德伦理,主要是希望通过个体的自我修养降低人与社会的紧张关系,将此看作实现社会和谐、稳定的重要手段。

并且,张謇是反对现实的封建专制统治的,他是清末立宪运动的领导人之一。张謇在 1904 年 2 月 15 日的日记中,有过这样的记述:"日本全国略与两江总督辖地相等,若南洋则倍之矣。一则致力实业、教育三十年而兴,遂抗大国而拒强国;一则昏若处瓮,瑟缩若被执,非必生人知觉之异也。一行专制,一行宪法,立政之宗旨不同耳。"①其反封建专制的立场再明确不过了。

张謇否定封建专制统治,但他又要维护"道",于是张謇追寻文化的源头,他直接从以孔子为代表的先秦儒家那里寻找理论归属,试图在更高起点上回归"三代"理想社会。张謇重视民本主义,期望通过改革政体,造就三代圣君贤相式的领袖人物,建立理想的"新新世界"。《尧舜论》是张謇写于 1913 年的一篇重要政论,分上、中、下三篇。上篇的中心在于评述尧舜禅让这一盛事,其核心为阐明"有天下而不与"的为君之道;中篇比较尧舜和华盛顿;而在下篇中,张謇再次强调"君至于有天下而不与者,尧舜之精神也",就是说"天下为公"是尧舜禅让的精神所在。张謇借孔子的话赞美尧舜:"善乎孔子之言曰:'大哉尧之为君也,惟天为大,惟尧则之,荡荡乎民无能名也。君哉舜也,巍巍乎有天下而不与也。'"②显然,张謇极力倡导"天下为公",反对封建专制。

可见,张謇所谓的"道",不是指封建纲常、封建皇权。张謇认为不可变的"道",可以说就是"惟尧则之"的"天"。《中庸》称"天命之谓性,率性之谓道,修道之谓教","道"是社会、人与万物生成的本源和基本准则。"道"之于人,

---

① 庄安正:《张謇先生年谱》,吉林人民出版社 2002 年版,第 217 页。
② 《张謇全集》卷五上,江苏古籍出版社 1994 年版,第 163—168 页。

便是一个人之所以为人的问题。张謇认为教育"始于欲人之所以为人"①,那么在教育的现代变革之中,哪些可变、哪些不可变,就很清晰了。

再看张謇在南通教育早期现代化过程中,是如何充分利用传统文化中的积极因素来推进并构建新的富有民族特色的现代教育的。张謇一生致力于变革教育、开创实业,从现象上看,他的教育价值观是社会本位的。然而,张謇秉承儒家"亲亲仁民"的思想,以尧舜为榜样,他一生的活动都以人民的生计为出发点。他认为教育是为了"以人文化成天下",培养人格全面协调发展的人,从而更有效、更切实地实现"天下大治"这一理想。张謇的教育思想有着更多的人文关怀,也即他所谓的"教之所成,使人可康乐,可和亲,可安平"②。

以儒家教育为主体的中国传统教育,追求人的自我完善。在儒家看来,个人道德完善是社会完善的基础和起点,因此人格完善被赋予了重大的社会意义。"格物、致知、诚意、正心、修身、齐家、治国、平天下",先"修内"后"治外",公式化地表明了其意义指向。然而,儒家企盼的理想社会,却一直未能实现,重要原因之一是其精神资源中缺乏科学和民主的文化基因。五四运动把"民主"和"科学"视为改造中国社会和人生的根本途径,而不能直接衍生出民主和科学的中国传统精神资源,便遭到了猛烈的批判。

张謇在南通兴办新式教育,既是对传统教育的突破,也是对教育传统中具有现代意义的优秀精神的回归。下面我们通过张謇办学实践的几个方面予以展示。

（一）"人文以化成天下"

张謇作为中国末代状元,饱读儒家经典,深受儒家文化影响。儒家从不追求教育的独立性,始终把教育视为连接个人、家庭、社会和国家的纽带。

---

① 《张謇全集》卷四,江苏古籍出版社1994年版,第218页。
② 《张謇全集》卷四,江苏古籍出版社1994年版,第149—150页。

儒家经典《大学》阐述了个体与社会统一的思想,指出:"欲明明德于天下者,先治其国;欲治其国者,先齐其家;欲齐其家者,先修其身。欲修其身者,先正其心;欲正其心者,先诚其意;欲诚其意者,先致其知;致知在格物。格物而后知致,知至而后意诚,意诚而后心正,心正而后身修,身修而后家齐,家齐而后国治,国治而后天下平。自天子以至于庶人,壹是皆以修身为本。"这一思想把个体与社会统一在一起,把知识学习和道德修养、完善人格与齐家治国平天下以因果关系逻辑地贯串起来,突出了教育、政治、社会统一的教育思想,形成了中华传统文化中的士阶层或文人以天下为己任的特性。受教育的最终目的是要为天下的兴亡肩负起责任。

在张謇身上我们能强烈感受到其以天下为己任的责任感,他经营南通,是因为"中国政界亦无有为我发展之地者,惟志在求一县之自治"①,力图以南通为试验田,实现治国、平天下的理想。而张謇治理南通,亦具有鲜明的先秦儒家思想色彩。

先秦儒家重视整体的动态的和谐,以社会安定、协调、和平为宗旨,用以仁为核心的礼乐文化凝聚群体,构建协调统一的社会秩序,谋求社会的和谐发展。"建国君民,教学为先",先秦儒家把教育列为社会由乱转治、由无序变有序的战略重点,从改革教育入手推动社会变革,是孔子及以其为代表的儒家学派最具特色的思想,贯彻在教育实践中,就是"以人文化成天下",培养个体人格全面协调发展的人,以更有效、更切实地实现"天下大治"这一理想。

张謇继承了先秦儒家高度重视教育的传统,指出:"教育者,万事之母"②,"举事必先智,启民智必由教育"③。他在南通的空间治理中办实业、辟垦牧、兴水利、筑交通、开医院,均以教育为中心,其兴办的如前章所述的各级各类学校,即以改良社会、发展社会为目的。

---

① 《张謇全集》卷四,江苏古籍出版社 1994 年版,第 147 页。
② 《张謇全集》卷四,江苏古籍出版社 1994 年版,第 92 页。
③ 《张謇全集》卷五,上海辞书出版社 2012 年版,第 198 页。

　　张謇为其企业集团起名"大生"，源自《周易》"天地之大德曰生"，体现出张謇秉承的儒家"亲亲仁民"的思想，他一生的活动都以人民的生计为出发点。张謇曾解释"天地之大德曰生"的含义是"一切政治及学问的最低的期望，要使得大多数百姓，都能得到最低水平线的生活。换句话说，没有饭吃的人，要他有饭吃，生活困苦的，使他能够逐渐提高。这就是号称儒者应尽的本分。我知道我们的政府，绝无希望，只有我自己在可能范围内，得尺得寸，尽可能的心而已。我在家塾读书的时候，亦很钦佩宋儒程、朱阐发'民吾同胞、物我与也'的精神，但后来研究程朱的历史，原来他们都是说而不做。因此我想力矫其弊，做一点成绩，替书生争气"①。

　　张謇的理想，我们是何等熟悉。《礼记·礼运》说："昔者仲尼与于蜡宾，事毕，出游于观之上，喟然而叹。仲尼之叹，盖叹鲁也。言偃在侧，曰：'君子何叹？'孔子曰：'大道之行也，与三代之英，丘未之逮也，而有志焉。大道之行也，天下为公，选贤与能，讲信修睦。故人不独亲其亲，不独子其子，使老有所终，壮有所用，幼有所长，矜寡孤独废疾者皆有所养，男有分，女有归。货恶其弃于地也，不必藏于己；力恶其不出于身也，不必为己。是故谋闭而不兴，盗窃乱贼而不作，故外户而不闭。是谓大同。'"

　　张謇不仅继其志，而且身体力行，为南通的自治殚精竭虑。

　　在《欢迎日本青年会来通参观演说》中，张謇对其二十余年在南通兴办教育有一个简要回顾："致教育方面，全县初级小学校，亦已有三百余所。又从全般社会上着眼，为老幼残废、无告之民设计，育婴堂、养老院、残废院、平民工厂等相继观成。"②除此之外，张謇还办有为盲哑人服务的盲哑师范传习所、盲哑学校，收养流浪人的栖流所，改造妓女的济良所，女子教育方面的女子师范、女工传习所等。张謇所经营的教育事业，已经达到了"使老有所终，壮有所用，幼有所长，矜寡孤独废疾者皆有所养"的境界。

---

① 刘厚生：《张謇传记》，龙门联合书局1958年版，第251、252页。
② 《张謇全集》卷一，江苏古籍出版社1994年版，第599页。

以仁义为内核、以大同为理想,"人文以化成天下"是先秦儒家教育思想的主导部分。先秦儒家教育更关注人的基本问题,有更多的人文关怀,而不单纯关心外部的物质世界。应该格外重视孔子将"仁"这一范畴引进教育领域作为教育目的的重要意义。钱穆认为:"孔子思想,本于人心,达于大同,始乎人文,通乎天地。其亲切、平实、简易、单纯之教育宗旨与教育方法,必将为世界文化典其基础,导其新生。"①面对人类世界种种共同危机,弘扬孔子境界极高而平实简易、理想崇高而又切近生活的仁学思想,在中西文化全面接触、撞击、互渗以至融合的时代,将有助于更新中国既成的价值系统,并对未来人类文化的新生作出贡献。"教之所成,使人可康乐,可和亲,可安平"。张謇教育思想正是对孔子优秀教育传统的继承。

西方现代思想家福柯把当代世界的现状概括为"人死了"②,那么中国教育传统的现代意义至少与人的复活有关,即关注人的健全发展,这样才不至于在追赶现代化的过程中迷失方向。关注人的现实生命,是探讨中国教育传统现代意义的逻辑起点。

(二)"性相近,习相远"和"里仁为美"

"性相近,习相远"的命题,将"性"与"习"联系起来思考,揭示了先天因素和后天因素的辩证关系。显然,"性相近,习相远"表明,人性是可以改变的。孔子和其他先秦儒家持人性可变的观点,强调了教育可以改变人性的功能。与孟子的性善论、荀子的性恶论不同,孔子不言善恶,但言远近。

张謇接受了人性可变的思想,认为"学生犹水在盂,盂园则园,盂方则方;犹土在陶,陶瓦则瓦,陶器则器"。他在《师范附属小学廿周纪念演说》中告诫

---

① 中国孔子基金会学术委员会编:《近四十年来孔子研究论文选编》,齐鲁书社1987年版,第614页。

② "人死了"是法国思想家米歇尔·福柯在《词与物》一书中提出的一个关键概念,是指作为某种知识形态和观念形态的人的死亡,以人为中心的学科的死亡,以康德的人类学为基本配置的哲学的死亡。

教师:"小学生尤苗也,小学校尤苗圃也,陪护径寸之茎,使之盈尺及丈,成有用之才,苗圃之事也。……小学生未有教而不能者,惟必须教之以其道,乃不误入歧途耳。"①

孔子的性习论和他的"学而知之"是紧密联系的,强调的是"习"与"学"在人的发展过程中的作用,启示改善教育条件,改变社会风俗习惯以及改良政治,以利于受教育者全面、和谐地发展。

孔子性习论这一命题中蕴含着环境(包括教育环境)使"性"的发展潜能变为现实,以及决定人发展的方向、速度、水平以及个体差异的原理。《里仁》篇中孔子主张"里仁为美,择不处仁,焉得知"。《阳货》中孔子赞子游以"乐"治武城,都体现了孔子环境育人的思想。

张謇深受先秦儒家思想影响,深得孔子性习论思想要旨,他在南通教育早期现代化的空间治理中,积极创造和利用环境的积极因素,遏制和转化消极因素,从人和环境的交互作用中启导、促进受教育者的身心发展。这方面的内容我们在探讨教育空间的文化形态时已作简要概括。

(三)"有教无类"与"因材施教"

从先秦时代孔子开创的全民教育思想,到我国近代教育民主化运动的形成,中国教育之所以在人类文明史上产生重大影响,是与儒家将"有教无类"和"因材施教"密切结合分不开的。

孔子提出的"有教无类",打破了由贵族垄断教育权利的不合理制度,树立并实践了普及教育的理念,建立了人人享有受教育权利的平等观念。

南通的近代教育空间治理,和中国近代开办新式教育之初以中、高等专科学校为主不同,张謇本着"有教无类"的思想,一生致力于教育的普及,使每个人都有受教育的机会。除初、高等小学,张謇在学前教育方面办有育婴堂、幼

---

① 《张謇全集》卷四,江苏古籍出版社 1994 年版,第 179 页。

稚园,中等教育方面办有普通中学和各类职业学校,高等教育方面有纺织、医学、农业等专门学校,成人教育方面办有各种补习学校、夜校,女子教育方面办有女子师范学校、女工传习所等,特殊教育方面办有盲哑学校、僧立小学等,还办有收养流浪人的栖流所,改造妓女的济良所等。张謇所经营的教育事业,业已达到了"使老有所终,壮有所用,幼有所长,矜寡孤独废疾者皆有所养"的境界,使男女、老幼、贫富、智愚、残疾、僧俗各色人等,都能受到适性的教育。中国教育传统中"有教无类"的思想,在张謇办学过程中,得到了充分体现。

和"有教无类"密切结合的"因材施教",是中国教育中影响深远的思想传统,它侧重于根据社会发展的需要,造就不同类型、不同层次的人才,以便形成一个宏大的受教育者群体,对社会的不同领域产生积极作用。张謇认为:"胥一国之人于一途,势有所不能;别一途以养性之相近者,而成其才,宁有不可?窃独以为初等小学宜溥,视其质之敏而近于文者,识别焉以入高等小学。高等小学即宜略区文实而延其学年为六。文则重国学而植文法之基;质则重理算而植理医农工商之基。中学则文实显区,历四年而径入分科之大学。"①体现了其鲜明的"因材施教"思想。

"因材施教"落实在教学过程中,则体现了特殊高于普遍的教学法原则。《论语》记载"问政"八章,"问仁"八章,"问孝"四章,"问君子"三章,孔子的回答各不相同。同一问题而孔子回答不同,是由于问者的特殊性。

张謇在《南通教育状况序》中指出:"吾闻教育者,有方而无方,有法而无法之事也。人不可无教,故无世无地无事,可以不教,是为有方。人不同世,世不同地,地不同事,事又各有其不同,执古以例今,执此以例彼,执甲以例乙,则扞格而不入,龃龉而不容,水火而不亲。各宜其所宜,各适其所适,是则无方。教聋不可以管龠,教瞽不可以文章,教童子不可以乌获,必因其所能明而益以明,因其所能行而导以行,是为法,是有法。或举一即悟三焉,或兼两而始见一

---

① 《张謇全集》卷四,江苏古籍出版社1994年版,第99页。

焉,或因负始觉正,因权而反经焉,恶乎非法,恶乎非非法,是则无法。吾茹此说于心,并吾之世有可以说者焉,及吾之生有可为行者焉,不敢知也。"①张謇的这段话,充满中华传统文化的辩证思辨色彩,其中蕴含了丰富的"因材施教"的教育思想。

"有教无类"与"因材施教",显然是和现代教育中的教育民主、公平、"终身学习"、"学习化社会"思想以及注重人个性培养的思想相融相通的,也体现了空间治理中的空间正义导向。

三、会通古今,兼具中西

现代化作为人类共同的价值追求,其终极目标是实现人的价值,而不仅是指科技发展或工业化。现代化的衡量标准只能是人的价值实现的程度,而不是西化的程度。在生命的视域中,古与今、中与外,没有明确的好与坏、先进与落后的区分。

纵观张謇一生的社会实践和教育实践,可以看到张謇对待传统的心态是开放的,他并不拘泥于新与旧、中与西之辩。

张謇总结他经营南通的历程,认为之所以取得成功,在于他不拘泥于成法。用他的话说,就是"法古法今,法中国,法外国,亦不必古,不必今,不必中国,不必外国。察地方之所宜,度我兄弟思虑之所及,财力之所能,以达吾行义之所安。不歆于人之高且达,不慕于外之新且异,不强人以就我,不贬我以就人;不敢畏,不欲画,不敢遽"②。"彼之法,不必尽合我也,而其善者可师,观其若何而革? 其法亦不尽适于我也,其善者亦可师。而不适者亦可资借鉴,盖析而讨之,比之斠之,则我之利病得失,洞洞若鉴,明明若炬,有心可观矣。"③

张謇以开放的心态对待各种外来的新的思潮,但并不代表他能对中外思

---

① 《张謇全集》卷四,江苏古籍出版社1994年版,第150页。
② 《张謇全集》卷四,江苏古籍出版社1994年版,第468页。
③ 《张謇全集》卷二,江苏古籍出版社1994年版,第631页。

想一视同仁、择善而从。正如列文森所描述的,中国早期现代化进程中的先驱者往往陷入这样一个文化窘境:"他们在情感上执着于自家的历史,在理智上却又献身于外来的价值。"①中国传统教育培养出来的张謇,名教根基太深,因而经常以自家的传统理解外来的价值,往往认为外来的优秀文化和先王之意恰好相合。

张謇在《江宁同文馆课艺序》一文中对此有过阐述。他说:"中国一不振,则肤学末识举诗书之大义而刍狗之,谓不足当彼彝人之呫,而锢于旧习者,则又斤斤于先王教化政治之蹄筌,而自以为卓,彼此相笑,诞漫不可斠者,盖又二十余年。……求彝之所以为国,其法度政治所以行之之意,未尝不与先王诗书六籍之文,时时有合,以先王之意行之,彼彝之法度政治,皆足以资中国愤发而为天下雄也。以犹夫沟犹瞀儒与貌彝者之所为行之,则先王与彝也等弊耳,安在彝之非刍狗。南丰曾氏之言曰:孔孟独明先王非强天下之法,使不失乎先王之本意。二帝三王之治,其变固殊,其治固异,道所以立本,虽百世可知。用天下骛新之气,以被中国之士夫,守先王不忍人之心,以存中国之人类,岂非凡有血气者之责欤!感某君请叙之意而推论及之,盖所以重某君而亦望诸生之匪徒貌彝而已。呜呼!其可已乎!"②

这段文字除反映出张謇在情感上执着于自家的历史外,还对"举诗书之大义而刍狗之"和"斤斤于先王教化政治之蹄筌,而自以为卓"两种对于传统文化的极端态度提出了批判,反映了张謇对待传统的健康心态。需要注意的是,这里张謇提到了"变"与"不变",提到了所以立本的"道":"二帝三王之治,其变固殊,其治固异,道所以立本,虽百世可知。"

下面这段文字是张謇在1922年对河海专门学校毕业生说的,谈的是工程技术问题:"以吾国旧日工程法式,本多可以改革之处,惟其原理与作用,较欧

---

① 杜维明:《探究真实的存在:略论熊十力,近代中国思想人物论——保守主义》,台北时报文化出版公司1980年版,第327页。

② 《张謇全集》卷五上,江苏古籍出版社1994年版,第210—211页。

美新法,彼此暗合之处甚多。诸生毋存旧法必不可用之观念,或加以非笑,致先立于今日社会习惯反对之地位。然非舍己以殉人也。惟须洞明于新旧法之原理作用,第次转移,行之以渐,固使工良法美,有适当之成绩足以示人,则人心之顽钝不悟者,乃占少数,潜移默化,端赖诸生。"①虽说的是工程,仍然可以看出张謇对中华传统的深厚感情,字里行间透露出对当时社会的反传统习惯的不满和对学生通过自身努力重拾人们对传统文化信心的期望。

经历中日甲午战争的惨痛国耻之后,封建士大夫张謇断然舍弃"重官轻商、重德轻技"的旧观念,走上了崇尚实业救国、教育救国的道路。他对待外来技艺、外来文化等方面的思想,在深度和广度上都发生了较大的变化。张謇创办的实业教育和反映近代工业生产需要的知识内容,改变了中华传统道德教育的一统性,在形式和内容上借鉴西方教育。而张謇推动教育变革的思想源泉,正是中华传统文化中的精华。

---

① 《张謇全集》卷四,江苏古籍出版社 1994 年版,第 182 页。

第七章　南通教育早期现代化空间
治理样本的当代价值

第一节　教育治理的学术精神

2019 年我国颁布的纲领性文件《中国教育现代化 2035》指出,我国的教育存在的问题主要表现在"科学的教育理念尚未牢固确立,素质教育尚未得到充分发展,思想品德教育有待进一步加强,教师队伍建设尚不能满足教育现代化需要。……区域、城乡之间教育发展尚存在明显差距,基本公共服务均等化水平有待提升。……农村义务教育、学前教育、职业教育仍是短板,有效服务全民终身学习的体系制度尚不健全,人才培养结构与社会需求契合度不够,教育支撑引领创新发展与服务国家对外开放大局的能力亟待提升。……政府为主、全社会共同投入教育的机制还不健全,教育治理能力现代化水平有待提高"。[1]

以上问题产生的原因之一,可能来自现代学术体系存在的弊端。随着人类社会的发展,知识不断积累,范围不断扩大。知识因其体系的膨胀和研究对象、研究方法的不同而分解成不同的学科。任何一个学科都是从同一客体中分离出的各自的研究对象,即自然、社会和人类自身存在和发展的某一方面,

---

① 褚宏启:《〈中国教育现代化 2035〉的关键词与问题域》,《中小学管理》2019 年第 4 期。

教育被划分为其中的一个学科。但世界是一个整体,教育问题往往是社会问题的表征和派生,单单就教育研究教育是片面的。

解决问题的办法,我们可以从追求教育现代化的历史中探寻。张謇秉承中国传统学术"相通合一""不尚空言"的精神,将教育融入社会,整体推进现代化,取得卓著成效。这种学术精神,对当前教育研究与实践具有重要的启迪意义和借鉴价值。

一、现代学术体系的局限

严格地说,现代学术体系来自西方,学科分类是近代科学发展的产物。西方学术体系注重对事物和现象的研究,据此从逻辑思辨引申为一整套理论。它拥有分门别类的学科和专家。以研究对象为分类标准是学科分类的主流,如英、法把科学分为自然科学、人文科学、社会科学,德国把科学分为自然科学与精神科学等。在这些科学的基本部类下又各自分出各个学科。教育是其中一个学科,教育学科分支,有以应用其他社会科学学科理论分析框架构成的教育哲学、教育社会学、教育心理学等,还有以其他原则划分的诸如教育统计学、教育规划学、课程教学论等,形成枝繁叶茂的局面。但在欣喜的同时也有忧虑,会不会各学科、各分支学科"壁垒森严",因而各门学科间缺乏交流、缺乏合作,教育科学也就缺乏凝聚力,也缺少了解决实际问题的能力。学科的统一性问题不只存在于教育科学之中。现代科学的发展,使人们愈来愈意识到学科之间的界限分明所带来的弊端。

科学发展到现代,我们认识到必须从整体系统来认识世界。普朗克说:"科学是内在的整体,它被分解为单独的个体不是取决于事物本身,而是取决于人类认识能力的局限性。实际上存在着从物理到化学,通过生物学和人类学到社会学的连续的链条,这是任何一处都不能被打断的链条。"[1]皮亚杰在

---

① 成思危主编:《复杂性科学探索》,民主与建设出版社1999年版,代序第3页。

《跨学科认识论》中说,跨学科研究应该是达到这一阶段的研究:"一门科学与临近学科和临近领域之间的合作,导致彼此有一些真正的相互作用,即在交流中导致某种互利,诸如相互使对方在总体上有所丰富。"这种跨学科研究还应该继续得到发展,以达到一个"高级阶段……即综合研究阶段,而是要使各有关学科融为一个总的体系,在其内部建立有这种系统"①。越来越多的实践证明把学术体系划分为一个一个单独学科的缺陷。世界是整体不可分割的,划分为各个学科是为了研究的方便,不应该由此忘记了世界的普遍联系性。而以人文界为对象的中国学术传统,恰恰能够面对人群社会中一切认识问题,可以从容应对西方学术的这个缺陷。

二、中国学术传统的价值

晚清以来的中国近代学术界,对于中国古代学术传统一方面进行了大量的、富有创新的研究;另一方面,其研究范式也说明了一个无奈的事实,随着中国学术走向现代,对于传统学术的继承和研究渐渐被淡化。在社会飞速发展的今天,面对西方学术体系存在的缺陷,我们应该重拾中国传统学术的价值。

在学术体系上,中国传统学术是一个大的复杂自适应系统。钱穆指出,"中国此后之全部学术史,即以孔子及其所创始之儒家思想为主要骨干。……中国学术精神,乃以社会人群之人事问题的实际措施为其主要对象,此亦为中国学术之一特殊性。……既属人事,则必是可以相通合一的。因此中国以往学者,很少对政治、社会,经济等项分途作个别钻研的。因人事只是一整全体,不能支离破散来个别对治"②。中国传统学术的特点是不分学科,从政治、经济、教育到天文地理、管理等,统统都纳入一个大的统系。

中国学术传统侧重在人文界,体现在"相通合一",必求落实于人生实际

---

① [法]加斯东·米亚拉雷、让·维亚尔主编:《世界教育史(1945 年至今)》,张人杰等译,上海译文出版社 1991 年版,第 502 页。

② 钱穆:《中国历史研究法》,生活·读书·新知三联书店 2001 年版,第 66—69 页。

事务上,那么中国学术传统一以贯之的核心思想是什么呢?侧重在人,这是中国传统学术的出发点。钱穆指出:"中国学术之主要出发点,乃是一种人本位主义,亦可说是一种人文主义。其主要精神,乃在面对人群社会中一切人事问题之各项实际措施。……如政治、社会、经济诸端,皆属此对象下之一方面、一部分,皆可以实际人事一语包括之。"①中国学术精神体现在"相通合一"。西方学术体系存在弊端,"只从某一角度为出发点去作研究,固亦可以著书立说,成一家之言,言之成理,持之有故。但配合到实际人事上来,则往往会出岔"②。

张謇秉承中国学术传统,发展教育的出发点是"天地之大德曰生",强调整体性和会通性。他以"地方自治"为统摄,退居江海一隅实行"村落主义","父教育,母实业",系统性、整体性地推动南通的早期现代化。张謇并没有把教育作为一个单独事业来考虑,而是沿用儒家"正德、利用、厚生"的思想,从解决民生问题和社会发展出发兴办教育。张謇将教育蕴含于"地方自治"的整体实践中,教育作为子系统与地方社会系统内部的其他子系统,如政治、经济、文化等系统之间存在着复杂而紧密的联系,不能也不曾分割。

中国学术精神的另一表现,"厥为不尚空言,一切都会纳在实际措施上。所谓坐而言,起而行。若徒言不行,著书立说,只是纸上加纸,无补实际,向为中国人所轻视"③。中国学术传统"不尚空言",学术精神爱切实,凡属所知,必求与实事接触,身体力行。儒家特别强调"经世致用",体现了修、齐、治、平,以天下为己任的社会责任感和历史使命感。张謇深受"经世致用"思想的影响,正如他儿子张孝若所说:"我父立下了吾儒不任事谁任事的决心,更想进一步推实用的学派,去实做实用的事业;使得实用的空言,变成实用的事业;将原料物质,一齐利用发达起来,于国家于民生,尽兴利有益的责任。这是我

---

① 钱穆:《中国历史研究法》,生活·读书·新知三联书店 2001 年版,第 66 页。
② 钱穆:《中国历史研究法》,生活·读书·新知三联书店 2001 年版,第 69 页。
③ 钱穆:《中国历史研究法》,生活·读书·新知三联书店 2001 年版,第 67 页。

父一生读书重儒的抱负,和力行的法则。"①在当时中国生死存亡的十字路口,张謇退居故里南通,兴教育、办实业乃至慈善、公益等各项事业,为实现他理想中的"新新世界"身体力行、殚精竭虑。

中国学术史上也无专家一说,天文、算数、历法、医药、水利、机械、营造之类,都须有专家。但中国本于传统的人文精神,学术传统一向比较喜欢讲会通,不甚鼓励人成为专家。"因此用西方人眼光来看中国学术,自然没有像西方般那种分道扬镳、百花齐放的情形。两相比照,若觉中国的不免失之单调和笼统。其实此亦中国学术传统之一特殊处。譬如有人说孔子是一政治家,这并不错。或说他是一哲学家,或教育家,或史学家等,也并没有错。甚至说他是一社会学家,也未尝不可。但孔子之伟大,并不在他的某一项专门学问上。当时人就说孔子'博学而无所成名'。此后学术传统如此,中国学术史上伟大人物,常只是一普通人,而不能像西方之所谓专家,这也是事实。"②钱穆以孔子举例,而我们自然会联想到张謇。

中国传统学术是一个基于人本的整体的大系统,精神爱切实,不迈远步。凡属所知,必求与实事接触,身体力行,逐步做去。而张謇在南通的社会治理、教育治理,正是这一学术传统的典型样本。

需要指出的是,我们探讨中国传统学术价值,强调中国传统学术的整体性、实践性和其核心思想,并不是要完全回归传统,抱残守缺,重走老路。前文已指出,现代学术体系为了研究的需要,把整体世界中的某一个方面的内容拿出来单独探讨形成学科,各学科形成的理论及各自的研究方法对探索认识世界、解决实际问题作出了重要贡献。世界上的事物,以及所谓的"各门科学",实际上是相互关联的,诸如政治、经济与教育思想等子系统之间,存在着复杂的相互关系,单独推进困境重重,需要我们去"会通"。中西科学

---

① 张孝若:《南通张季直先生传记》,上海书店 1991 年版,第 319—320 页。
② 钱穆:《中国历史研究法》,生活·读书·新知三联书店 2001 年版,第 70 页。

发展到今天,关于这一点的看法也有所统一了,虽然它们当初的探索方向是相反的。

张謇的成功经验有重要的启示和价值,但同时也不能不提及其局限性,因为它同样对我们有借鉴意义。张謇是中国早期现代化的开路先锋,取得举世瞩目的成就,在历史上留下不可磨灭的印记,但最终又以胡适评价的"伟大的失败的英雄"①让人敬仰又扼腕。那么问题出在哪里呢? 一个可能的原因是,张謇的思想体系中现代科学理性精神没有得到充分发育。"张謇还不习惯用类似西方人所具有的那种技术理性来推动他的事业,所以他越是把他的实践目标向现代推进,他的目标的实现形式对实践进程造成的制约越大,所导致的失误越多,失败越大。"②正如列文森所说,中国现代化的先驱者"对过去的认同缺乏知性的依据,而他们对当今的认同则缺乏情感的强度"③。正因为张謇对过去的认同缺乏知性的依据,使他不能在合理性原则下进行传统的扬弃。而又因为对今天的认同缺乏情感的强度,使他不能以合理的哲学态度去领悟、把握现代性中的理性主义精神。在现代性的框架里观察,张謇的思想体系有一个理性的空场。张謇曾经提出"本旧说而参新法"④。我们认为,所说的"新法"如果定义为现代西方学术中的现代性因素,那么"参新法"才能成立,我们需要纠正的是放弃作为一个系统的自己的学术传统,转而完全接受与我们传统截然不同的另外一个系统即西方现代学术传统。我们需要做的是,在自己的学术传统中引入现代性因素,经过现代学术与传统学术相互作用与影响,催生出新的中国学术传统,这是张謇的成功和局限给我们的启示。

①　张孝若:《南通张季直先生传记》,上海书店 1991 年版,序。
②　第四届张謇国际学术研讨会组委会主编:《张謇与近代中国社会》,南京大学出版社 2006 年版,第 63 页。
③　杜维明:《探究真实的存在:略论熊十力,近代中国思想人物论——保守主义》,台北时报文化出版公司 1980 年版,第 327 页。
④　《张謇全集》卷四,上海辞书出版社 2012 年版,第 575 页。

第二节　区域教育空间的治理路径

前文指出,社会理论的空间转向使空间成为人们思考现代人类生存方式新的基本范式。社会理论空间转向是对于传统历史叙事时间压倒空间的批判和反思,"转向"是对现代性批判路向的重新定位。① 围绕空间的社会性、社会的空间性、空间生产、空间实践,以空间哲学和空间思维反思社会、经济、文化和教育问题以及各要素与空间的辩证关系,形成的空间本体、基本属性、结构样态以及性质和功能等理论命题,某种程度上代表前沿理论探索和思维方式变革的标志。对于现代性及其相关问题的阐释和反思,需要加入空间视角的解读。空间治理是一个新的综合性概念,教育空间治理指向不同范围的区域教育治理。张謇以地方自治为统摄,办实业、兴教育,将南通这个原本封建落后的江北小城,建设成为近代享誉中外的"模范城市",具有典型的区域空间治理特征。解读张謇的空间治理样本,其治理路径对当前以空间这个新的视角探讨区域与区域教育发展,具有重要的借鉴价值和启迪意义。

一、从核心区域看教育与城市空间治理

核心区域,即南通的"一城三镇":通州城、唐闸镇、天生港镇和狼山镇。也就是如今的南通市主城区。我们首先就核心区域探讨张謇的教育与城市空间治理。

张謇整体推进南通地方自治,从区域现代转型的大视角出发,兴办实业、教育、公益和慈善,在南通形成以大生资本集团为龙头大工业,包括各类学校教育和社会教育机构在内的体系完备的大教育、"一城三镇"的现代城市大格局。南通的城市建设在 20 世纪 20 年代闻名遐迩。南通自治模式主要是一种

---

① 胡大平:《哲学与"空间转向"——通往地方生产的知识》,《哲学研究》2018 年第 10 期。

城市主导型模式,以城市建设为中心。南通的现代化在很大程度上是一种城市现代化。

（一）以教育改善城市自然地理

教育活动的开展需要占据地理空间,承载教育活动的学校等各级各类教育机构坐落于城市地表,占据着城市空间,构成实体区域,本身成为城市地理空间的重要组成部分。学校等各类教育机构在城市地理空间上的整体布局,是决定城市地理空间结构的重要因素。同时,聚集在城市空间的教育活动,可以能动适应、利用和改造自然地理环境,通过传播和创生生态环境改造和保护的知识,科学有效地利用、保护和优化自然地理环境,促进教育与自然环境协调共生。

张謇在南通的现代城市建设,在空间上突破旧城的束缚,主城区以教育项目建设为主,结合当地的历史和现实条件,综合考虑,整体推进城市空间规划治理。在自然地理层面,旧城区是传统的政治、经济和文化中心,通过兴办新式教育,注入新的因素,实现空间的现代转化。旧城区先后创办的学校等教育机构有通州公立高等第一小学、女子师范学校、通州女子师范附属小学、女师附属幼稚班、南通私立第二幼稚园、通海五属公立中学等。分布在老城区的新式学校,与1914年在樵楼建成的有时代特色的钟楼,形成了标志旧时代的结束和新时代开始的新的城市自然地理景观。

张謇大量的事业在南城门外荒芜的新城发展,以创办通州师范学校为起点,教育、文化、商业、市政等各项事业迭次兴建,城区中心逐步向南转移,在城区南部逐渐形成具有现代风貌的新城区。城南新城区先后建成的各级各类教育项目主要有通州师范学校、南通医学专门学校、通州师范学校附属小学校、甲乙两种农业学校、南通私立甲种商业学校、女工传习所、伶工学社、南通私立第三幼稚园、南通博物苑、南通图书馆、翰墨林印书局、更俗剧场、第一公共体育场、第二公共体育场、第一养老院、第三养老院、中公园、东公园、西公园、南公园、北公园。这些新式机构、场所在空间的位置，主要沿南濠河展开。主城区是南通政治、文化、教育和商业中心。各级各类学校和众多的文化公益机构（典型样本的建设详情已在第二章介绍），在主城区构成体系结构完整的大教育体系，各类教育机构在地理区域的分布与建筑重塑了城市自然地理空间。

唐闸兴办的教育，可以分为两类，一类是和实业迭相为用的实业（职业）教育。其中影响最大的是1913年创办的南通纺织专门学校，此外还有附设在资生铁厂内的镀镍传习所。另一类是为企业职工子弟和乡、镇居民服务的普通教育和社会教育。先后办有唐闸私立实业小学、南通私立第一幼稚园、私立敬孺初级中学、南通新育婴堂、唐闸公园等。唐闸镇工业区主要集中在运河西，河东是教育、慈善和公园等事业相对集中的区域。学校和其他大教育系统中的文化公益事业的介入，使唐闸从最初单一的工业市镇，走向功能齐全的现代城市区域，区域自然地理景观也随之改变。

狼山也是张謇南通现代城市建设的重点区域之一。教育、慈善和文化机构的兴办，同样也影响和改变了狼山的自然地理空间。张謇在狼山北麓创办了中国第一个国人自办的特殊学校——盲哑学校，与学校毗连建有残废院，在狼山创办女子蚕桑讲习所，在军山奥子圩建发网传习所。农业专门学校在军山下东林建有农场四分场；在狼山、军山、剑山、马鞍山、黄泥山等官地建有林场；在狼山之麓建有苗圃，专门培植各种树苗移栽各地。师范学校在五山建有"五山学校林"，两所学校在五山建特殊分部，在体现学校教育空间向校外自然地理空间的拓展和交融的同时，改变了五山的自然地理。中国第一个现代气象站——军山气象台建在军山上，成为南通城市自然地理空间中一道新的景观。

（二）以教育塑造城市人文地理

教育可以改善和提升城市人文地理要素结构和水平。聚集在城市的教育通过土地利用、设施布置、场所建设等建构具有地域特色和人文气息的城市教育景观;通过人才培养、科学研究和社会服务为城市空间发展提供人才支撑、智力支持和解决方案;通过优秀文化传承、先进文化传播,丰润城市社会文化环境。教育还可以提高城市人口素质、促进人口合理流动、改善人口城市空间布局和结构。

从普通教育到实业教育、从学校教育到社会教育,张謇以教育现代化推进南通城市的全面现代化。张謇在建设南通的过程中,办学校、建公园,博物苑、图书馆、体育场、剧场等文化设施迭次而起。南通拥有众多的全国第一,中国最早的师范学校、最早的纺织专门学校、最早的新型戏曲学校、最早的盲哑学校、最早的女子刺绣艺术学校、最早的博物苑、最早的民办农用气象台都在南通城区相继诞生。这一系列教育、文化设施能在不长的时间内,以地方自治为推力,在一个地方较为集中地建设起来,让一个落后的县城逐步过渡到当时的"模范城市",这不能不说是个奇迹。张謇通过教育改善和提升城市人文地理要素结构和水平,在传播知识、训练技能、发展生产力的同时,积极振兴文化,努力创造风俗仁厚的社会环境,"化民成俗",提高人的精神素质,促进人的全面和谐发展。

张謇普及学校教育的目的是提高民众的素质,同时,学校教育与实业迭相为用,以教育推动各项实业发展。张謇围绕实业创办职业教育,开办纺织厂是南通城市现代转型的肇始,张謇从"纺织须棉,增产棉地","有棉产地,讲求改良棉种及种法"出发,开办他的第一所职业学校——农学堂。"纺织须纺织专门人才,又设立纺织学校",开创了纺织高等教育的先河。随着张謇创办纺织工业的成功,南通的实业很快进入了一个新的发展阶段,各种技术和各类人才的需求日益迫切。张謇在"农工商皆资学问"思想的指导下,倡导和创办各类职业学校,陆续创建了商业学校、银行专修科、工商补习学校、镀镍传习所、女子蚕桑讲习所、女工传习所等。张謇为了适应"地方自治"的需要,还办了法政讲习所、宣讲传习所、清丈传习所、巡警教练所、交通警察养成所、监狱学传习所等教育机构。

张謇在兴办学校教育的同时,积极推广社会教育。借鉴和吸收西方现代文明,有目的地创造有利于受教育者发展的优良环境,从人和环境的交互作用中启导、促进受教育者的身心发展,提升南通地区的现代文明水平。

博物苑和图书馆是保藏和传播人类文明的机构,是开启民智、普及教育的重要场所。张謇指出:"窃惟东西各邦,其开化后于我国,而近今以来,政举事理,且骎骎为文明之先导矣。掸考其故,实本于教育之普及,学校之勃兴。然以少数之学校,授学有秩序,毕业有程限,其所养之人才,岂能蔚为通儒,尊其绝学。盖有图书馆、博物苑,以为学校之后盾,使承学之彦,有所参考,有所实验,得以综合古今,搜讨而研论之耳。"①强调了图书馆、博物馆的社会教育功能。

1903 年,在通州师范开学的同时,张謇创办了翰墨林印书局。翰墨林印书局出版学校教材和各类中外书籍,在成立之初,就翻译出版了《日本宪法义解》《日本议会史》等学术著作,在辅助教学的同时传播先进文化。

南通创办了中国早期的地方报纸之一《江海通报》,成为张謇宣传现代文明的喉舌。

中国最早的气象台军山气象台使"通城及东乡民众,远望军山有台,亦可提高重视天气预报的观念"②,足见张謇在建台为生产、生活服务的同时,不忘民众现代科学意识的养成。

把戏剧改良和移风易俗、社会进化结合起来,这也是张謇提升南通现代文明水平的重要举措。他创办了培养现代戏剧人才的伶工学社,建设现代剧场更俗剧院。剧院取名"更俗"足见张謇意图,剧场对社会新风的养成,戏剧艺术的推广都发挥了重要作用。张謇在建设更俗剧场的同时,创办了中国影戏制造公司,拍摄了伶工学社演出的《打花鼓》《四杰村》京剧艺术片和《五山风景》《张南通游南通新市场》等纪录片。《四杰村》还曾在美国纽约放映。

张謇兴建体育场,运动项目有篮球、网球、乒乓球等现代球类运动以及木

---

① 《张謇全集》卷四,江苏古籍出版社 1994 年版,第 272 页。
② 陈有清:《张謇传》,江苏古籍出版社 1988 年版,第 66 页。

马、高梯、滑台、浪桥、旋板等器械竞技,积极引导民众开展现代体育活动。

张謇所修建的城市公园,包括东、南、西、北、中五座,谓为"五山以北五公园,五五相峙","一邑之中一大苑,一一珍藏",显示了他的诗人情怀。

张謇延请著名国学大师王国维到通州师范任教,著名刺绣艺术大师沈寿来通主持女工传习所,著名艺术家、戏曲改革的伟大先驱欧阳予倩主持伶工学社和更俗剧场。邀请著名文学家、艺术家来通工作,是张謇着力打造文化南通、艺术南通的措施之一。

教育还直接支持服务了城市空间的规划和建设。张謇在通州师范学校附设测绘科和一期土木工科,培养城市规划、设计、建设的人才,毕业生成为南通城市建设的骨干,建设了一批中西合璧的优秀建筑,其中不乏近代建筑史上的经典之作。张謇在南通构建以老城为中心的"一城三镇"的空间格局,将工业区选在唐闸、港口区定在天生港、狼山作为花园私宅及风景区,而老城区为商业、文化和政治中心,城镇相对独立,分工明确,和谐协调,形成了中外人士盛赞的宜人的人居环境。

为提升南通城市的现代文明水平,张謇还创办了其他教育和公益事业。他创办了通明电气公司,提供城市照明用电;开设公交车,穿行于"一城三镇"之间;①创办了邮政和电话公司,方便了南通与全国各地乃至国外的通信联系;对孤寡老人,建立了养老院;对遗弃儿童,建有育婴堂;对残疾人,有残废院收容;对妓女设立济良所,教妇女从良;对流浪人建有南通栖流所,兼有管教和培训技能的职能;甚至还专门开辟公墓,改良当地的殡葬习惯。

经过张謇几十年的艰辛努力,"南通一隅,入其乡,则道路治焉,地力尽焉,百工勤焉,学校备焉"②。南通由一百多年前贫穷落后,文化远远落后于江南地区的江北小城,一跃成为人文荟萃、人杰地灵之地。

---

① 南通的港闸公路建于 1902 年,比被称为"中国第一条公路"的长沙到株洲的公路早10 年。

② 瞿立鹤:《张謇的教育思想》,台湾学生书局 1976 年版,第 289 页。

张謇在南通核心区域的教育早期现代化空间治理,无疑对我国当今城市空间治理具有重要启示意义和借鉴价值。改革开放以来,中国开启了社会转型,各种要素由原来计划规约逐渐转向被市场机制所决定,从计划经济体制转向市场经济体制。城市的土地利用模式随之发生变化,从统一计划管理转向由包括市场机制在内的多种因素共同支配。城市空间由人口、组织、公共设施、建筑等要素组成,各要素在城市地域的分布和组合创造着城市空间格局,从而形成城市空间形态。这些要素分布和变迁的动力机制不尽相同,所以城市空间的形成和发展是多种力量综合作用的结果。教育是城市的基本功能之一,聚集在城市的教育在城市空间的形成和发展中起着重要的作用。随着我国现代化建设的不断推进,教育对城市空间的影响将会越来越大,忽视教育因素的作用,就无法保证城市空间的健康发展。教育是城市空间发展恒定不变的动力与因素,教育的空间问题体现为教育与政治、经济、社会、文化、生态各个层面上叠加式的空间结构问题。充分利用教育对于城市空间积极的作用,克服其不利影响,是我们当下的重要任务。

二、从空间完形看县域与乡村教育空间治理

张謇地方自治实践与思想的空间完形,包括历史上所称的"通海地区"(大致为如今南通主城区和通州、海门、启东)以及如皋和如东两地。

民国时期南通撤州为县,《二十年来之南通》称"南通古名通州,苏省之一小县也……学校之多,设备之完全,人民智识之增进,远非他处所能及。南通在中国千七百余县中,不过以极小县耳"。张謇自己介绍南通:"南通县者,固国家领土一千七百余县之一,而省辖六十余县之一也。以地方自治、实业、教育、慈善、公益各种事业之发达,部省调查之员,中外考察之士,目为模范县。"①南通地区目前行政分划数县,但在张謇开启现代化建设之前,南通不过

---

① 《张謇全集》卷四,江苏古籍出版社1994年版,第434页。

一江北落后小城,城乡区域特征,与当今一县相仿佛。2020 年 12 月,中央农村工作会议强调,要把县域作为城乡融合发展的重要切入点。回顾我国近代教育变革的历史,有一个重要现象:诸多教育现代化的先驱者进行的教育变革试验也多是以县域为空间单位展开的,力图通过教育改革来挽救国家民族危亡。张謇开展教育变革的南通是一例,产生重要影响的还有晏阳初的河北定县教育改革实验和梁漱溟的山东邹平县教育改革实验。政府或先驱者们敏感地意识到县域空间的自足性和县域所具有的方法论意义,为县域教育改革发展提供了空间合法性证明。以县域为空间和方法进行教育改革正是我国教育改革发展的某种"度"的所在。作为教育活动发生的场所,县域空间是城乡教育融合与乡村教育振兴的直接见证者,它为我们研究中国基层教育提供了观察视角与概念工具。这意味着通过张謇南通空间完形的教育实践样本,对"县域"的空间性加以分析,进而以县域教育空间为方法开展研究具有重要性和可行性。

"县在中国社会或中国人的心理世界中有着独特的存在意义,除作为基层政治和行政结构的典型表征外,它又在人的情感空间和文化心理结构中表达出一种特殊的家乡感。"①县域是一种属于"当地人"的社会心理空间,作为当地人自我认同的产物,家乡感一方面意味着归属与权利,另一方面则具有排他性的区分功能,以此凸显县域划分的社会结果。我国县域划分最早出现于秦王朝制定的郡县制,这是中国最早的行政地域空间划分,标志着原始社会以氏族、血缘为基础的部落制度或分封制度的分人而治到划地而治的重要转变。行政区域是地理区域的一种,有严格的地理边界,是自然的政治化。县是国家对国土及生存其上的人实行管控与治理的技术,"县"首先是人为构建的象征物,政治性是"县"的原初意义。"县域的形成依据于特定经济及文化状态,民族、人口分布,历史传统,军事防御,国家发展战略等,因此,县域同时也是一个

---

① 刘远杰:《新时代中国教育改革的县域空间逻辑建构》,《教育发展研究》2021 年第 10 期。

具有明确权力界线、经济和社会秩序的综合空间类型。"①县域作为一种特定的现实空间类型,由县域公民主体、县域社会结构、县域自然地理与人文环境等共同建构。

乡村是中国地域的主要构成,还是中华传统文化的发源地和储存室。县域治理的最大特点在于它与乡村地域的直接性空间链接与整合,以及进而形成的最近距离乡村价值观照。县域教育空间治理的归宿,在于创造出在地化的本土教育空间,体现出教育"因县制宜"的历史逻辑与辩证逻辑。张謇和围绕他身边的家乡同道在南通的教育实践表明:一方面县域教育治理要倚重"当地人"的本土情怀、社会责任感、创新能力、批判精神等品质;另一方面县域教育空间作为本土教育空间,它意味着一种契合当地现实条件、体现当地人需求、反映当地教育特征、具有当地教育文化精神的教育生态空间。"当地"的需求、条件、特征、文化等构成了这种教育空间机动性和嬗变性的边界,它的核心特征是"本土性"。"本土"并非"乡土","乡土"只是"本土"的一种意义范畴。县域教育空间作为一种综合空间类型,它应该是城市教育和乡村教育的共存与融合。

张謇抱"村落主义",在家乡南通建设理想中的"新新世界",其办教育的目的是使南通州这一个模范区域每个人都成为模范人,②通过教育唤醒民众的国家意识、家乡意识,培养社会责任感。张謇为唐闸私立实业小学撰写校歌,"唐闸实业,名满全国,纱、铁、油、面、茧,创立三部,普及教育,树人兮百年,大江遥望、五山耸立,风景出天然,吾侪到此,饮水思源,努力须自勉",即是培养"当地人"的本土情怀、强化建设家乡个体责任的生动一例。

整体性是张謇县域教育空间治理的一个显著特征。张謇抱定"正德、利用、厚生"的思想,退居江海一隅实行"村落主义","父教育,母实业",系统性、

---

① 宋月红:《行政区划与当代中国行政区域、区域行政类型分析》,《北京大学学报(哲学社会科学版)》1999 年第 4 期。

② 羽离子:《东方乌托邦——近代南通》,人民出版社 2007 年版,第 165 页。

整体性地推动南通的早期现代化。他所经营的教育空间，布局城镇、辐射乡村，是一种城市教育和乡村教育的共存与融合，同时与区域自然和经济地理有很好的耦合与协调。

张謇发展南通核心区域的重要目的，在于通过城市的辐射，将其集聚的生产力向乡村扩散，形成更多的增长极，实现城市与乡村的互动发展。第一，以城带乡，新建、改造乡镇。围绕纺织产业，以棉花种植为起始，张謇陆续在南通周边乡村区域创办垦殖公司，形成了三余等一批新兴乡镇，镇上学校、钟楼、工场、邮政局、商店、钱庄应有尽有，近代先进文明源源不断地输送到各乡镇，各乡镇又持续地将先进文化扩散到村庄农家，整体上推动了南通乡村地区的现代化发展。第二，城乡互惠，城市与乡村共生发展。张謇设在城市的农业专门学校和现代工业将先进知识、研究成果、经营模式等导入农业，而经过改良的农业又向工业提供原料和产品销售市场，城市与乡村互动、互利、互惠。第三，南通城市各项实业事业的发展和布局农村的垦殖公司，增加乡村农民的就业机会，防止城乡差别的两极分化。在这城市与乡村的互动发展过程中，城乡共存与融合的教育空间成为关键纽带。

教育是区域农工商事业发展的前提。张謇在南通不遗余力地推动现代教育的发展。南通教育空间由核心城区向周边区域的拓展，一是按照现代新式教育推行计划，由张謇协同南通教育会等各种力量，在农村、城镇，按学区推广普及教育；二是推进服务于教育推广和各类事业发展需要的专门教育，包括师范教育和实业（职业）教育。

普及教育与现在常称的普通教育同义，张謇更多地使用"普及教育"一词。张謇认为，"非人民有知识，必不足以自强，知识之本，基于教育"[1]。而本地教育面临的问题是"教育未能普及，镇乡小学太少，无以供高等小学之取材。由是而上，影响遂及于师范、中学"[2]。张謇的普及教育不同于当前教育

---

[1]　《张謇全集》卷三，江苏古籍出版社1994年版，第384页。
[2]　《张謇全集》卷四，江苏古籍出版社1994年版，第59页。

城乡分治的二元结构,他根据区域空间分布,统一规划布局和建设完全的初、中等教育,使之在整个通海地区系统发展。普及教育过程中,当时县域教育一体性主要体现在空间资源的调配上。南通特别规定小学教员以半年为任期,每年寒暑假由县署教育科(劝学所、教育局)会同学务委员选派、调任各市乡小学教员。为确保师资质量,南通由县视学与各学区学务委员平时巡查、考核教员任职情况。南通地区依托师范学校,积极开展在职师资培训,连年在暑期附设小学教员讲习会,组织师范校友会,将在各地从事教育工作的毕业校友集结起来,"齐一课程,综核教法",谋教授管理一致进行。当时曾有评说:"南通教育之特点在统一、在整齐,其所以收统一整齐之效者,有两大原因:一由于教员之同调,一系乎研究之精勤。"①

张謇强调"学必期于用,用必适于地",教育空间与当地自然、经济、文化空间深度耦合。以农校为例,南通地区种植棉花历史悠久,棉花是南通主要农作物之一,但原产棉纤维短,不能纺成细纱,外国棉种因气候地质之不同,几经栽培便成变种,不能保留固有品质。1912年张謇建甲种农校,后发展为南通农大,先后搜集世界棉种50种进行选种和驯化。又在狼山脚下建棉作试验场,通过10余年培育、试种,终于实现了棉花品种改良,能出产纺42支细纱的原棉。农校改良的棉种在乡村推广,极大改善了当地农业生态,振兴了乡村经济,也为大生纺织企业提供了优质原棉,无疑为企业提高效益、增强竞争能力创造了条件。其他各级各类学校与当地经济、文化的深度耦合前文多有介绍,不再列举。张謇创办的服务于当地教育推广和各类事业发展需要的专门教育,包括师范教育和实业(职业)教育,充分体现了县域教育空间作为本土教育空间,它是一种契合当地现实条件、体现当地人需求、反映当地教育特征、具有当地教育文化精神的教育生态空间。南通教育空间是超越城乡两分的整体空间,对当今我国县域城乡教育空间治理有深刻启迪意义和价值。

---

① 李荣怀主稿:《参观南通县教育报告》,《宝山教育界》1915年第3期。

中国乡村的教育问题是百年来中国教育持续关注的重大议题。在新时代乡村振兴背景下,乡村教育面临大有作为的发展机遇,也面临多重挑战。我国乡村教育振兴问题催发了更为深刻广泛的研究热潮,形成两种基本范式:"乡村教育"和"城乡教育"研究。这两种研究范式在方法上都采用"城""乡"二元对立的范畴,难以适应城乡社会不断深度融合的时代背景。张謇在南通的教育空间治理样本给我们的启示是,我们可以在一个更为完整的空间视域中关切县域和乡村教育改革与发展问题,即在纯粹聚焦乡村教育空间治理视野和城—乡教育空间的二分逻辑之外,构建以城乡教育融合空间为方法的新的治理逻辑。县域空间作为一种独特的空间类型,正是我国城乡空间融合的度之所在。这种空间在县域意义上得到解释,而不是"乡村"或"城市",县域空间成为超越"乡村"与"城市"的另一种教育的空间类型。县域空间作为"本土",既不代表乡村也不代表城市,只代表一种城乡融合性空间。这表明县域教育空间治理应指向县域教育,而非某种乡村教育或教育城镇化。县域教育空间作为一种方法的提出,是对城—乡教育空间治理二分逻辑的超越。

第三节　教育现代化的中国立场

教育现代化是整个社会现代化的重要组成部分。中国的教育现代化已走过了一百多年漫长而曲折的历程,近年来学术界应用现代化理论对这一历程进行考察的热情有增无减,并取得了大量成果,"这是整个中国都处于现代化的热潮之中在理论上的反映"[①]。现代化和教育现代化,世界各国在时间上有先后、类型上有多种。中国现代化一百多年艰难历程中的向往与彷徨、激进与保守、进步与倒退、理性与现实等种种矛盾体验,加之中国当下特定的现实境

[①]　[美]塞缪尔·亨廷顿等著,罗荣渠主编:《现代化:理论与历史经验的再探讨》,上海译文出版社1993年版,第1页。

遇,决定了我们在追求现代化的过程中要以中国的立场,塑造我们对现代性的理解和判断。

作为清末状元,一个传统教育培养出来的精英,张謇却保持了极为开放的积极心态,在拥抱现代性的同时,又对中国的优秀教育传统给予了充分的肯定,正是这种健全的思想价值取向,使他成为他那个时代中国教育最富有改革力度的重要人物之一,对于中国教育的现代化作出了重要贡献。

通过对张謇教育早期现代化空间治理样本的研究,我们认为,其当代价值的另一方面,在于追求教育现代化过程中的中国立场。

一、张謇守本创新的教育现代化立场

中国的教育早期现代化,是对西方现代化"先行者"的教育模式进行模仿、移植而获得教育现代性的过程。正是在外来模式与本国传统的不断调适中,中国的教育现代化走过了艰难而曲折的历程。教育现代化的要义是对传统和现代性的扬弃,不可否认,张謇在南通开始的现代化实践,其开创的教育、实业等各项事业,来自对西方和日本这些现代化先行者的学习和模仿。但张謇学习和模仿的目的,一直着眼于自身,一开始就具有以"他"说"我",以"我"说"他"的理性自觉,扎根中国大地。张謇教育现代化的立场可以以他自己的话"本旧说而参新法"①,即守本创新概括。

(一)"本旧说"

张謇曾经说:"夫法所以行道,而法非道,道不可变,而法不可不变。"②这可以看作张謇推进教育现代化的指导思想。他一方面强调"变",且"变须得法",另一方面又强调"道"不可变,在推进教育现代化的过程中坚守中国立场,这和张之洞倡导的"中学为体"形似。但张謇理解的"体"和洋务运动所固

---

① 《张謇全集》卷四,上海辞书出版社 2012 年版,第 575 页。
② 《张謇全集》卷一,江苏古籍出版社 1994 年版,第 76 页。

守的主要是汉代以来儒家强调的"三纲五常"的"体"不同。前文已经指出,张謇所谓的"道"是他追寻文化的源头,是直接从以孔子为代表的先秦儒家那里寻找到的,不是指封建纲常,张謇认为不可变的"道",就是"惟尧则之"的"天"。"天命之谓性,率性之谓道,修道之谓教","道"是社会、人与万物生成的本原和基本准则。"道"之于人,便是一个人之所以为人的问题。《论语·问宪》中孔子在答子路问君子时指出"修己以安人",进而"修己以安百姓",张謇认为教育"始于欲人之所以为人"①。这就是张謇认为不可变的"道","教之所成,使人可康乐,可和亲,可安平"②。张謇的教育立场正是对中国优秀教育传统的继承。

"二帝三王之治,其变固殊,其治固异,道所以立本,虽百世可知。用天下骛新之气,以被中国之士夫,守先王不忍人之心,以存中国之人类,岂非凡有血气者之责欤!"③张謇在推进教育现代化过程中的中国立场是何等坚定。

(二)"参新法"

张謇从自身的经验、学识和所持的立场出发,立足中国放眼世界,发现"窃惟东西各邦,其开化后于我国,而近今以来,政举事理,且骎骎为文明之先导矣。掸考其故,实本于教育之普及,学校之勃兴"④。张謇敏锐地察觉到了西方文明的价值,主张中国开办新式教育,应向西方学习,但不能盲目跟风,要探其究竟,要结合中国的实际,要辨别国情的需要。他在1901年撰写的《变法平议》中指出:"东西各国,学校如林,析其专家,无虑百数,前导后继,推求益精。但能择善而从,皆足资我师法。"⑤张謇是清末状元,一个由传统教育模式培养出来的精英,却保持了极为开放的积极心态,一生致力于传统社会的现代

①《张謇全集》卷四,江苏古籍出版社1994年版,第218页。
②《张謇全集》卷四,江苏古籍出版社1994年版,第218页。
③《张謇全集》卷五上,江苏古籍出版社1994年版,第210—211页。
④《张謇全集》卷四,江苏古籍出版社1994年版,第272页。
⑤《张謇全集》卷一,江苏古籍出版社1994年版,第61页。

转换,积极创办新式教育。

就教育现代化的三个维度而论,在精神层面,对于教育观,张謇从发达国家的发展经验中认识到,"国待人而治,人待学而成,必无人不学,而后有可用之人,必无学不专,而后有可用之学"①。他抛弃传统教育中"学而优则仕",培养"君子""贤人"的教育观,倡导全民教育,提高国民素质,从而实现强国富国的目标。对于教育内容,他认为传统教育中以尊儒读经为主是空疏无用的,主张学习西方文明,开设反映先进科学文化的课程。对于教育方法,张謇以开放的心态接纳和吸收先进文明的成果,在创办的许多学校中,实行国外先进的教育方法,如实习、见习、实验等。特别是张謇对赫尔巴特五段教学法的推广,反映了张謇对于当时国外先进教学思想和方法的研究和重视。

在制度层面,张謇借鉴西方和日本,通过建立"自治"的社会管理体制,改变传统的社会管理方式和内容,依托政府和地方自治组织制定教育政策规划,来实现对南通的教育治理。在学校管理制度方面,张謇一改中国传统教育一段式的弹性学校管理模式,采用移植于西方的现代学制。在新式学校教育中,从初等到中等、高等,从修业年限到学业水平,都被纳入一个标准化的管理体系之中。学校内部管理制度也是张謇学习国外先进经验后引进的。

在物质层面,张謇创办新式教育,正处西方科学和民主在中国渗透传播并扩大影响的时期,学校成为了科学和民主的重要载体。张謇以其创办实业积累的资金,建设装备了大量与西方学校制度、教学内容、教学模式所匹配的场所、设施和仪器装备。包括空间设计都成为张謇学习模仿的对象,南通学校空间从单一教室向多功能教育空间转型,甚至新建的学校建筑风格也发生了变化,出现了一些西式建筑,体现了时代的变化。

张謇推进教育现代化的立场,就是"本旧说,参新法",守本创新。张謇认为:"万物有始者有卒,教育者,有始而无卒之事也,万物有新者有旧,教育有

① 《张謇全集》卷一,江苏古籍出版社1994年版,第61页。

新而无旧之事也。……今日之旧,前日之新也;今日之新,又明日之旧也。我所为新,恶乎非人之旧? 我所为旧,恶乎非人之新? 夫是故厌我而徇人非新,厌常而嗜怪非新。必绸乎旧而得理,易乎旧而得安之为新。……夫无卒者必有始,有圣人之始,有吾人之始。圣人之始,始于欲人之所以为人;吾人之始,欲师圣人所以成人之为人者而广其成。"①这段文字反映了张謇对于新与旧的看法,充满辩证色彩。

他坚守中华文化的优秀传统,同时以开放的形态积极借鉴西方现代文明。他"法古法今,法中国,法外国,亦不必古,不必今,不必中国,不必外国。察地方之所宜,度我兄弟思虑之所及,财力之所能,以达吾行义之所安。不歆于人之高且达,不慕于外之新且异,不强人以就我,不贬我以就人;不敢畏,不欲画,不敢遽"②。张謇对于外来经验的态度是:"彼之法,不必尽合我也,而其善者可师,观其若何而革? 其法亦不尽适于我也,其善者亦可师。而不适者亦可资借鉴,盖析而讨之,比之斟之,则我之利病得失,洞洞若鉴,明明若炬,有心可观矣。"③

二、张謇教育现代化立场的当代价值和启示

张謇教育现代化实践的成果卓越,我们分析其教育现代化立场和视角的当代价值和启示,以期为推进具有中国特色的教育现代化建设提供有益借鉴。

(一)守本创新、兼容并包的文化抉择

多元的选择,并加以实际的变革,张謇在中西文化激烈冲突下寻找着民族自强之路。张謇推动社会及教育变革的思想,源于中国传统文化中的精华,是

---

① 《张謇全集》卷四,江苏古籍出版社1994年版,第218页。
② 《张謇全集》卷四,江苏古籍出版社1994年版,第468页。
③ 《张謇全集》卷一,江苏古籍出版社1994年版,第61页。

"天地之大德曰生",是"始于欲人之所以为人",是谓"本旧说";张謇创办的教育在形式和内容上借鉴日本和西方,教育机构的组织形式和反映现代科技的知识内容,改变了中国传统道德教育的一统性,是谓"参新法"。张謇"法古法今,法中国,法外国,亦不必古,不必今,不必中国,不必外国"。他在《南通教育状况序》总结南通的教育现代变革时说:"吾闻教育者,有方而无方,有法而无法之事也。人不可无教,故无世无地无事,可以不教,是为有方。人不同世,世不同地,地不同事,事又各有其不同,执古以例今,执此以例彼,执甲以例乙,则扞格而不入,龃龉而不容,火水而不亲。各宜其所宜,各适其所适,是则无方。"张謇对传统与现代、中国与世界兼容并包、守本创新的文化抉择,对当今建设中国式现代化无疑具有深刻启示。

中国的文化传统和教育传统绵延数千年,在深层的心理、观念层面上对中国人产生着持续且极为深刻的影响。近代以来,随着西方资本主义列强的入侵,中国传统的农业宗法社会遭到破坏,以科举制度为核心的传统教育已不再与社会发展相适应,于是中国教育的现代化在 19 世纪下半叶悄然拉开了帷幕。中国的传统教育,曾经在创造和传承辉煌灿烂的中国古代文化中发挥了巨大作用,也为人类文明的进步作出了重要贡献。但是,谁也无法否定,以科举制度为核心的传统教育发展到明清时期已经产生众多流弊,到晚清更是积重难返,这也是中国封建社会后期人才匮乏、政治腐败、社会发展缓慢的重要原因之一。清末政府丧权辱国带来的切肤之痛,促使中国近代进步的思想家、教育家不约而同地对中华传统文化和传统教育进行了深刻的反思。到现在,中国社会的现代化(包括教育现代化)已经走过了一百多年漫长而曲折的历程。

教育现代化是一个进行的过程,还有许多未确定因素,现代性始于西方,但现代化的路却并不止一条。就西方国家已经走过的现代化之路来看,西方现代性也有许多难以克服的问题,本身也需要审察。现代社会的功利主义和浮躁,同样是造成教育的片面发展及学生人格发展问题的重要原因。西方现代性表现出来的意义世界的失落、价值混乱、道德滑坡等现象,引起了世界范围内的高度重视。

伴随着西方现代性弊端的日益暴露和西方后现代思潮影响的不断扩大,中华优秀传统文化的合理内核得到重新审视。同时,伴随着综合国力的不断增强和国际地位的不断提高,中华优秀传统文化也日益受到世界瞩目。教育作为文化的一个重要组成部分、文化传承与创新的重要手段和途径,也不能不受到这种大背景的强烈影响。对于中国文化传统,特别是教育传统,我们究竟该如何去认识? 文化传统和教育传统,将在建设中国特色的现代教育中扮演何种角色? 我们在中国教育现代化进程中,该如何克服传统文化和传统教育的消极影响? 又该如何充分利用传统的积极因素来推进并构建新的富有民族特色的教育?

教育现代化是从传统教育向现代教育转化的过程,这很容易使人们在思想方法上将传统与现代对立起来。而事实上,传统并不总是与现代性相矛盾,传统中往往蕴含丰富的现代性因素,有些现代性正是以传统的优良因素为母体得以产生发展的。传统中阻碍社会进步发展的成分必须抛弃,但许多优良的传统因素加以转化便可成为现代性的重要组成部分。张謇的教育早期现代化实践与探索体现了这一过程,也体现了其当代价值。

(二)刚健有为、自强不息的内生动力

教育现代化的前进和发展不可缺少动力。前文将世界上现代化国家分为"先行者"和"成功的后来者",或根据现代化的动力源划分,现代化分为内源性现代化和外源性现代化。世界各国的现代化,都离不开驱动力,或来自内生力量,或因外力催逼。经典现代化理论比如费正清的"冲击—反应论",将中国现代化看作在西方文明冲击下产生回应、在外部压力下摒弃传统走向现代的过程,这本身就预设了以西方为中心的解释框架。事实上,中国现代化是后发外生,还是从自身民族文化中创生出来,这既是认识论问题,也是一个价值

论问题。对中国现代化的理解,应该放在民族自身特殊的文化—历史—实践场域中考量。那么中国的教育现代化,从近代走到今天以至走向未来,是以或者应该以何种力量来推动?

从鸦片战争到甲午战争,我国面临强烈的民族危机,因而奋发图强求变,现代变革多因外力催逼。今天,我们国家因改革开放取得巨大成就,正在努力实现中华民族伟大复兴的中国梦,这一需要构成我们源自内心的新动力。

张謇在南通推进教育早期现代化的动因,有"四十年传统文化的熏染""二十七年科举考场的磨难""丰富的社会实践历练""'伏枥辕驹'的庙堂困惑""民族危机的强烈震撼"五者。教育现代化的过程是教育形态中现代性不断生长的过程,既是外在压力之下的积极反应,更离不开在内外冲突中秉承传统优势融合而成的内生动力。张謇身上体现了中国传统知识分子那种强烈的社会责任感。钱穆分析中国学术传统,为何不"在此大群体内各自谋求个人小我之出路与打算,与夫个人私生活之享受,而必要贡献我自己来担当齐家治国平天下的大任?我们的人生大道,为何必要只尽义务,不问权利?当知此处,实见中国传统学术中含有一番宗教精神在内故。在中国文化体系中,不再有宗教。宗教在中国社会之所以不发达、不长成,因儒家思想内本含有一种宗教精神,可以替代宗教功能"①。张謇即是一个典型。中国教育现代化的内生动力,离不开国人的信念和信仰,这可以从中华优秀传统文化中获取,也离不开教育应负的责任。

(三)以人为本、相通合一的发展模式

张謇以人的生存发展为视角和出发点推进教育现代化,这一思想来自中国学术传统。中国学术精神以人事为对象,体现在"相通合一"。张謇秉承中

---

① 钱穆:《中国历史研究法》,生活·读书·新知三联书店 2001 年版,第 81 页。

国传统学术精神,以"地方自治"为统摄,以"厚生"为目标,以会通的原则,不局限于一面,而是重视政治、经济、教育、文化、慈善等事业的相互作用与相互促进,整体性地推动南通的早期现代化。会通性、整体性也体现在近代南通教育系统内部。张謇兴办新式教育,在南通及周边地区建立了从基础教育到高等教育,从普通教育到特殊教育、实业教育这样一个完整的现代学校教育体系。除了完整的学校教育体系,张謇在南通还建立了图书馆、博物苑、新型剧场、体育场等现代社会教育机构,形成了结构完整的大教育体系。张謇对民众的教育,还不限于教育系统,也包括教育系统外,近代南通许多机构、企业和团体都附设有教育部门或承担教育职责,形成了教育的社会合力。

教育发展与社会发展之间存在相互促进和相互制约的关系,要实现教育发展与社会发展的动态协调,涉及许多,如教育在社会现代化过程中的地位和功能问题,教育发展与经济发展的顺序问题,社会发展对人的发展的需求问题,社会发展的不同阶段上教育发展的阶段性战略问题,教育的区域发展问题,等等。教育从来不是纯粹的教育问题,而是社会问题的表征和派生,仅仅就教育论教育发展是不充分的。

联合国教科文组织编著的《学会生存:教育世界的今天和明天》一书,在总结教育历史后,指出了当代教育的三个特征,就是"教育先行""教育预见"和"社会拒绝使用学校的毕业生"。[①]　教育先行是指"教育在全世界的发展正倾向于先于经济的发展,这在人类历史上大概还是第一次",主要表现为教育投资以及教育发展的规模和速度方面。在教育发展与社会发展的关系上,问题的关键不仅在于教育是否先行,还在于先行的是什么样的教育和怎样先行教育。

从教育现代化的中国立场和视角出发,世界各国推进现代化的经验都可观察、可扬弃、可超越。对各国经验要有选择地学习、借鉴和反思,充分利用后

---

① 联合国教科文组织国际教育发展委员会编著:《学会生存:教育世界的今天和明天》,华东师范大学比较教育研究所译,教育科学出版社1996年版,第35—37页。

发优势,在学习、借鉴的同时,从本土的实际出发积极探索,在改革与创新中发展,从而实现超越。学习借鉴或引进国外的教育理论与教育模式,重要的是民族变革意识和立场的采取,要实现民族性的教育变革,还在于民族教育自身变革意识的成熟。作为一个现代化进程中的晚发内发性国家,一个世纪以来,中国的教育在"挑战—回应"发展的模式中,常常在盲目和错误中迷失方向。金耀基指出:"中国传统文化在上个世纪中一直在退却中,现在应该使之重来,这一重来的过程就是新传统化过程。新传统化过程,主要在使已经丧失的传统价值得以回归到实际来,但这一工作,在性质上是创新,亦即它必须要符合中国现代化所需求的,否则是复古,而不是创新,亦不能视之为现代化过程的一部分。"①张謇从自身的经验、学识和所持的立场出发,立足中国看世界,审时度势、分析研判,为推进自身教育现代化而积极探索与实践,其成功经验对我们当今推进中国式现代化建设具有重要启示与价值。

在今天,一个国家的教育要跻身于世界先进行列,教育的国际化是必要的,但教育的国际化必须以民族化为基础,同时民族化也不等于回归传统。张謇在南通的教育实践表明,真正变革性的发展来自对传统的扬弃和对外来教育思想与模式的滤收。罗素在《中国问题》中充满信心地说:"我认为,如果给中国人自由,让他们从西方文明中吸收想要的东西,拒绝不好的东西,他们就有能力从自己的传统中获得有机生长,综合中西文明之功,取得辉煌成就。"②

张謇在百年前便开始这一伟大的实践,张謇办教育,注重现代化实践和传统文化精神的特殊嫁接,我们不能说张謇选择的和固守的都是对的,但是他以开放的心态拥抱现代性,一生致力于传统社会的现代性转换,同时又不全盘西化,坚守传统文化精神,张謇对于现代文明和传统文化的基本态度、张謇在传承中华优秀传统文化中激发的推进现代化的内生动力以及张謇在教育如何发

① 金耀基:《从传统到现代》,中国人民大学出版社1999年版,第155页。
② [英]伯特兰·罗素:《中国问题》,田瑞雪译,中国画报出版社2019年版,第5页。

展方面的思想与实践,给我们以深刻的启示。尽管有诸多的局限与不足,但张謇在南通教育早期现代化建设的成就是卓越而辉煌的。现代化的潮流激荡澎湃,如何找准前进的方向,先贤给我们留下许多宝贵的经验和思想财富,其当代价值需要我们深入研究和挖掘。

结　　语

　　20 世纪初,张謇凭借自身智慧,结合中国文化和国情,审慎处理传统与现代、教育与社会的关系,创造性地借鉴别国经验,在南通及周边地区构建了涵盖各类学校教育与社会教育的现代大教育体系,推动了南通教育的早期现代化。与同时代的教育现代化先驱者相比,张謇的独特贡献在于将教育现代化嵌入地方自治的整体性治理框架,虽未形成系统的、影响全国的教育理论,但其教育实践更为丰富,所创建的教育体系更为完备,在中国教育史上占据重要地位。

　　鸦片战争后,中国陷入半殖民地半封建社会的困境,清末政治腐败、经济贫困;辛亥革命后,中国又陷入军阀割据、战乱频仍的局面,教育现代化进程举步维艰。新中国的成立为教育现代化提供了有力保障。党的十一届三中全会后,中国教育在党和政府领导下走上快速发展道路。在新时代教育现代化的道路上,我们仍面临诸多问题需要研究解决,张謇的教育实践值得我们深入研究与借鉴。

　　中国传统学术是一个以人为本的整体的大系统,精神爱切实,不迈远步。凡属所知,必求与实事接触,身体力行,逐步做去。而张謇在南通的社会治理、教育治理,正是这一学术传统的典型样本。张謇的教育实践体现了以人为本的理念,“教之所成,使人可康乐,可和亲,可安平”。通过教育培养人的现代素质,促进社会发展,这是现代教育的任务,但是其终极目标还应该回到人本身。

社会理论的空间转向为教育治理提供了新的视角。这一转向批判了传统历史叙事中时间优先于空间的偏好,重新定位了现代性批判路向,使空间成为思考现代人类生存方式的基本范式。从现代空间治理理论来看,张謇的地方自治模式与新区域主义的多元主体治理结构有相似之处。他凭借独特背景、能力和地方经济地位,在退居乡里后成为地方自治的主体和权威。他聚集地方绅士力量组建精英集团,依托政府和地方自治组织实现对南通的治理。南通的教育空间治理呈现出“有限政府,多元社会”的模式,但也有“一人主治”的特征,这种模式执行力强,具有计划性、组织性和系统有序性,但也存在封闭性、垄断性、单一性和易波动等问题,对当今国家和区域教育治理具有警示意义。

张謇的教育空间治理还具有整体推进、区域统筹的特征,表现出整体性、计划性和系统性。教育结构的持续分化是教育现代化的重要特征,张謇在南通创办的新式教育遵循从实际出发、循序渐进的原则,构建了有机联系的教育系统,揭示了教育现代化是系统全面的发展过程。教育现代化之路因各国国情差异而不同,教育发展应与社会经济、政治发展相适应,遵循适度超前、有限目标和重心逐步上移的原则,推动社会全面、可持续发展,实现教育现代化的战略目标。张謇的教育发展模式重心逐步向上,优先发展基础教育,重点发展实业教育,促进了南通社会的跨越式发展,为教育发展提供了有益启示。

张謇的教育空间治理还体现了兼容整合的文化抉择。张謇以开放心态拥抱现代性,同时坚守传统文化精神,实现了现代化实践与传统文化精神的特殊嫁接。在当今教育国际化与民族化的关系中,张謇的经验启示我们,教育国际化应以民族化为基础,民族化也不等于回归传统。推进中国式的教育现代化,重要的是民族自身变革意识和立场的采取,实现民族性的教育变革,需对传统进行扬弃,对现代教育思想与模式进行滤收。传统与现代并非截然对立,优良传统因素可转化为现代性的重要组成部分,推动社会进步与发展。

空间治理是新时代教育现代化研究的新热点,区域教育空间治理因其独特价值日益受到重视。张謇以地方自治为统摄,将南通建设成近代中国的"模范城市",其空间治理样本对当前探讨区域教育发展格局、城乡教育优质均衡、学校教育空间等问题具有重要借鉴价值和启迪意义。教育是城市的基本功能之一,对城市空间的形成和发展起着重要作用,随着我国现代化建设的推进,教育对城市空间的影响将越来越大,借鉴张謇的经验,充分利用教育对城市空间的积极作用,克服消极影响,是我们面临的重要任务。在乡村振兴战略背景下,乡村教育面临发展机遇与挑战,张謇的"县域教育空间"治理模式,为破解城乡教育二元结构提供了新思路。张謇在南通的教育空间治理实践启示我们,县域可作为我国教育改革发展的重要切入点,在城乡融合的空间视域下,超越"城—乡"教育空间治理的二分逻辑,实现城乡教育融合发展。学校空间在现代民族—国家建构中具有重要作用,南通近代学校空间从传统到现代的转变不仅是一种适应社会潮流的进步,更是一种与现代社会密切结合、促进区域社会现代化的重要手段。张謇推动的学校空间现代转型启示我们,学校空间在现代性的推动下,不仅要完成自身的转型和升级,也要为社会的现代化进程作出贡献。

现代教育要以人的全面、和谐发展为根本出发点,通过科学、合理的发展模式,满足社会政治、经济和文化发展的需要。现代教育要以大经济为基础、大文化为背景、大科学为内容、大生产为服务对象,具有全面性、民主性、开放性、灵活性、多样性、系统性、先进性和终身性。这些都是张謇在南通教育早期现代化实践中给予我们的启示。

基于空间治理视角,研究张謇与南通教育早期现代化是一种新的尝试。由于理论水平、研究时间、精力和能力限制,本书还存在许多局限,有待在今后的研究中作进一步的探讨。

参 考 文 献

一、档案资料及志鉴

《通州师范学校三十周纪念册》,南通翰墨林印书局 1933 年版。

陈翰珍:《二十年来之南通》,南通县自治会印行。

范铠:《民国南通县图志》,江苏古籍出版社 1991 年版。

海门市地方志编纂委员会:《海门县志》,江苏科学技术出版社 1996 年版。

江苏省地方志编纂委员会编:《江苏省志 教育志》,江苏古籍出版社 2000 年版。

教育部教育年鉴编纂委员会编:《第二次中国教育年鉴:第十四编教育统计》,商务印书馆 1948 年版。

教育部:《第一次中国教育年鉴》,开明书店 1934 年版。

[日]驹井德三:《张謇事业调查书》,《江苏文史资料选辑》第 10 辑,江苏人民出版社 1982 年版。

李桂林等编:《中国近代教育史资料汇编:普通教育》,上海教育出版社 1995 年版。

(清)梁悦馨、莫祥芝修,季念诒、沈锽纂:《光绪通州直隶州志》,江苏古籍出版社 1991 年版。

《南通地方自治十九年之成绩》,1915 年翰墨林印书局出版,张謇研究中心、南通博物苑 2003 年重印。

南通市档案馆、张謇研究中心编:《大生集团档案资料选编:纺织编(Ⅰ—Ⅴ)》,方志出版社 2003—2006 年版。

南通市档案馆、张謇研究中心编:《大生集团档案资料选编:盐垦编(Ⅰ—Ⅲ)》,苏准印 2009、2012 年版。

南通市档案馆等编:《大生企业系统档案选编》,南京大学出版社 1987 年版。

南通市地方志编纂委员会编:《南通市志》上、中、下册,上海社会科学院出版社 2000 年版。

南通市教育局编:《南通市教育志》,新华出版社 2001 年版。

璩鑫圭、唐良炎编:《中国近代教育史资料汇编:学制演变》,上海教育出版社 1991 年版。

璩鑫圭等编:《中国近代教育史料汇编:实业教育 师范教育》,上海教育出版社 1994 年版。

许彭年、孔容照编:《张南通先生荣哀录》,中华书局 1931 年版,张謇研究中心 2006 年重印。

张季直先生事业史编纂处编:《大生纺织公司年鉴》,江苏人民出版社 1998 年版。

赵如衍:《江苏省鉴》,1935 年铅印本,台北成文出版社 1983 年影印。

中国第二历史档案馆编:《中华民国史档案资料汇编》,江苏古籍出版社 1991 年版。

中国人民政治协商会议江苏省南通市委员会文史资料研究会编:《南通文史资料选辑》第 4 辑,1984 年版。

中国史学会主编:《中国近代史资料丛刊》,神州国光社 1953 年版。

二、文集著作

包亚明主编:《后现代性与地理学的政治》,上海教育出版社 2001 年版。

包亚明主编:《现代性与空间的生产》,上海教育出版社 2003 年版。

[英]伯特兰·罗素:《中国问题》,田瑞雪译,中国画报出版社 2019 年版。

常宗虎:《末代状元张謇家族百年纪》,中国社会出版社 2000 年版。

陈桂生:《"教育学视界"辨析》,华东师范大学出版社 1997 年版。

《蔡元培教育论著选》,人民教育出版社 1991 年版。

《大生系统企业史》编写组:《大生系统企业史》,江苏古籍出版社 1990 年版。

第四届张謇国际学术研讨会组委会主编:《张謇与近代中国社会——第四届张謇国际学术研讨会论文集》,南京大学出版社 2007 年版。

冯友兰:《中国哲学简史》,北京大学出版社 1996 年版。

顾明远、薛理银:《比较教育导论——教育与国家发展》,人民教育出版社 1998 年版。

顾明远主编:《民族文化传统与教育现代化》,北京师范大学出版社 1998 年版。

韩钟文:《先秦儒家教育哲学思想研究》,齐鲁书社 2003 年版。

郝克明、谈松华主编:《走向 21 世纪的中国教育》,贵州教育出版社 1997 年版。

黄福涛:《欧洲高等教育近代化》,厦门大学出版社 1998 年版。

黄济、郭齐家主编:《中国传统教育与教育现代化基本问题研究》,北京师范大学出版社 2003 年版。

黄济、王策三主编:《现代教育论》,人民教育出版社 1996 年版。

黄济:《教育哲学通论》,山西教育出版社 1998 年版。

《黄炎培教育文选》,上海教育出版社 1998 年版。

黄应贵主编:《空间、力与社会》,“中研院”民族研究所 1995 年版。

[美]吉尔伯特·罗兹曼主编:《中国的现代化》,国家社会科学基金“比较现代化”课题组译,江苏人民出版社 2003 年版。

金城主编:《张謇研究论稿》,华东理工大学出版社 2003 年版。

金耀基:《从传统到现代》,中国人民大学出版社 1999 年版。

厉以贤主编:《现代教育原理》,北京师范大学出版社 1988 年版。

联合国教科文组织国际教育发展委员会编著:《学会生存:教育世界的今天和明天》,教育科学出版社 1996 年版。

刘厚生:《张謇传记》,龙门联合书局 1958 年版。

罗荣渠主编:《从“西化”到现代化》,北京大学出版社 1990 年版。

罗荣渠:《现代化新论续篇——东亚与中国的现代化进程》,北京大学出版社 1997 年版。

毛礼锐、沈灌群主编:《中国教育通史》,山东教育出版社 1989 年版。

南通市档案馆、张謇研究中心编写:《张謇所创企事业概览》,内部资料 2000 年版。

南京大学外国学者留学生研修部、江南经济史研究室编:《论张謇——张謇国际学术研讨会论文集》,江苏人民出版社 1993 年版。

裴娣娜:《教育研究方法导论》,安徽教育出版社 1995 年版。

钱穆:《现代中国学术论衡》,生活·读书·新知三联书店 2001 年版。

钱穆:《中国历史研究法》,生活·读书·新知三联书店 2001 年版。

瞿立鹤:《张謇的教育思想》,台湾学生书局 1976 年版。

沈渭滨:《困厄中的近代化》,上海远东出版社 2001 年版。

石艳:《我们的“异托邦”——作为社会空间的学校》,博士学位论文,南京师范大学 2008 年。

舒新城编:《中国近代教育史资料》,人民教育出版社 1961 年版。

[美]塞缪尔·亨廷顿等著,罗荣渠主编:《现代化:理论与历史经验的再探讨》,上

海译文出版社 1993 年版。

　　谈松华主编:《中国教育现代化的区域发展》,广东教育出版社 2003 年版。

　　田正平主编:《中国教育史研究·近代分卷》,华东师范大学出版社 2001 年版。

　　涂又光:《中国高等教育史论》,湖北教育出版社 1997 年版。

　　王炳熙、阎国华主编:《中国教育思想通史》第六卷,湖南教育出版社 1994 年版。

　　王承绪、赵祥麟编译:《西方现代教育论著选》,人民教育出版社 2001 年版。

　　王敦琴主编:《张謇研究百年回眸》,南京大学出版社 2007 年版。

　　王兴中等:《中国城市社会空间结构研究》,科学出版社 2000 年版。

　　卫春回:《张謇评传》,南京大学出版社 2001 年版。

　　严翅君:《伟大的失败的英雄——张謇与南通区域早期现代化研究》,社会科学文献出版社 2006 年版。

　　严学熙编:《近代改革家张謇——第二届张謇国际学术研讨会论文集》,江苏古籍出版社 1996 年版。

　　杨启亮:《道家教育的现代诠释》,湖北教育出版社 1996 年版。

　　叶启政:《期待黎明——传统与现代的搓揉》,上海人民出版社 2005 年版。

　　[美]阿列克斯·英克尔斯、戴维·H·史密斯:《从传统人到现代人——六个发展中国家中的个人变化》,顾昕译,中国人民大学出版社 1992 年版。

　　于海漪:《南通近代城市规划建设》,中国建筑工业出版社 2005 年版。

　　虞和平:《商会与中国早期现代化》,上海人民出版社 1993 年版。

　　[美]约翰·S·布鲁贝克:《高等教育哲学》,王承绪等译,浙江教育出版社 2002 年版。

　　《张謇全集》,江苏古籍出版社 1994 年版。

　　《张謇全集》,上海辞书出版社 2012 年版。

　　张謇研究中心编:《再论张謇——纪念张謇 140 周年诞辰论文集》,上海社会科学院出版社 1995 年版。

　　张兰馨:《张謇教育思想研究》,辽宁教育出版社 1995 年版。

　　张孝若:《南通张季直先生传记》,上海书店 1991 年版。

　　章开沅:《张謇传》,中华工商联合出版社 2000 年版。

　　郑登云编著:《中国高等教育史》上册,华东师范大学出版社 1994 年版。

　　中国科学院可持续发展研究组:《2001 中国可持续发展战略报告》,科学出版社 2001 年版。

　　朱骥德、顾斌主编:《南通地理》,南京大学出版社 1990 年版。

　　庄安正:《张謇先生年谱》,吉林人民出版社 2002 年版。

附录一 南通近代建设大事年表①

时间(年)	类别	名称	创始人	初建地点	概况
1895	工业	大生纱厂	张謇等	唐闸	1898 年建成。占地 140 余亩,资本 250 万两银。购置英国好华德纺织机,总工程师为英国人忒讷
1897	商业	大生上海事务所	张謇等	初设于上海福州路广丰银行内	主要业务是采办物料,购运原料,置办布机,批售布匹,收款付货等。该所也是张謇与政界、社会人士来往的基地。1922 年后,大生系统亏蚀严重,该所为大生资本集团的神经中枢
1900	交通	大生轮船公司	朱葆三、张謇等	天生港	初为合股企业。行驶于通州—海门—常熟—上海之间。后与上海大达轮步公司合并
1901	工业	通州大兴机器磨面厂	徐石麟、张謇等	唐闸复新街,大生纱厂附近	占地 36 亩,资本 31.5 万元。1909 年重组为复新面粉公司
1901	农业	通海垦牧公司	张謇等	通州、海门沿海	距吕四 20 余里。以前是海滩盐场。资本 40 余万两银,地 10 余万亩,熟地 9 万亩,未垦地 1.6 万亩左右,其余为道路沟渠等。到 1911 年始获利
1902	教育	通州民立师范学校	张謇	城南千佛寺旧址	共占地 41 亩,是我国最早建立的一所师范学校。1921 年改为江苏省代用师范,1924 年改为省立

① 参见于海漪:《南通近代城市规划建设》,中国建筑工业出版社 2005 年版,附录 1。

续表

时间 (年)	类别	名称	创始人	初建地点	概况
1902	教育	翰墨林印书局	张謇	城厢南门外西园旧址	1903 年正式开工。是为适应大生系统企业及文化教育事业对于账略、说略、书籍、讲义和宣传品的编辑、印刷和发行需要而设立的企业
1902	工业	大隆皂厂	张謇	唐闸	利用广生油厂下脚油脂,制造皂烛。1907 年因亏蚀停办
1902	交通	大中通运公行	张謇	通州四扬坝	购地 160 亩,开河 5 道,建坝 1 座,桥梁 6 座,栈房 18 间,七星绞关 2 只,驳船 16 只,办理过儎、仓储及内河驳运业务。大大加快了大生纱厂所需原棉的运输速度。1927 年亏损,抗战时停闭
1902	居住	城南别业	张謇	南濠河北	西式别墅
1903	工业	广生榨油股份有限公司	沙元炳、张謇等	唐闸广生街,大生纱厂北	占地 29 亩,资本 30 万两银。"购买精机,使用新法。"以大生纱厂轧花下来的棉籽为原料,产品主要是棉油和棉饼
1903	工业	资生冶厂	张謇等	唐闸	1905 年建成开工。1928 年略有结余,续招新股。1941 年以"资生新记"名义经营至新中国成立
1903	农业	同仁泰盐业公司	张謇等	通州吕四	对盐业的生产技术和生产关系进行了某些改良性质的试验。在传统封建主义生产关系中掺入了资本主义的因素,具有一定的进步意义
1903	交通	大达内河轮船股份有限公司	张謇、沙元炳	唐闸—吕四间	到 1918 年,共经营内河航线 10 条,①拥有小轮 20 艘、拖船 15 艘,小轮吨位 3 吨至 5.5 吨不等

---

① 经营的 10 条航线是:(1)南通—镇江线:经如皋、泰县、仙女庙、扬州、瓜洲;(2)镇江—清江浦线:经扬州、高邮、宝应、淮安;(3)泰州—益林线:经兴化、沙沟;(4)泰州—盐城线:经溱潼、东台、白驹、刘庄;(5)泰兴—盐城线:经兴化、冈门;(6)邵伯—盐城线:经兴化、冈门;(7)盐城—阜宁线:经兴化、冈门;(8)海安—大中集线:经东台、西团;(9)南通—吕四线:经西亭、金沙、四扬坝、包场;(10)南通—掘港线:经石港、马塘。

续表

时间（年）	类别	名称	创始人	初建地点	概况
1904	工业	阜生蚕桑染织公司	张詧、张謇等	唐闸河岸	占地20余亩，资本14万元。设桑蚕学校，设茧行，购置缫丝盆和织机，并设染织考工所。1905年建成开工。1922年开始一面生产，一面还债。以后以维记、阜记名义经营，1932年结束业务
1904	工业	大生第二纱厂	张謇、张詧等	崇明外沙久隆镇	1907年建成开车，资本120万两银，占地260亩
1904	商业	总商会	张謇等	城内大圣桥	1913年迁至桃坞路新址
1905	教育	通海五属学务公所	张謇	城南水月阁址	为统一地方学务管理设
1905	教育	南通博物苑	张謇	城南濠河之滨	占地48亩。中国人自己创办的全国第一所公共博物馆。张謇把博物馆用作利用实物普及教育的手段，属于社会教育机构
1905	教育	通州公立第一高等小学校	张謇等	紫琅书院	—
1905	教育	唐闸私立实业小学	张謇	唐闸河东	—
1905	教育	公立通州女子学校	张謇	城内柳家巷	—
1905	工业	颐生酿造公司	张謇、徐葆宜	海门常乐	占地4亩，资本4万两银。1906年颐生酒获意大利万国博览会金奖。1930年改由张家独资经营
1905	工业	资生铁厂	张謇等	唐闸	占地20余亩，资本30万两银。蒸汽机为英国制造。1906年建成。出产通海各厂所需添置、维修的机器等。由于运营困难，1930年停歇
1905	商业	懋生房地公司	张謇等	唐闸	收购唐闸附近地产，建造商业房屋，供外地商贾购买或租用。同时亦为大生系统各企业代管在唐闸的房产和地产。1935年地产面积约329.623亩

续表

时间(年)	类别	名称	创始人	初建地点	概况
1905	交通市政	泽生外港水利公司	张謇(大生各厂出资)	唐闸高岸街	初为泽生外港水利公司。业务包括测量长江与内河水位,浚深和拓宽天生港内港及唐闸以北水道,兴建大小船闸,购置少量木船承接货运,对通过的船只收取过港、过闸费用等。当浚深和拓宽水道和测量工程结束后,公司改称泽生船闸公司
1905	交通	通州天生港大达轮步公司	张謇	天生港	在天生港建设通源、通靖两个趸船码头。购置"大新"轮船1艘,行驶于上海—通州天生港之间
1905	交通	上海大达轮步公司、十六铺大达码头	张謇、李厚祐	上海十六铺	辛亥后,天生港大达轮步公司和上海大达轮步公司统一管理。1920年大达轮步续招新股,南通、上海工商界人士纷纷入股。新购中型客货轮4艘,行驶上海—扬州之间。1927年,改称大达轮船公司。1931年左右,控制权旁落
1905	交通	启秀桥	—	城东南濠河	—
1905	交通	港闸路(实业北路)	大生各厂出资	天生港—唐闸	南通早期公路,是江苏省最早的一条公路。路宽8米,全长5.76公里。土路通车。这条公路的建成,促进了唐闸工业发展及天生港长江水运的发展
1905	交通	模范路	张謇	博物苑前	1919年建成,为今濠南路及桃坞路
1905	市政	实业警卫团	张謇	唐闸	大规模养兵是大生系统的一个特点。防区由几个工厂所在的城镇,扩展到淮南各垦区,遍及南通、如皋、海门、启东、东台、泰兴等九县
1906	教育	通海五属公立中学	张謇等	城北盐义仓旧址	—
1906	教育	通州民立师范学校附属小学校	张謇	附设于通州师范学校内	—

续表

时间 （年）	类别	名称	创始人	初建地点	概况
1906	教育	女子师范学校	张詧、 张謇	柳家巷，后顾氏珠媚园，又城南段家坝	全国第一所设本科的女子师范学校。1924年改为省立第四女子师范学校。通州师范学校和通州公立女子师范学校两所师范学校，为发展小学教育培养了师资。到1922年，南通已有高级小学60余所、初级小学350余所，还办了7所初级中学
1906	工业	颐生罐诘公司	徐翔林、张詧等	通州大生纱厂附近	主要业务是在吕四渔场收购海产，加工煮成熟菜装听出售。1907年亏蚀停办
1906	交通	达通航业转运公司	宗渭川、张謇	天生港	以木质驳船50只，补充轮船航运航线和班期之不足。主要代大生各厂运输，并承运南京、镇江、苏州、上海一带货物。抗战前闭歇
1906	慈善	南通新育婴堂	张詧、张謇	唐闸鱼池港北	占地24亩，楼房112间，平房51间，是当时全国规模最大的育婴堂
1907	教育	劝学所	张謇等	城南水月阁址	教育管理机构
1907	教育	教育会	张謇	城南水月阁址	以研究学校社会家庭教育为宗旨。出《南通教育月刊》
1907	农业	大有晋盐垦公司	张詧	南通县城东90余里的三余镇	1914年建成。资本236万元，占地27万余亩。共分12区及一个煎盐地。每区都有自治公所、警察所、小学校各一。街道、公园运动场等都有
1907	商业	通海实业公司	张謇、张詧等	唐闸	—
1908	工业	大昌纸厂	张詧、张謇等	唐闸	原是为了利用大生纱厂下脚飞花，为纱厂提供包纱纸和翰墨林印书局印书用纸。因质量低劣，很快闭歇

时间（年）	类别	名称	创始人	初建地点	概况
1908	商业	大咸盐栈	张謇等	通州吕四	是同仁泰盐业公司的销售机构。以"齐永昌"名义经营
1908	市政	测绘局、清丈局	张謇等	城区	测绘南通县全境舆图
1910	交通	城闸路	张謇	城区—唐闸	张謇捐款将唐闸至城区的古驿道拓宽垫高改造称为实业南路
1911	教育	通州初等商学校	张謇等	公立中学内	—
1911	市政	水利会、保坍会	张謇等	城南东寺之农会事务所中	水利会测绘全县之面积、雨量、固有水道、需水量、排水量，有建设全县水利计划。该会附设有保坍会，是沿江一带农民所组织，专为保持江堤，以免坍塌
1912	教育	妇女宣讲会	张謇等	通州公立女子师范学校内	讲演妇女应有之道德知识
1912	教育	南通图书馆	张謇	城南天齐庙改建	东临农科大学，西界医学专门学校，后与博物苑相通，占地约7亩。到1924年，藏书15万多卷
1912	教育	赵绘沈绣之楼	张謇	狼山北麓	—
1912	工业	大达公电机碾米公司	张謇	唐闸中市街115号	占地10余亩，资本6万元。利用大生纱厂多余电力，代客碾米
1912	农业	农会事务所	张謇	城南东寺	1894年左右即成立，1912年始建事务所。设有农事试验场及桑园，并印发农业白话报分送民间
1912	商业	上海中英药房南通分号	—	城南	南通第一家西药房
1912	交通	城山路	张謇	城区—狼山	—
1912	慈善	南通县改良监狱	张謇等	县署后	原为南通地方监狱，1923年改造，改名
1913	教育	南通纺织专门学校	张謇、张詧	唐闸	1912年，在大生一厂附设纺织染传习所，我国以学校形式培养纺织人才，以此为开端。1927年改称纺织大学
1913	教育	第一公共体育场	张謇、张詧	城南段家坝	占地约20亩。每隔年开全通中等以上学校联合运动会一次。"一县之内不过数百里，有公共体育场二所，索诸海内未易观也。"

续表

时间（年）	类别	名称	创始人	初建地点	概况
1913	教育	南通私立第一幼稚园	徐蒨宜	唐闸鱼池港北	—
1913	工业	惠通公栈	刘一山、顾伯言	城西起凤桥	南通商业仓库的开端,1923 年闭歇
1913	慈善	南通医院	张謇	城南	占地 11.7 亩,后成为医学专门学校附属医院
1913	慈善	金沙游民工厂	孙敬澄	金沙市教场河东小包场	—
1913	慈善	第一养老院	张謇	城南白衣庵	占地 17.5 亩
1913	交通	城港路	商界共建	城区—天生港	自城区经芦泾港至天生港
1913	市政	大聪电话有限公司	张詧、刘桂馨等	初设在柳家巷海泰总商会,后移至城中官地巷 4 号	1913 年 1 月起,开始架设城厢、唐闸及天生港杆线,4 月通话。后来向各乡镇发展。1922—1937年,除上述外,在其他 17 个乡镇都架线通话,并接通江苏、浙江和安徽三省的大中城市。至 1949年,共有总机 750 门
1913	市政	军山气象台	张謇	军山顶,就原炮台寺房屋加建而成	每天登气象预报于报纸,每天 12点与南通城天生港、唐闸的钟楼通话,校正时刻。印发年刊给各机关,并对南通每年的农产物产量进行预告和决算
1913	慈善	义茔	张杨氏	城东门外	占地 160 余亩。开沟引水四周以为界。划分为 6 区,有男女之别。沟道有树,有土神祠,有管理员室
1913	风景	唐闸公园	张謇	唐闸河东	—
1914	教育	女工传习所	张謇	城南绣织局之侧	占地 2 亩许。我国最早的培养女子刺绣工艺人才的专门学校。沈寿主持,培养人才 150 多人
1914	教育	通俗教育社	储南强	县教育会内	抄录、分贴古人嘉言懿行,展示各种教育模型、图画
1914	教育	南通私立甲种商业学校	张謇等	城南兴化禅寺东	—
1914	工业	大生第三纺织厂	张謇	海门常乐镇,现海门三厂	1921 年开车,资本 30 万两银,占地 600 亩

续表

时间 (年)	类别	名称	创始人	初建地点	概况
1914	农业	棉业第二试验场	张謇	南通县南部,剑山西狼山南,距城约12里	面积约600亩,试验改良土壤方法,然后求证于实践。共种棉60余种,外国产50余种,中国产10余种。分区种植
1914	居住	濠南别业	张謇	濠南路	张謇故居
1914	商业	有斐馆	张詧、张謇等	濠南路	南通第一家新式旅馆。除旅馆外,还有酒菜、浴室、弹子房等
1914	市政	公署钟楼	张謇	县公署前	
1914	慈善	贫民工场	张謇	城西大码头	占地40余亩,场屋六七十间。专门教授无所依靠的贫民子弟各种手工工艺,具备收容、教育合一性质
1914	慈善	南通济良所	张謇	城南税务署	改良社会风气,保障妇女身心健康方面有积极作用
1915	教育	聋哑学校师范科	张謇	设于博物苑内	开中国聋哑特种教育之始
1915	工业	大生织物公司	张詧等	唐闸河东	占地10余亩,开创时资本800两银圆
1915	居住	濠阳小筑	张謇	濠南路	—
1915	居住	林溪精舍	张謇	狼山北麓	—
1915	商业	上海商业储蓄银行	—	城南别业路	—
1915	交通	青龙港铁路	张謇	海门与青龙港之间	—
1916	教育	狼山盲哑学校	张謇	狼山北麓	占地面积6亩许,中国第一个有独立设施的盲哑学校,与残废院毗邻
1916	农业	大纲盐垦公司	张謇	阜宁大兴镇	—
1916	农业	天生果园	张謇	天生港	资本1万元,占地150余亩。种植桃、苹果、梨、柿、枇杷、石榴等。每年产量丰厚,销往上海、南京、海门、如皋一带
1916	农业	大豫盐垦公司	张謇	如皋掘港东	占地48万亩,投资369万元
1916	居住	城西别业	刘一山	起凤园	
1916	商业	通属7场水利总会,遥望港闸	张謇等	如东遥望港闸	—

续表

时间（年）	类别	名称	创始人	初建地点	概况
1916	商业	南通大有房地股份有限公司	张謇等	通崇海秦总商会内	到 1919 年，公司收购了奎楼河西的田亩，加上收地、拆屋、迁移等，总共支出 13512.159 元
1916	交通	遂生堂	张謇	长桥南西河沿	—
1916	慈善	北干线	张謇	县城—如皋	
1916	慈善	残废院	张謇	狼山北麓	占地 6 亩
1916	慈善	基督医院	张謇	南通城西门外	占地 24 亩
1916	慈善	南通栖流所	张謇	城西门外	占地 2 亩许，原养济院改造
1917	教育	南通私立第二幼稚园	张杨氏	南通城内	与女师附小毗邻
1917	工业	通燧火柴公司	张謇、杨德清等	天生港大达街	1920 年开始出货。占地 30 余亩，资本 30 万元。通海所产白杨，可用作柴梗原料，且火柴为日常必备
1917	工业	通明电气公司	张謇、张詧	初设于唐闸资生铁厂内	1918 于城区跃龙桥设办事处。占地 2 亩余。供应南通城内外居民、店铺、机关、学校用电
1917	工业	大储堆栈打包公司	张詧、张謇等	唐闸	1919 年开业。有堆栈、打包和运输三部分业务
1917	农业	大赉盐垦公司	张謇	南通东台县	占地 13 万亩，投资 160 万元，宜棉
1917	农业	通海水利工程委员会	张謇	濠阳路	—
1917	交通	东干线	张謇	县城—吕四、牧区	—
1917	交通	南干线	张謇	县城—海门	—
1917	风景	学校林	张謇	五山	
1918	工业	大储堆栈股份有限公司	张謇等	上海南市外马路生义码头	1920 年开业
1918	农业	大丰盐垦公司	张詧、张謇等	东台县草堰场	宜稻，宜棉。投资 446 万元，占地 85 万亩，已垦 18 万亩，已成工程之地 20 万亩。专种棉麦
1918	农业	大纲盐垦公司	张謇	盐城县新兴场	占地 24 万亩，投资 123 万元
1918	居住	唐闸西工房	张謇	唐闸西扬桥西	—

续表

时间（年）	类别	名称	创始人	初建地点	概况
1918	居住	唐闸北工房	张謇	唐闸高岸街	—
1918	居住	唐闸老工房	张謇	唐闸西市街	—
1918	居住	唐闸南工房	张謇	唐闸	—
1918	商业	南通房产公司	大生上海事务所	上海九江路22号	专管上海大生沪所所在的南通大厦的专设机构。1929年取消
1918	商业	大同钱庄	张謇等	城南	辅助大生各厂金融调汇，1927年歇业
1918	市政	大修兴化禅寺	—	西南濠河旁	—
1918	风景	东公园	张謇	西南濠河	—
1918	风景	西公园	张謇	西南濠河	—
1918	风景	南公园	张謇	西南濠河	—
1918	风景	北公园	张謇	西南濠河	始建于光绪末年，1918年扩建，与四公园同时落成
1918	风景	中公园	张謇	西南濠河	—
1919	教育	私立敬孺高等小学校	张謇	唐闸河东	—
1919	教育	伶工学社	张謇	南公园内	占地16亩多。我国第一所新型戏曲学校。1926年9月停办，共培养90多人，学戏100多出。1920年在城南望仙桥五圣殿旧址建新校舍
1919	教育	更俗剧场	张謇	西公园南，盐城县新兴场之北洋岸	是当时规模较大、设备最新的剧场，共1200个座位。管理严格
1919	农业	大祐盐垦公司	张孝若	盐城县新兴场之南洋岸	占地20万亩，投资90万元，已垦4万亩
1919	农业	新通盐垦公司	张謇	阜宁县八滩	后合并入新南垦植公司。占地15万亩，投资20万元。已垦2万亩，专种棉麦、大豆等
1919	农业	华成盐垦公司	张謇	阜宁县庙湾场	宜稻，宜棉。投资125万元，占地70万亩，已垦8万亩，已成工程之地40万亩。专种棉麦
1919	农业	阜余垦植公司	—	阜宁县东南乡	本为熟地，共6万亩，种植棉稻2万亩。投资17万元

续表

时间（年）	类别	名称	创始人	初建地点	概况
1919	农业	通兴垦植公司	韩奉持	盐城县新兴场之北洋岸	占地 10 万亩,投资 20 万元
1919	农业	合德垦植公司	束某	阜宁县射阳河南,及苇荡营	占地 6 万亩,投资 50 万元。宜棉宜稻
1919	居住	西山村庐	张謇	狼山西侧	—
1919	居住	东奥山庄	张謇	军山东南麓	—
1919	商业	桃之华旅馆	张吴夫人	桃坞路	是一家新式旅馆兼菜馆,还附设跃龙浴室,其资本来源于张謇捐赠的寿礼和建造跃龙桥的余款
1919	交通	长途汽车站	张謇	两公园旁	—
1919	市政	路工处	张謇	城西南望江楼	是计划及建设南通市政的机构,位于南通城、唐闸和天生港三条干路的交点。下设总务科、工程科、建筑科、交通科、收纳科等
1919	市政	公共汽车公司	张謇	西公园旁	汽车 6 部。按时行驶于南通、狼山、天生港及唐闸之间
1920	教育	南通私立第三幼稚园	张吴氏	南通城南马家巷	占地 3 亩多
1920	教育	女子桑蚕讲习所	张謇	狼山	—
1920	农业	新南垦植公司	张謇	阜宁县新滩	占地 20 万亩,投资 49 万元。已垦 2 万亩,种植大麦及棉
1920	农业	大阜垦植公司	张孝若	阜宁县	占地 20 万亩,投资 20 万元,宜稻宜棉
1920	农业	中孚盐垦公司	—	东台县	华泰和通济两公司合并而成。投资 80 万元。可规划垦地约 50 万亩
1920	农业	通遂盐垦公司	—	东台县小海场	投资 45 万元,可规划垦地 40 万亩
1920	农业	遂济盐垦公司	张詧	泰属之丁溪场	地势较高。投资 30 万元,可规划垦地 15 万亩
1920	商业	南通绣织总局	张孝若	濠阳路	并于上海成立南通绣品公司,于美国纽约第五街设立分公司,经营刺绣工艺品。1922 年结束

续表

时间（年）	类别	名称	创始人	初建地点	概况
1920	商业	通崇海泰商务总会大厦	张謇等	桃坞路	新址有宏大的西式房屋,讲演厅可容千人。并有办公室、会客室、客房等共百余间。当时是全国之冠。还设有交易所
1920	商业	闸北房地产公司	张詧、张謇	唐闸	1917 年前,大生系统所属唐闸各厂的工房,集中在西洋桥和高岸两处。尤其高岸厂房区建筑简陋,几乎全是竹木结构的单墙草屋。1917 年冬,高岸工房区火灾,数百户受损。1918 年,大生等厂垫款,收购高岸整片土地,建造砖瓦平房 420 间。1920 年竣工,出租给各厂职工及市镇居民
1920	商业	淮海实业银行	张孝若	濠阳路	主要业务为存款、放款、贴现、受抵有价证券及代理南通地方公债。1921 年,设立分行于海门、扬州、南京、汉口、上海、镇江、苏州,又在盐城、阜宁、东台各垦区设立分理处
1920	商业	福兴车行	—	桃坞路 17 号	南通最早的自行车行
1920	交通	跃龙桥	张謇	西城门外	共有 13 环洞,长约 26 丈,宽 4 丈余,是当时淮南长桥之一
1920	交通	桃坞路	—	濠河西	形成新商业街
1920	慈善	第二养老院	张謇	海门长乐镇	—
1920	风景	苗圃	张謇等	剑山西麓	—
1921	居住	虞楼	张謇	马鞍山顶	—
1921	居住	吾马楼	张謇	马鞍山上	—
1921	商业	南通俱乐部	淮海实业银行及大生一厂	西公园北侧	是为了筹备 1922 年张謇 70 诞辰接待贵宾而修建的高级宾馆
1921	商业	崇海旅社	—	长桥北堍	—
1921	商业	南通交易所	张謇、张詧等	通崇海泰四县总商会新厦	1921 年 9 月 21 日开业,1922 年 1 月查封,昙花一现。绝大多数买卖者亏本
1921	交通	第一支线	张謇	—	石港经骑岸到侯油榨连接东干线
1921	交通	第二支线	张謇	—	四扬坝经合兴接海门

续表

时间（年）	类别	名称	创始人	初建地点	概况
1921	交通	第三支线	张謇	—	三余镇经中心桥接东干线
1921	交通	第四支线	张謇	—	吕四经竖河镇接海门
1921	交通	第五支线	张謇	—	河口经北刘桥至石港镇
1921	风景	沈寿墓	张謇	马鞍山东南麓	—
1922	教育	第二公共体育场	全通中等以上学校师生捐资	狼山与通城之间	占地约 40 亩，是祝贺张謇 70 大寿的贺礼之资
1922	教育	工商补习学校	张謇等	南通城内惠民坊	分工、商两科，又分日、夜班，中、小两级。适合各种程度学生插班补习
1922	教育	中国影戏制造有限公司	张謇	东公园内	曾制作《张南通游南通新市场》《五山风景》《陈团长阅兵》等
1922	工业	大生第八纱厂（一厂副厂）	张詧、张謇等	城南江家桥（现易家桥）	建筑费 120 万元，钢筋混凝土建筑，已购机器，无财力安装开车，1924 年以 5 年 25 万元佃于泰兴某君，始开工
1922	商业	中国银行分行	—	城南模范马路	隶属中国银行上海分行，办理汇兑、存款及地方金库等
1922	慈善	第三养老院	张謇	第一养老院对面	—
1923	农业	棉业公会	—	总商会内	从事研究、调查、统计等业务。设有农事试验场、棉业研究室等，专门研究棉业的改进
1923	风景	啬园	—	南郊	后为张謇墓地
1924	交通	八厂街	—	城南	—
1925	交通	营业汽车公司	张謇等	模范马路	1930 年前南通营业汽车公司 16 个，汽车 65 部
1926	教育	南通县立女子师范学校纪念小学	毕业校友捐赠	城南段家坝	1926 年，女子师范学校校友在 20 年校庆时捐赠给母校

附录二 张謇生平事业年表[①]

年份	职衔和政治活动	农工、文教事业及其他
1853	生于海门常乐镇	—
1868	中秀才	—
1874	任江宁发审局委员孙云锦私人秘书	—
1876	入吴长庆提督军幕,驻浦口	—
1879	代江苏学政夏同善拟《沥陈时事疏》,代吴长庆拟《陈中俄战局疏》	—
1880	随庆军驻登州	—
1882	朝鲜"壬午兵变",随庆军入汉城,筹划前敌军事。著《乘时规复流虬策》及《朝鲜善后六策》等	—
1885	朝鲜"甲申政变"后,代某公拟《条陈朝鲜事宜疏》。应顺天乡试,中第二名举人	—
1887	入河南开封府幕,陈治河策不见用	—
1888	任赣榆选青书院山长,兼修县志	—
1893	任崇明瀛洲书院山长	—
1894	礼部会试中第60名贡士,复试第10名,殿试一甲第一名(状元),赐进士及第,授翰林院修撰。中日战争爆发,呈《劝大学士李鸿章疏》	—

---

① 参见李时岳:《张謇和立宪派》,中华书局1962年版,附录2。

年份	职衔和政治活动	农工、文教事业及其他
1895	任江宁文正书院山长。总办通海团练。列名强学会	筹办大生纱厂
1898	戊戌变法,代两江总督刘坤一拟《太后训政,保护圣躬疏》。总理两江商务局、商会	—
1899	任学部谘议官	大生纱厂开车
1900	义和团运动兴起,为刘坤一定"东南互保"策	—
1901	著《变法平议》	创办通海垦牧公司
1902	—	创办广生榨油有限公司、大兴面粉公司、通州师范学校
1903	游历日本,考察实业、教育	通州师范学校开学。创办吕四盐业公司和吕四渔业公司、大隆油皂公司
1904	朝旨赏三品衔,为商部头等顾问官。代两江总督魏光焘拟请立宪奏稿。刻印《日本宪法》《日本宪法义解议会史》	创办上海大达外江轮步公司及天生港轮步公司、镇江螺丝山笔铅公司、翰墨林印书局、大生二厂、海门常乐镇初等学堂、新育婴堂
1905	任江苏学会会长,震旦学院院董	创办资生铁厂、砖窑。设立唐闸实业公立艺徒预教学校。创建通州公立第一高等小学校。建南通博物苑
1906	任江苏铁路公司协理、预备立宪公会副会长、宁属学务议长。组织法政讲习会	创办吕四煎盐场、颐生酿造公司。通州师范学校附设土木工程测绘特班。倡设吴淞商船学校,扬州两淮两等小学、中学及普通师范,通海五属公立中学,吴县铁路学校
1907	任宁属教育会会长	大生二厂开车。参与设立吴淞中国公学
1908	—	与许鼎霖合办宿迁耀徐玻璃公司。南通五属中学成立
1909	任江苏谘议局议长、江苏教育会会长、江宁商业学校监督。运动江苏巡抚瑞澂奏请速组织责任内阁。联合十四省谘议局奏请速开国会。著《请速开国会建设责任内阁以图补救意见书》	中国图书公司成立,被推举为总埋

续表

年份	职衔和政治活动	农工、文教事业及其他
1910	著《送十六省议员诣阙上书序》	—
1911	通函摄政王,指斥"皇族内阁"。沪、汉、粤、津各商会议组游美报聘团,推为代表入京陈请,得摄政王召见。任中央教育会会长。武昌起义后,代江苏巡抚程德全草拟《请改组内阁宣布立宪疏》,又由谘议局径电内阁,请宣布立宪召开国会。清廷任命为农工商大臣、东南宣慰使,辞。发表《建立共和政体之理由书》。任江苏省临时议会议长,教育会会长,两淮盐政总理,南京临时政府实业部长。与程德全、章炳麟等议创统一党	—
1912	授勋一等嘉禾章。任导淮督办	设立南通医学专门学校、盐场警察长尉教练所。建第一养老院、医院、残废院、图书馆
1913	任农林工商部总长,全国水利局总裁,汉冶萍公司经理。发表《实业政见宣言书》	设立南通纺织专门学校、幼稚园和幼稚园传习所
1914	—	创办大有晋盐垦公司、贫民工场
1915	辞农林工商部职	—
1916	任中国银行股权会会长	创建狼山盲哑学校
1917		设立地方公园
1918	任华成盐垦公司总理,全国主张国际税法平等会会长	—
1919	任江苏运河督办。禁阻学生参加五四运动,发表《告全国学生书》。延浙僧太虚讲《法华经》	筹办大生三厂。设立伶工学社、交通警察所,建更俗剧场
1920	任全国矿学会及中国工程学会会长	创办新南公司。农、医、纺织三专门学校合并为南通大学。创办女子桑蚕讲习所
1921	任吴淞商埠局督办、中日菲远东运动会名誉会长	大生三厂开车
1922	任江苏新运河督办、交通银行总理、华商纱厂联合会会长、商办招商局股权会会长。晋勋一等嘉禾章	设盐垦纺织总管理处。建第三养老院。办工商补习学校
1924	—	创办大生八厂
1925	禁阻学生参加五卅爱国运动,发表《正告南通各学校学生及教职员书》。著《释惑》《太虚以佛法批评社会主义录答问》	大生一厂、二厂负债1000余万元,银行团正式接办大生各厂
1926	逝世	—

后　记

　　我是南通人,中学就读的南通中学、目前供职的南通大学均由张謇创办。从小就听惯了张謇这个名字,仰慕之余并未想到自己后来会成为他的研究者。

　　尽管一直以来对人文学科很感兴趣,但直到读完硕士,我一直是学工科的。高校教师,后来又成为教育管理人员的经历,培养了我对教育研究的热情,最后在华中科技大学攻读了高等教育学博士学位。正是从那时起,我在导师文辅相老师的指引下开始了对张謇教育思想与实践的研究,到现在从事教育研究和张謇研究已有二十多年了。

　　本书是基于国家社会科学基金2021年度课题"张謇教育早期现代化的空间治理样本及其当代价值研究"研究完成的。如果没有同行、同事、亲人的帮助和支持,要完成现在这部专著几乎是不可能的。这里要特别感谢:

　　——国家教育咨询委员会委员,教育部原副部长,江苏省原副省长王湛先生。王部长是我的前辈,本书的研究与写作得到他的关心支持。尤其令我感动的是王部长亲自为本书手写序言。

　　——学院的同事们。王珏、钱小龙、吴东照等老师在我的研究和专著写作过程中,给了我许多指点和帮助,使我获益匪浅。

　　——张謇研究的专家们。张廷栖、王敦琴、都樾等老师给了我许多理论和资料上的帮助,拓展了我对张謇研究的视野和思路;张謇曾孙张慎欣先生提供了张謇所创事业的照片；书中部分图片和附录 1 引用了于海漪老师的研究成果并得到了她的支持。还有一些图片以及附录 2，引自其他学者的相关著作，因年代久远，未能联系到作者，这里特表感谢并留下邮箱 chenw@ ntu.edu.cn 以便联系。

——我的亲人、朋友们。没有他们在生活上、工作上的全力支持，没有他们在精神上的鼓励，恐怕我很难顺利地完成本书的写作。

我将本书奉献给所有关心、帮助、支持、勉励过我的人！

责任编辑：周　颖
文字编辑：王熙元
封面设计：石笑梦
版式设计：胡欣欣

图书在版编目（CIP）数据

张謇与南通教育早期现代化 ：基于空间治理视角 ／ 陈炜著.
北京 ： 人民出版社，2025.9. -- ISBN 978 - 7 - 01 - 027370 - 9

Ⅰ. G40-092.6；G527.533

中国国家版本馆 CIP 数据核字第 2025RM1410 号

张謇与南通教育早期现代化
ZHANGJIAN YU NANTONG JIAOYU ZAOQI XIANDAIHUA
——基于空间治理视角

陈 炜 著

人民出版社 出版发行
（100706 北京市东城区隆福寺街 99 号）

中煤（北京）印务有限公司印刷 新华书店经销

2025 年 9 月第 1 版 2025 年 9 月北京第 1 次印刷
开本：710 毫米×1000 毫米 1/16 印张：15.75
字数：223 千字

ISBN 978 - 7 - 01 - 027370 - 9 定价：71.00 元

邮购地址 100706 北京市东城区隆福寺街 99 号
人民东方图书销售中心 电话 （010）65250042 65289539

版权所有·侵权必究
凡购买本社图书，如有印制质量问题，我社负责调换。
服务电话：（010）65250042